ちくま学芸文庫

人身御供論

高木敏雄

筑摩書房

目次

第三部　日本童話考

人身御供論

第一部　人身御供論

人身御供論

序

民間童話の構成に使われている「モーチーフ」にはいろいろあるが、人身御供の「モーチーフ」は、少くとも日本の民間伝説ならびに民間童話においては、おもなるものの一つになっている。いわゆる五大昔噺《ばなし》とともに近世の日本民間童話の代表者の一つとして、非常に興味深い研究の対象になっている早太郎童話あるいは童話的伝説早太郎（本書収録・日本童話考）も、人身御供を「モーチーフ」にしている。同じ形式に属すべきすべての他の童話もしくは伝説が、その成分において、時として少しずつ異っているところから見ても、「モーチーフ」の解説そのものが、ただちにそれを使っている童話もしくは伝説の解説にはならぬ、ということが知れる。同じ「モーチーフ」は童話や伝説ばかりでなく、神話にも見えるだろうし、徳川末期の平民文学の作者は随分とこの「モーチーフ」を利用したものだ。

単に民間説話の一個の「モーチーフ」として、前者の解説に必要なる範囲内においての議論であるならば、問題はきわめて単純でかつ簡単である。自分がこれから研究にかかる早太郎童話においても、やはり同じこと、この童話は邪神退治伝説の系統に属するもので、人身御供を「モーチーフ」としている、ということを一言述べさえすれば、人身御供そのものについては別に解説を加える必要はない。人身御供とか、白羽の矢とか、人柱とかいうことは、今では日常普通の会話語の単語篇に見える言葉である。だれもこの言葉を聞いて、ただちに明瞭なる概念を脳裡に浮べ得ぬ者はあるまい。しかしながら、この人身御供ということは、日本民族の歴史において果して実際行われた具体的事実であったか、という問題を出されると、多くの人は、解りきった問題を勿体らしく出すにも当らない、といったような顔容《かおつき》をして、最初には冷笑的の眼を円くする。二度目には懐疑の眼を小さくする、そして三度目にはこの問題の意義の重要なのにいまさらのように驚いて、首をかしげて黙ってしまう。

説話の「モーチーフ」はいろいろである。如意宝珠、障礙物、苧環《おだまき》などの場合においては、問題は簡単である。隠蓑《かくれみの》や打出小槌《うちでのこづち》のような宝は、実際においてあり得るものではない。岩や石や櫛や水などは苧環と等しく、実際あり得る物であるにしたところで、前の四つが投げられて山や岩や林や河などに変ずるとか、苧環の糸をたどって数里の遠くまで怪物の棲家を尋ねるというような事は、実際においてはとうていあり得べきはずのものではない。かような場合においては「モーチーフ」はただ「モーチーフ」として意味を持っている。もちろんその根柢に横わる民間信仰そのものの問題はこの限りにあらずとしても、それは仮に人類学者に一任しておいてもよろしい。その他の場合においては、実際あり得べきこと、またあったことが「モーチーフ」になっている。人身御供の場合がそうである。この問題は歴史家考古学者の方で解決すべきもので、日本童話考の直接の問題ではない。日本童話考の筆がこの問題におよぶのは、前者の研究がまだこの問題を解決していない目下の学界においては、まことにやむを得ないのである。問題が問題であるだけに、時節柄ここにこの疑問を提出する。

童話の起源と発生とについては、ヨーロッパでも久しい間、伝習的美学に基づく杓子定規的議論や、ロマンチーク派の民間説話尊崇熱にかぶれた想像説などが行われていた結果でもあるまいけれど、今に学者の説がまちまちになっている。自分は伝説と童話を比較して、両者の間の性質上の相異をあくまで認識しているつもりであるが、その起源と発生とに関しては、両者の間に根本的区別を立てることを好まぬ。今日までの研究の結果として自分の堅く信ずるところをいえば、伝説が歴史を母としていると同じく、学説上から論ずれば童話もやはり歴史を、したがってまた伝説を、その直接もしくは間接の母としていなければならぬ。桃太郎の話の場合においても、この関係を明かにしておいたはずであるが（英雄伝説桃太郎新論）、早太郎童話においてはさらに一層明かにこの関係が認められる。もちろん伝説が伝説を生むように、童話が童話を生むのはいうまでもない。

早太郎童話の発展の跡をその最初の根源まで溯って説明する段になると、その直系祖先たる邪神退治伝説とその傍系親族たる義犬伝説とこの伝説の一変形とも見るべき忠犬童話とに話がわたらねばならぬ。早太郎童話もやはり一種の義犬伝説であるけれども、人身御供を「モーチーフ」としている点において、後の二者と大いにその趣きを異にして、むしろ邪神退治伝説の一例と見るべきである。

早太郎童話の内容はすでに紹介されてあるからここには「風俗画報」登載の記事によって、遠江国磐田《いわた》郡見付《みつけ》の矢奈比売《やなひめ》天神《てんじん》の祭典の縁起を尋ねて見る。述作年月作者未詳の「都の錦」というものに、この天神の裸体祭《はだかまつり》と人身御供のことが出ているのを見ても、白羽の矢の棟に立った家の娘を八月十日の夜月の入るを相図に白木の櫃《ひつ》に入れ、注連《しめ》を引廻して、真の闇の中を舁《かつ》いで神前に供え、一同に鯨波《とき》の声をあげて帰る、という型で、別に早太郎童話の内容と異ったところはない。神輿渡御の時に犬猫を追払うのと、御輿守護の者を除いて幾千人の随行者が丸裸の腰に蓑を引廻しているのとは、この祭典の特色らしいけれども、この二つの事は他の方面から説明すべきもので、人身御供そのものには関係があるまい。犬を追払うことだけは、丹波の大歳《おおとし》神社の縁起にも見えるけれども、猫までも追払う必要はない。遠江記や柳園雑記などにも同じ話が出ているそうだが、いずれも後世の口碑に拠ったもので、信ずるほどの価値がない。ただこの話が信州から遠州へかけて、知らぬ者は一人も無いくらい有名なものになっているのは、ずいぶん久しいことで、いま始ったことではあるまい。

話が知られているばかりではない、人身御供そのものが過去の事実として信ぜられている。すべての民間伝説はその伝承地の民間においては、必ず事実として信ぜられるものであるから、人身御供が信ぜられるのも不思議はない。信ぜられるからこそ伝説として伝承されるので、伝説の伝説たるゆえんの一面の真理は確かにここにある。もしそれが事実として信ぜられなくて、単に内容に対する興味の力のみでその話が伝承されるようになった日には、伝説はもはや伝説の性質を失って、童話もしくは童話と同一のカテゴリーに属すべき民間説話に変じてしまう。伝説と童話とはこの意味において、少からざる場合において離不離もしくは差別無差別の関係をもっている。童話の価値と意義とが十分に認められなかった時代においては、この関係は一般に認められていた、少くともある一部において理解されていたのに、童話の学問が起って、その研究がさかんになった今日において、ややもすればこの関係が誤認されんとするのは、あまりに童話を尊びすぎた余波でもあろうが、分業時代の弊害の一としていかん千万である。

今の歴史家の一部には、伝説の史的評価に際して伝説をあまりに重く見過ぎる傾きがある。史的事実の確定に際して直接の源泉が欠如する場合に間接の源泉すなわち徴証となるべきものはいうまでもなく、記録と口碑と遺物と慣習である。しかして伝説はこの記録と口碑、一括していえば言語による伝承の一部に過ぎないのである。よし直接の源泉が存在する場合においても、第二位の傍証となる価値しか持っていないこの最後の伝承は、前者の欠如する場合においては、ほとんどなんらの価値を持っていない、少くともきわめて疑わしい価値を持っているに過ぎないのであるから、史的事実の存在の肯定の証拠にならぬのはもちろん、その否定に対してもわずかにこれを疑わせる材料としかならぬ。いわんやこの言語伝承の一部、しかもその最も薄弱なる一部たる伝説を根拠として議論するがごときに至りては、常識を外れた沙汰である。

人身御供については、間接の源泉すなわち徴証はずいぶん多い。到るところにこの種の材料が多すぎるほどに存在しているのを見ると、前者の史的存在は全く疑うの余地がないように思われる。しかしながら、直接の材料となるべき源泉の方はいかにと尋ねて見ると、自分の知り得る限りにおいては、ほとんど一つも信頼するに足るべきものがない。今日までその源泉として提示された材料の多くは、よく詮索して行くうちにことごとく間接のものに変ずるか、あるいは誤解に基く見当違いのものであるかのいずれかである。塩尻の著者天野信景は珍しい博識の人で、特にその郷里尾張を中心として附近のことがいろいろその著書の中に出ているが、遠州見付の人身御供のことが見えぬのは不思議だ。著者は淫祠ということを非常に気にして、同じことを同じ随筆塩尻のうちに幾度も繰返していっているのに、見付天神のことが一言もいってないところで見ると、そのころまでは裸体祭ということが行われなかったのか、あるいは人身御供の伝説がそのころまだなかったのか、いずれにしても正しい記録にそのことが出ていないから、著者の筆がこのことに及ばなかったことと思う。同書巻一淫祀弁小引の条に、

　按日本紀仁徳天皇時、有下用レ人祭二河伯一、茨田連衫子知レ為二偽神一弁レ之脱レ之事上（俗云人柱是也）、夫仁徳天皇吾邦聖主、而百姓領二其徳一、又朝有二王仁之賢一、何必有二此事一、意斎東野語之類歟、若不レ然則当時鄙境有二此事一、而伝者誤為二勅命一歟、仁寛慈恵之君決無レ有二此凶政一而已、史書此類亦多矣、按文徳実録、藤高房曾拝二美濃介一、安八郡有二陂渠一、隄防決壊不レ得レ蓄レ水、高房欲レ修二隄防一、土人曰陂隄有レ神、不レ欲レ遏レ水、逆レ之者死、故前代国司廃而不レ修、高房曰、苟利二於民一、死而不レ恨、遂駆レ民築レ隄、民至レ今称レ之、……

　訳註・日本紀を按ずるに、仁徳天皇の時には、人を用《もつ》て河伯（水神）を祭りしも、茨田の連衫子《むらじころもこ》、偽神たることを知り、之を弁《わき》まえてこれより脱れたる事有り（俗にいう人柱とは是れ也）。夫《そ》れ仁徳天皇は吾が邦の聖主にして、百姓は其の徳を領《さと》れり。又朝〔廷〕には王仁《わに》〔百済の人〕の賢あり。何ぞ必ずしも此のこと有らんや。意《おも》うに斉東野語〔斉の東辺の野人の愚かで信ずるに足らざる語〕の類なるか。若し然らずとせば則ち当時鄙境には此の事有りて、伝えし者誤りて勅命と為せるものなるか。仁寛

慈恵の君には決して此の凶政有ること無きのみ。史書には此の類もまた多し。文徳実録を按ずるに、藤〔原〕高房、嘗て美濃介に拝せられしとき、安八郡《あんぱち》には陂渠有りしも隄防決壊して水を蓄うることを得ざりしかば、高房は隄防を修〔理〕せんと欲せるに、土人曰く「陂隄に神有りて、水を遏《とど》めることを欲せず。これに逆らう者は死せり。故に前代の国司は廃して修〔理〕せず」と。高房曰く、「苟《いやし》くも民に利するならば、死すとも恨みとせず」と。遂に民を駆《か》りて隄を築けり。民、今に至るまでこれを称〔揚〕す。………

とあるが、同じ条のはじめには湖南の人身供犠の話と素盞鳴尊《すさのおのみこと》の話を比較してある。素盞鳴尊の話はまた同書巻九八にも捜神記の話と比較され、巻九には美作の話と比較されて出ているし、巻二一にも惣社参詣記の条に似た文句がある。

……正月追儺の祭りに土餅髻灯の類を負せ芻霊を以て投撃追走らす、是追儺の変也、昔は鎮西のかた盛に行いしとかや、筑前国香椎宮住吉社なんどに歳首に鬼平らげの祭とて路人を捉えて追打けるとぞ、神社の外太宰府の観音寺にて毎年修正の日路人を得て鬼と称し国府の男女駆打しとかや、湛恵という僧是にとられて憂目見し事元亨釈書に記せり、勢州安濃津なる観音寺には今も鬼はしりとてかかる事をなしける、是は二月十四日にや、東鑑に鶴岡の神宮寺にて修正の結願に鬼はしりせし事見えたり、按に是いにしえ勅命にて行いし釈氏修正終二月吉祥天女改過の法なんどに属せし事と覚え侍る、和州長谷修正の終に鬼を追う事あり、頃年我熱田の神宮寺にても正月此事をはじめ侍る、是は路人を執捉するに非ず、夫路行の旅人を捉え侍るは湖南九江の淫祠に似たり、追儺は人を以て神を祭るにあらざれども世俗は人を牲とする様にかたるもいぶかし、美作国中山の神社にても人を祭りしなんと宇治拾遺にいえるは此類にや、されども昔は人を似て神を祭りし事所々に有ける、仁徳帝の御時茨田連衫子河伯の淫祠を弁ぜし例しあり、文徳天皇の御宇に藤原高房美濃国なる妖巫を刑せられしは其功西門豹が下にあらずぞ侍る……

（巻一尾州国玉社難負―吾尾州国玉社毎歳正月捉㆓行旅人㆒逐㆑之、祠官以為㆓追儺変風㆒也、然亦似㆘湖南捉㆓路人㆒之俗㆖、又称㆓之難負㆒、是使㆔此人移㆓負厄難㆒之謂也、然類㆓於秦風㆒歟、此祭祀吾邦古所㆑行㆑之、而今絶矣、独国玉社雖㆑有㆑之、而半失㆓故実㆒、混㆓浮屠氏之修法㆒者多矣、凡就㆓難負㆒之人、雖㆑非㆑至㆑死、而其執捉之際逐撃之時、惶怖困苦、実似㆓死地罪人㆒、而其親族恨㆓愁之㆒、世亦以惨戚焉、夫我邦自㆑古巫祝行㆓祓除㆒之日、用㆓芻霊或紙人㆒、移㆓災於此物㆒、亦有㆓天児及御伽母子之偶人㆒、代㆓小児邪祟㆒、然後或直用㆑民移㆑禍、不㆓亦甚㆒乎、……）

訳註・巻一、尾州の国玉社の難負――吾が尾州の国玉社にては毎歳正月に行旅の人を捉えて、之を逐〔放〕し、祠官は以て追儺《ついな》〔鬼やらい〕の変〔化せる〕風〔俗〕と為せる〔也〕。然れば〔これも〕亦《また》湖南〔洞庭湖の南〕にて路人を捉えるの〔風〕俗に似たるか。又、これを「難負」と称するは、是れ此の人をして厄難を移し負わしめるの謂也《いい》。然れば秦〔の〕風〔俗〕に類せるものなるか。此の祭祀は吾邦にては古えにこれを行ないし所にして、今は絶え、独り国玉社にはこれ有りと雖も、半ばは故実を失ない、浮屠氏（仏教）の修法を混じたる者多し。凡そ難負に就《な》るの人は、死に至るには非ずと雖も、其の執捉の際や逐撃の時には、惶怖し困苦して、実《まこと》に死地の罪人に似たり。而して其の親族も之を恨みとし愁いとし、世のひとも亦た以て焉《これ》を惨《いた》み戚《うれ》う。夫《そ》れ我が邦には古より巫祝〔みこ、かんなぎ〕が祓除を行ずるの日には、芻霊《すうれい》〔草をたばねて造った人形、殉死の代りに用いた〕或いは紙人〔紙で造った人型〕を用いて災を此の物に移せり。亦《ま》た天児及び御伽母子の偶人ありて、小児の邪まなる祟《たた》りに代ゆることあり、然れば、後に、或いは直ちに民を用いて、禍《わざわい》を移せりとするも亦た甚だしからざるか。……

自分は塩尻の記事を見て、著者が人をもって神を祭った例がわが国にも多くあると幾度もいいながら、書紀と文徳実録と宇治拾遺とからただ一個ずつの例を引いただけで、その他には何等の例も引くことが出来なかったのを、すこぶる面白く感ずるとともに、追儺《ついな》と人身供犠とを混同して著者に笑われた者が二百年以前にあったように、今の日本においても、人身御供の意味をあまりに広く取り過ぎて、全然別のカテゴリーに属すべきものを人身御供と混同して、もし著者がいまに生きていたら、きっと著者にわらわれるような者がありはせぬかとおかしく思う。この種の混同と誤解が民間にあることは、近江国伊香郡古保利村の大森明神の祭式に見える人形流しに関するその地の伝説が示している。

美濃国安八《あんぱち》郡の隄防改築に関しては、文徳実録の記事は多分事実であろう。単に土人が陂隄の神の祟りを恐れて改築のあえてしなかったというだけで、別に人身御供の事は見えない。同書巻二嘉祥三年八月、詔して遠江の湖水の神を祀ったのと同じである。昔からどこにもあったことで、いまでも例のある事だから、疑うの余地はないが、塩尻の著者が高房のことを引いたのは、人身御供の例として引いたのではなく、淫祠破却の類例として挙げたのであろう。しかしながら、安八郡には妙な伝説が残っている、自分が得た報告によると、むかし安八太夫という豪農が、旱魃に困って、だれでも水をくれた者には望み通りの礼をするといって、諸処に祈願をかけていると、ある日大雨が降って枯れかかった苗がたちまち蘇生した。しばらく経ってから、安八が娘をつれて村の大池の堤を歩いていたら、突然池の中から大蛇が現われて、娘を池の底へ引込んだ。さては雨を恵んだのはこの池の主であったかと、安八も諦めていると、娘が戻って来た。娘は一晩泊ってまた池へ帰ったが、その翌年の同じ日に又戻って来た。その時から毎年必ず一度ずつは戻って来るのが、例になっていたが、ある年のこと、父が娘の頼みに背いて寝間を覗いてから、戻って来ぬようになった。娘の寝姿は大蛇であった。盆に果物などを載せて池に浮べると、ただちに捲込まれて、やがて盆だけ浮上るそうだ。人身御供肯定論者は、この伝説を人身御供の事実を語るものとして、これによりて文徳実録の記事を説明しようと試みるかも知れぬが、自分は全然反対せねばならぬ。

その一

人身御供ということは人類の宗教風俗史上の大事実であり、かつ実際行われた。なお行われつつある現象である以上は、日本民族の歴史においても、この現象があったかも知れない。自分がここに「かも知れない」というのは、この事実の存在を肯定するのでも否定するものでもなく、疑問に附するの意味である。すべて歴史上のある問題に関して否定説を立てるということは、多くの場合において困難である。肯定論者はその問題を肯定するに足るだけの確かな証拠を提供する義務があるが、消極論者はただこの証拠となるだけの価値を持たぬということを証明すればいいので、人身御供問題に対する自分の態度はこの消極的態度である。なかったという証拠は、容易に挙げられ得るものではないが、あったという証拠が不確実であれば、肯定論は自ら成立たなくなって、そこに消極論が成り立つのである。その不確実を論証しようと試みるのが、この小論文の目的である。

自分が特に人身御供といって、人身供犠という語を避けるのは、なるべく概念の限定を求めたい主旨から出たことで、民間説話の「モーチーフ」としての人身御供の意味である。

但し人身御供という語にも種々の意味があり、また意味の範囲も時と場合により一定していないようにも思われるから、本論に入るにさきだって、少しく概念の限定を試みる必要が全く無いではない。しかしながらその辺のことは筆の進むにつれて、自ずと明かになることと思うから、これからすぐに本論にとりかかる。

日本における人身供犠の有無については、かつて「仏教史学」の紙上で加藤玄智君と柳田國男君との間に、ちょっとした争論があったように記憶する。加藤君は最初から人身供犠の事実を前提しておいて、この忌むべき習俗の漸次的衰滅において仏教の感化の漸進的勢力を見ようとしていられたし、柳田君はこれに対して、食人俗《カンニバリズム》は日本民族には知られなかったばかりでなく、日本の人身御供伝説は著しく外国的臭味を帯びている、という理由からして人身供犠の存在を疑われたように見えた。日進月歩の今の世であるから、今日の両君の意見は二十個月以前とはあるいは異って来ているかも知れないので、右の意見を批評するのは失礼であるかも知れぬが、腹蔵なくいって見ると、直接の証拠と見るべきものがないのに、人身供犠の事実を仮定してかかるのは、どうも穏当でないようである。また食人俗《カンニバリズム》と人身供犠との二つは、必ずしも関連している必要はない。昔から少しもカンニバらなくして人身御供を行った民族はずいぶんあったように思われる。のみならず、同種同族相食むということは、特別な場合と範囲と条件とを除けば、一般に生物界の現象としては決してあり得べきはずのものではない。人身御供ということは、もし行われた場合には、一個の民族もしくは種族内部の習俗である限り、食人俗《カンニバリズム》とは全然関連なくして行われ得べき性質のものである。

一般にある何かの目的のために人の生命又は身体を犠牲とするのでなくて、そのことに宗教的の意味が含まれている限りは、すべて人身供犠のカテゴリーの大範囲に属すべき現象である。この現象がすべて歴史的事実の範囲に属する限り、その存在の証明はすべて歴史科学的方法により、確実なる証拠によって行われねばならぬ。アダムがその子を殺して神を祭ったとか、アガメムノンの女イフィゲニアがギリシャ出陣の際に女神アルテミスの祭壇に供えられんとしたとかいうような伝説的事実は、別に考古学上の確かな証拠のあった場合に、補助的旁証の価値を得るようになるくらいなもので、それ自身においては、何の役にも立つものでない。自分は野見宿禰《のみのすくね》の伝説においても、その史的価値を最も深く疑っている者の一人である。『日本書紀通釈』の細注に（巻之二十九垂仁紀続二十九年冬十月の条）

……ここに西田直養云、そもそも天地のはじめのときより、この垂仁天皇の大御世にいたるまで、幾千万の歳月をかさね来ぬらむ、その間の事物に見えたる限りを考うるに、人をいけながら土中に埋むなどいう残忍なるわざあることなし、こののち雄略天皇武烈天皇陽成天皇は、殊に忍びざる御心おおくましまして、人をもそこないたまいしかども、そのとき父御門または御兄弟など葬むらせたまうとて、親しくつかえまつりし人を、いけながら棺の側に埋めさせたまいしこともなく、又誰々をば朕の棺側にいけながら埋むべしという御遺詔もなし、まして謂ゆる無為にして治まりし太古に、かかる残虐なる風あるべくもなし、つらつら後の世のありさまをもて、いにしえを推量るに、慶長元和の頃の風俗にて、高恩をうけし主君におくるる時は悲哀にたえずやがて自殺することなり、……これらのことをもておもえば、太古にては生ながらわれとわが陵域のほとりに埋もれしなるべし、自ら覚悟して死するとても苦しければ泣叫ぶべし、その声をききたまうにたえずして殉死を止めさせたまいし也、さるを古の悪風をあらためさせたまうように記されしは、垂仁天皇をば賢王と人も仰ぐべけれど神国の古意を誤りて、あらぬ夷狄の残虐心にかきなしたまいしは口おしきわざなりけり、……

高橋健自君が埴輪起原殉死代用説を排斥して、垂仁紀所載の従者生埋は、古事記の人垣設立を具体的に構成した臆説で、人垣を立てたとは埴輪土偶を立てたことではあるまいかと思われるといわれたのは、はなはだ穏健な説である。上古に殉死の行われたことは、高橋君とともに自分も信じたい。しかしながら野見宿禰伝説は、断じて史的事実そのままの伝承ではない。

殉死はもちろん、人身御供のカテゴリーに属すべきものではないかも知れぬ。ただこの野見宿禰伝説がある点において、他の伝説と共通の特色を具えているところが、自分はおもしろく思われるのである。以前には従者を生埋にしたとここにはいってあるけれども、この伝説以外にはその以前の従者生埋に関して何等の記録も証拠となるべき考古学上の遺物もいまに出て来ないこと、それから、この伝説の主意は忌むべき悪風はこの時から止んだという点にあること、この二点がこの伝説の特色で、かつ同時に多くの他の伝説の特色である。素盞嗚尊の大蛇退治の伝説も、「今昔物語」に見ゆる美作の中山の猿神退治の話も、その他これに類する多くの話もことごとくそうである。

殉死は後世に行われた。そのことは確かな事実が示している、だから上古にも行われていたかも知れぬ、というのは毫もさしつかえはないけれども、野見宿禰伝説以外に何等の証拠が出て来ない間は、この想像は、ただもっともらしい想像たるに過ぎない。人身御供の場合は、ずっと趣きが異っている。上古は無論のこと、後世においてもその行われたという確実な証拠はいつもない。伝説はむろんある、たくさんある、多すぎるほどたくさんある。しかしながらこれらの伝説は多く後世の産物で、しかも後世の事実としての人身御供を物語るのが普通で、上古の事実としての人身御供を物語るのが少ないのは、果して何事を意味するであろうか。こんな伝説ばかりを根拠にして、人身御供上古存在説を立てるのは、はなはだもって危険千万ではあるまいか。

人身御供肯定論者にいわせると、日本の上古にもいろいろの証拠がある。加藤君曰く、……私の考える所をもってすれば度々引証致しました強頸《こわくび》の例の如き衫子の例の如き、橘姫の場合の如き我国の古代には明かに人身供犠の事情があったと想われるのであります（尚「人柱」の事に就ては人類学雑誌一九四号三〇三を看よ）。ところが進んだ道徳の考えや、進んだ智識が少くとも一部は儒仏二教等の感化によって次第に我国に浸潤して来るようになってから次第にこの残忍の風習が止められるようになって来たという事はどうも覆うべからざる事実であります。彼の衫子と強頸との場合でも衫子は強頸よりも智識が発達しておったからして河水の上に瓢を投じてもし神にしてこの瓢を沈める事が出来ないような神ならばそは真神ではなくて偽神である。それだからしてそういう偽神のために自分の貴重な生命を献げることは出来ないといって瓢が水に沈まないのを見て遂に人身供犠の厄を免れたと伝えております。同じく日本書記の十一に県守がこれとよく似た事をやって邪神を懲らしめた事が出ております。又「常陸風土記」に依れば夜刀神即ち大蛇を封じ籠めて公衆の利害上この蛇神によく訳をいいきかしまして人間に害をしないようにさした事が出ておりますが、いまこれらを併せ考えるにまず橘姫の伝説においては人身供犠の行われておる事を伝えておるのでありますするのにそれがのち次第に止まらんとして来る過程を示しておるのであります。………もし、それあの強頸や橘姫が自ら神の犠牲になられ琉球では腕を折り爪を抜いて神に奉り、更に我国の船頭が毛髪をもってこれに代えたという事実と更に進んで僧の道照が支那から帰朝して来る時に船が海上でどうしても動かなくなった時にそれを占ったら竜王が道照の西域から持って来たった一つの鍋即ち鐺子を得んが為にそう祟をするのだということが分った時その鐺子を取って海中に投げ込んだ、すると忽ち船が進んで日本に帰る事が出来たという事であります（続日本紀一、国史大系二巻一〇頁）。これは明かに橘姫の場合の如く人身供犠に代えるに鐺子供犠をもってしたのであって、明らかに人身供犠がこの形に代った事を知るに足る伝説であります。こう考えて来れば坂戸明神の場合又直会祭の場合の如き皆人身供犠の段々変形したものと見られるのであって西域では蓮花生上師の人身供犠を土偶に代えたのと皆同一思想の範疇に属するのであります。柳田君も挙げられておるのでありますが、三河の菟足神社の風祭に昔は女子を犠牲にしておったのでありますが後これを猪及び鹿もしくは雀の犠牲を以てこれに代えたと伝えている如きは明らかに人身供犠に代えるに動物をもってした一例であると思うのであります……（仏教史学第一編第十号六〇——六三頁）

この引用文で加藤君の意見を知ることが出来るとすれば、加藤君は最も判明なる人身御供肯定論者である。いかに大胆なる世間の肯定論者も、これ以上に明かに論断する勇気はあるまいと思う。しかしながら自分は不幸にして、加藤君の意見に賛成することが出来ない。加藤君は明かにという副詞を四回までも繰返していられるが、自分にいわせると、この副詞ははなはだしく濫用されている、あるいはむしろ正反対の意味の副詞に代わるべきものである。仏教史学のオーソリチーたる加藤君の説を云々するのは、少しく礼を失しているかも知れないけれども、学問上の議論に遠慮は無用だということを最もよく解していらるる加藤君の宏量に信頼して、これから最も無遠慮に自分の意見を述べる。もし間違ったら、思う存分叱ってもらいたい。

「常陸風土記」の夜刀神《やとのかみ》の一条は、人身供犠の意味を少しも含んでいない、人身供犠とは何等の関係もない英雄伝説的人文神話みたようなものである。加藤君がこの一条を引かれたのは、ただちょいと筆が横に滑ったのであろうと思うから、別に深く追及せぬ。この一条を除いて、わが国の古代に明らかに人身供犠の事実があったと想われる証拠として加藤君が引かれた強頸《こわくび》の例、衫子《ころもこ》の例、橘姫の例、県守の例の四つが四つながら、すべて水に関係しているのは、果して何事を意味するであろうか。人柱の伝説もほとんど大多数の場合において、水に関係している。人身供犠ということは、果して水に関係せねばならぬ現象であろうか。自分は断じて否といいたい。加藤君もおそらく同意であろうと思う。

人類の活動舞台は地球の表面の全部を理想とすることは、いうまでもない話であるけれども、その居住区域は昔から陸地に限られている。すべての水界と空中界と、まだ人類の勢力範囲になっていない陸界の一部分とは、神の領分である。人類社会の発展はこの神の領分の縮小圧迫である。領分の縮小圧迫は神に対する侵害である。この侵害に対して、神は相当の防禦手段を取ることもあれば、相当の犠牲を人類から得て満足することもある。この場合に人の生命又は身体が犠牲にされると、そこに人身供犠という現象が生ずるのである。しかしかくのごときは、人類史上の現象としてはあまりに一般的で、すべての場合において特に人身供犠という語を使うほどのことはないかも知れぬ。この種の犠牲は、人類社会と利害を異にする、あるいは反対にする、広い意味でいえば、人類社会の外にある邪神に対する犠牲であって、内にある神、すなわちある種族又は部落の守護神、小にしてはいわゆる鎮守の社に鎮りましまして、その部落と親密なる親子主従のような関係をもっている神に対する犠牲とは全然その性質が異っている。後者の祭祀は、年々定った季節又は月日に行なわれる。慣例によって神聖となった、厳重な、時として面倒臭い儀式の下に行われる祭祀である。この祭祀の一個の必須要件として人身供犠の行われるが、最も狭い意味においての人身御供で、人類の宗教史上の現象としてはなはだ重要なるものの一つである。この最後の意味においての人身御供が、もし果して日本にあったとすれば、実にゆゆしき大事件で、その確定は日本宗教史上の一大事実の発見である。しかしながら考古学も歴史学も、このことに関してほとんど何等の徴証を提供していないのみならず、たまたま発見される伝説はすべて後世の縁起伝説で、その史的評価のすこぶる疑わしいものばかりである。

人身御供というようなことは、人文の進歩発展とともに段々衰微して行くべき性質の現象であるのに、古代に関してはその事の証拠となるべき何物もなくして、人文のはるかに進んだ後世に関して種々の伝説があるのは、第一怪しいではないか。仏教渡来後数百年を経たのちに作られた縁起伝説ほど、当にならないものはない。日本の縁起伝説のすべてはほとんどこの類である。だから縁起伝説以外に、この伝説の内容となっている事実を証明するに足る正確な材料が欠けている限り、史的徴証としての前者の価値はゼロである、少くともその応用は全然保留されねばならぬ。

三河の風祭に昔は女子を犠牲にしていたのを、後に猪、鹿もしくは雀の犠牲をもってこれに代えたという伝説のごときは、最も信じがたいものの一つである。南米のペルーでも同様のことを伝えているけれども、自分は信ぜぬ。加藤君はこの伝説をもって、「明かに人身供犠に代えるに動物をもってした一例である」、と思われているようで、その説を強くするために、小動物を大動物に代えた例を引いていられるけれども、これは恐らく見当違いであろう。人間の立場からいえば、人間は動物ではない。動物は人間の食物であるから、神に供える動物は多くの場合に人間の食う動物に限られているけれども、人間はすべての正常《ノルマル》な場合において食物ではない。ある種族又は部落がカンニバらない限り、食物たる動物をもって、人間に代えるということは、論理の合わぬ話である。加藤君はまた「シヤタパタ・ブラフマーナ」の句を引いて、柳田君があまりに奇抜で信ぜられない、と評したのに対して、マクス・ミューレルなどの大家は皆柳田君の反対の立場を取っている、といわれているけれども、「マクス・ミューレルなどの大家」の一句ははなはだ曖昧である。マクス・ミュラーはもう古い。今日の西洋のこの方面での大家の誰々が、そんなことをいっているか、明かに示してもらいたい。同じ場所に、加藤君は「犠牲観念のいかに改造せられ、革新せられるかを明らかにせられんがために外国の例ではあるが、左のフレーザー氏の語を注意せられんことを切望す」といって、フレーザーの「ゴールデン・バウ」二巻七〇頁から約百五十語よりなる節を引用して、人間の犠牲が動物に軽減されて来た径路を示すものであるかのようにいっていられるけれども、自分にいわせると、フレーザーの語はかえって反対の事実を示している。加藤君はフレーザーの文をどう読まれたか知らないが、自分の不完全な英語理解力で試みに右の一節を訳して見ると次の通りになる。

一個のインド法典は、もし獅子の犠牲、虎の犠牲または人間の犠牲の必要ある時分には、それに代えるに一個の獅子、虎または人間の像を造って、……供うべきことを命じている。インドのゴンド族中のある者は、以前は人間を犠牲に供していたが、今では藁人形を供える。この藁人形は人身供犠と全く同じ目的を達することが出来るとせられている。ダルトン中佐はバカット族の村落において、年々木製の人形がつくられ、衣服を着せられ飾られて、あるマハーデオの祭壇に供えられるという話を聞いた。この儀式に際して司祭の役を勤める者は、次の如く唱えるのである。「南無マハーデオの神よ、われらは古の慣例に従って、この男子を爾に捧げたてまつる。願わくば良き時に降らし、豊作を与え給え。」それが済むと斧の一撃で人形の頭は打落され、そしてその軀幹は遠ざけられて埋められるのである。

人間に代えるに人間の像をもってし、動物に代えるに動物の像をもってしたとある。人間に代えるに動物をもってしたということは、フレーザーの文中には一言半句もないではないか。加藤君は多分大に代えるに小をもってする例として、フレーザーを引かれたのであろう。それならば世界いたるところに例がある。しかしながら、大動物に小動物を代え、動物に植物を代えた例をいかほど多く引いて見ても、人間に動物を代えた事実の存在の証拠にはならぬ。画像は実物の代用になる。だから馬の代りに絵馬がある。けれども馬は食物として供えられるのではないから、絵馬に代るに魚や鳥をもってするわけには行かぬ。精霊祭に茄子や瓜で馬や牛の形を造って供えるのを見て、ラフカヂオ・ハーンが動物の犠牲に代るに植物をもってしたのだと解したのはとんでもない間違いである。絵馬の原物が犠牲ではないと同じように、この茄子馬や瓜牛もやはり殺して供えるという意味の犠牲ではない。日本においては、家畜としての牛馬は昔から食物ではなかったのである。

その二

日本は島国である。地球史上のある時代においては、母大陸とこの列島との間に、陸地の連絡があったかも知れぬ。四国のあるところから象の奥歯の化石したのが発見されたり、またこれと似たような事実が他の地方からも報告されているとかいうような話を聞いて見ると、あるいはそうかもしれぬと思いたくなる。しかしそれはわれわれの問題には没交渉な範囲に属する事柄で、全く観察の圏外にすてておいてよろしい。新人類史上の日本、少くともいわゆる日本民族が問題となる限りにおいての日本は、環海の島嶼または島嶼群である。いかなる種類の伝承も反対の事実を物語っていない。世界における牛馬の原産地については、生物地理学はいまだに明確な判断を下すことができずにいるけれども、少くとも旧世界だけでいえば、アジアのある地点がそれだと想定されている。アフリカは全然問題にならぬ。アジアの出店然たるヨーロッパはある種の牛に関しては原産を誇ることができるかも知れぬが、馬に関してはアフリカと同じである。日本において牛馬が大陸から輸入されたものであることは、言語学の助けを借りなくとも常識で判断される。「古事記」その他に見える牛馬の起原に関する話は、いわゆる説明神話の一種たる天然伝説で、ずっとのちの産物である。この神話をのぞいては、出雲神話の大国主命の伝説の中の一間曲に馬のことがちょいと見え、「古語拾遺」の結尾に同じく出雲系の御歳神の神話に牛のことがちょいと見えているばかりで、神代神話の全部を通じて牛や馬のことが出ていないばかりでなく、上古史においても牛や馬のことは騎乗用としても、耕作用としても、牽引動物としても、但しは祭祀用としても、ほとんど出ていないではないか。出ていないのは必ずしも牛や馬がなかったという証拠とは見られないにしても、あったということを疑わせる有力な理由である。

平安朝以後の産物と見るべき祝詞には、牛のことは出ていないけれども馬のことは見える。楯矛御馬と続いた文句から見ても、鞍のことがそれと連関しているところから見ても、祝詞に見える馬は神の乗物であるようにしか思われぬ。少くとも祝詞作者の意識した馬はそうである。さもなければ、毛荒物毛和物《けのあらものけのにぎもの》という文句が別に存在する理由がない。肉食のために牧畜ということを行わず、一に狩猟に依頼せねばならなかったわれわれの祖先にとっては、農耕用の家畜は非常に大切なものであった。殺して食うことなどが容易にできるものではなかった。

輸入品という文字の意味を、いまのように交通機関の発達整頓した時代の人間の頭で解してはならぬ。日清日露の戦役においてすら、日本軍隊が多大の費用と困難とをもって満洲まで運んだ馬は、彼地においては兵士よりも数倍乃至数十倍貴重されたではないか。まして遠い昔の交通不便な時代に大陸から輸入された牛馬は、黄金よりも貴重なものであったに相違ない。それがどうして殺されるものか。どうして殺して食われるものか。牛馬がすでに食物でないとすれば、それを殺して神に供えるということも、普通の場合においてあり得べからざることである。生きた蛇や狐などを神として飼っておくような場合はしばらく別として、神が人間の宗教的観念から生みだされて発展した抽象的存在またはこの存在を予定する庶物である限りにおいては、神と人とは同一の根柢の上に立たねばならぬ。したがって神に供えるものは、人の欲するものでなくてはならぬ。少くとも食物として供えられるものは、人の食物の品彙中から取られねばならぬ。人の眼から見て食物でないものを食物として神に供えるということは想像するに骨が折れる。

食物として供える鹿なればこそ他の食用動物で代用され、さらに蔬菜で代用され、ついには形ばかりのシムボルでも代用されることができるのだ。代用されたところでその意味において変りはない。食物の代りに食物の交換媒介たる金銭をもってしても、金銭の代りに紙銭をもってしてもさしつかえはない。ただその供える動物そのものに何かの意味がある場合には、異った種類のもので代用する訳に行かぬので、その一部分、その形像、すなわちそのものを示すシムボルがそれに代わるのである。鹿の画像が鹿の実物と同じ価値を有するのである。百万遍や御百度などが簡単にされても、やはり百万遍の価値を失わず、百度の価値を失わないのも、おなじ思想に基いている。

大動物に小動物が代ったのは、この方面からも説明される。面倒を省きたい、手数を少くしたい、費用を節したい、という考えが一個の動機になっている。また一方から見ると、文明の進歩に伴って大きい獣を獲ることが段々と困難になってくることも考えてもらわねばならぬ。慈悲の教理の影響のみをこの現象において見ようとするのは、断じて正当でない。馬を神に供えるのは殺すのでないから残酷でも何でもないけれども、やはり絵馬でもって代用されるようになったではないか。

この絵馬が神の乗物として供えられる馬のシムボルであるように、精霊祭に供えられる茄子馬や瓜牛なども仏を迎える具として供えられるのである。この行事は今なお地方の民間に行われている生命ある風習であるが、この風習はその行われるすべての地方において行なう農民によりて犠牲の意味でなく乗物の意味に説明され、かつ信ぜられている。ラフカヂオ・ハーンがこの風習を見てギリシャのある風俗を思い出して動物供犠の遺風だと早合点したのは、外国人にありがちの落想で、似たような滑稽は日本のことを書いたヨーロッパ人の著作の中にはいたるところに充満している。ヨーロッパ人はいまだに日本を解し得ない。ときどき奇抜なことはいっているようだが、彼等の観察はたいてい間違っている。日本の書物を読むこともできぬ彼等のヨーロッパの眼鏡越しに見た観察に、正しいことのあり得る道理がないではないか。

自分はまだ精霊祭のこの風習を十分に研究して見たのでないから、いかんながらその由来と意義を完全に説明することができぬけれども、動物供犠の遺風でないことはあえて断言するに憚らぬ。ただある地方においてこの風習が農家の行事と結び付いているかのように思われるので、精霊迎えより外に何か意味があるのではあるまいかとも考えて見た。

反対論者は「続日本紀」の延暦十年九月の詔を楯に取るかも知れぬ。

甲戌。仰二越前丹波但馬播磨美作備前阿波伊予等国一。壊二運平城宮諸門一。以移二作長岡宮一矣。断三伊勢尾張近江美濃若狭越前紀伊等国百姓。殺レ牛祭二漢神一。

訳註・甲戌。越前、丹波、但馬、播磨、美作、備前、阿波、伊予等の国に仰て、平城《ナラ》の宮の諸門を壊ち運び、もって長岡の宮に移し作らしむ。伊勢、尾張、近江、美濃、若狭、越前、紀伊等の国の百姓、牛を殺め、漢神を祭る事を断しむ。……

この最後の一句については異説があるようであるけれども、ともかくこの文句通りに百姓が牛を殺して漢神を祭った事実があったとしたらどうだ。日本の昔において牛馬供犠の風習があったという証拠になるか。自分はここに特に「風習」といって「事実」という語を避けた。事実と風習とは別である、少くともその程度において差等がある。「続日本紀」の記事を信ずれば、その事実はあったに相違ない。しかしそれが一般の民衆の風習とまではなっていなかったことは、単に七ヶ国だけを挙げてあるので見ても想像されるし、また祭二漢神一としてあるので見ても察せられる。どうやら外国から変な神が舞込んでにわかに流行しはじめたのを、これではならぬと差止めたように、あるいは来住者が本国から変った神を持って来て、本国そのままの祭祀を行って流行らせたようにしか思われぬ。喜田さんは古秦人すなわち秦韓人が早くからこれらの地方に蔓延していて、のちの世までも一種の漢神を祭る風があったと申されたが、あるいはそうかも知れぬ。いずれにしても日本の一部分に限って行われた蕃神の祭祀で、一般の風習ではなかったのである。禁じた理由は決して宗教上の理由ではなく、明白に政治上の理由である、少くとも仏教の慈悲から来たのではない。

ここで思い出されるのは「古語拾遺」の結尾の一節である。

昔在神代大地主神営レ田之日、以二牛宍一食二田人一、于時御歳神之子至二於其田一、唾レ饗而還、以レ状告レ父、御歳神発レ怒、以レ蝗放二其田一、苗葉忽枯損似二篠竹一、於レ是大地主神令下片巫志止止鳥肱巫今俗竈輪及米占也占中求其由上、御歳神為レ祟、宜下献二白猪白馬白雞一以解中其怒上、依レ教奉レ謝、御歳神答曰、実吾意也、宜下以二麻柄一作レ桛桛レ之、乃以二其葉一掃レ之、以二天押草一押レ之、以二烏扇一扇上之、若如レ此不二出去一者、宜下以二牛宍一置二溝口一、作二男茎形一以加上之是所以厭其怒也以二薏子蜀椒呉桃葉及塩一班二置其畔一古語以薏、曰都須玉、仍従二其教一、苗葉復茂、年穀豊稔、是今神祇官以二白猪白馬白雞一祭二御歳神一之縁也。

訳註・昔在神代《むかし》に、大地主神が田を営むの日には、牛宍《うしのしし》を以て田人《たびと》に食わしむ。時に御歳神《みとしのかみ》の子、其の田に至り、饗〔応〕に唾《つば》して還り〔忌みきらい、捨てて省みない状〕、状を以て〔漢文では書状に認めての意なるも、ここでは状況をとの意か〕父に告ぐ。御歳神は怒りを発し、蝗を以て其の田に放ちたれば、苗の葉忽ちに枯れ損じて篠竹に似たりき。是《ここ》に於て、大地主神は片巫志止止鳥肱巫今の俗の竈輪及び米占也をして其の由を占《うら》ない求めしめしに「御歳神、祟《たた》りを為す。宜《よろ》しく白猪と白馬と白雞とを献じて以てその怒りを解くべし」と。教〔うるところ〕に依って〔陳〕謝を奉りたるに、御歳神、答えて曰く、「実《まこと》に吾が意なり。宜しく麻の柄を以て桛を作りこれを桛し、乃《すなわ》ちその葉をもってこれを掃き、天の押草をもってこれを押し、烏の扇をもってこれを扇ぐべし。若し此《かく》の如くにしても出で去らざるとき者《は》、宜しく牛宍をもって溝の口に置き、男茎の形を作りもってこれに加うべし。是れその怒りを厭う所以也薏子（はとむぎ）と蜀椒（なるはじかみ）と呉桃の葉及び塩をもってその畔に班《つら》ね置け」と。古語にては薏をもって都須玉と曰う仍《よ》てその教えに従いしに、苗の葉復《ふた》たび茂り、年穀豊かに稔《みの》れり。是れ今に神祇官が白猪と白馬と白雞とをもって御歳神を祭るの（由）縁也。……

この一節がのちの祈年祭に白猪《しろきい》・白馬《しろきうま》・白雞《しろきかけ》を供えることの因縁を説いたものであることだけは明かであるけれども、何のためにこの三者を供えるかがいささか不明である。のちの慣例と祝詞の文意から推測して見ると、馬は神の乗物として、他の二つは贄《にえ》として供えられたものらしく、これまでの解釈もそういうことになっている。祈年祭祝詞にもやはり「白猪白馬白雞」とつづけてある。しかし他の祝詞には全くなくて、この祝詞に限って白猪白馬白雞のことが出ているのを見ると、祈年祭そのものの由来、少くともその儀式の由来がどうやら外国臭いようにも思われる。御歳神はもちろん出雲系の神である、大地主神も普通の解釈では出雲系の大国主神の別名だということになっている。しかのみならず「古語拾遺」のかの一節の記事はその内容から見て、日本古伝承の中で光彩を放つ異例であるし、「古語拾遺」の記事の順序から見ると、あるいはのちに混入した異分子ではあるまいかとも思われる。神の乗物を食物の間に挟んで「白猪白馬白雞」とつづけた書きぶりはおかしいには相違ないが、のちの祝詞の作者はそれを気にしなかった。とにかくこの馬は猪や雞とは異って贄ではあるまい。牛の肉を食物としたのを怒る神様が、馬の肉を召上るはずはない。

大地主神が果して大国主命と同一であるや否やは疑問としておいて、いずれにしてもこの神は出雲系あるいは朝鮮系の人文神である。人文神が天然神を祭るのは不思議はない。大地主神が田人に牛肉を食わせたので農耕神たる御歳神に怒られたというのは、牛の肉を食うを忌む農民の風習を説明したものである。朝鮮でも同じような思想があったように思わせるのは天日槍《あめのひぼこ》の伝説である。この伝説は「古事記」にも「日本紀」にも出ている。

すでに遠い昔において、年穀の豊饒を祈るために農業の神に馬を献つる風があったとすれば、のちの世の精霊祭に農家が農業神の恩徳で出来た茄子や瓜などで馬の形を作って、精霊さまを迎え送る料にするのも、なるほどと合点が行きそうだ。この茄子や瓜が食物として供えられるのでないことは、実物を一見すればただちにわかる。

大に代うるに小をもってすることは民間風習のすべての範囲を通じて見ることのできる現象であるけれども、すべての「小」は必ずしも「大」の代用とは限らない。絵馬が馬の代用であるということは、馬を捧げる風習が昔からあったという確かな事実によってはじめて知られることで、単に絵馬そのものから出てくる結論ではない。馬の病気平癒を祈るために、絵馬を奉納する風習や、神社からもらい受けて来た絵馬を厩に掛ける風習や、子供の病気を治してもらうために、子供の絵を描いた額を子安観音の堂に掛ける風習などは、決して馬や子供を犠牲にするのではない。その馬や子供を神の下部として捧げて神の特別な保護を求めるというくらいより深い意味はないのである。
　髪や爪は時として身体の代用的シムボルとなる。素盞嗚尊が鬚や爪を抜かれたというのも、「呉越春秋」に、

　干将曰、昔吾師作ニ冶金鉄之類一、不レ銷夫妻倶入ニ冶炉中一、然後成レ物至レ今、……莫耶曰、師知ニ爍レ身以成レ物、吾何難哉、於レ是干将妻乃断レ髪剪レ爪、投ニ於炉中一、使ニ童女童男三百人鼓レ橐装レ炭、金鉄乃濡、遂以成レ剣

訳註・干将《カンシヨウ》曰く、「昔、吾が師は金鉄の類を作り冶《や》せるに、銷《と》けざりしかば、夫妻倶に冶せる炉の中に入り、然る後に物をなし、今に至れり」と……莫耶（原文は邪）曰く、「師は身を爍《や》きて以て物をなすことを知れり、吾れ何ぞ難き哉」と。是《ここ》においで干将の妻は乃ち髪を断ち爪を剪《き》りて、炉の中に投じ、童女童男三百人をして橐〔ふいご〕を鼓し炭を装いしに、金鉄乃ち濡れて、遂に以て剣と成れり。……

注　干将は呉の刀匠の名、莫邪はその妻の名で、呉王闔閭のために協力して陰陽の二剣を作り、陽の剣を干将、陰の剣を莫邪という。古の二つの剣の由来なり。

とあるのも、この方面から説明することができるかも知れぬ。今の婦人が黒髪を根元から切って神に捧げるのは、自分の最も大事なものを捧げて、あることを祈るという意味も含まれている。必ずしも神に一生を捧げて神の下部となるという深い意味はない。
　神の怒を和らげ又は神の恩恵を求めるために身を棄てるといううちにも、自分の精神を

神に示すのと神にある利益を与えるのと区別がある。同じ殺されるのにしたところで、単に贖罪のために殺されるのと神の食物になるために殺されるのとは意味がちがう。前者は神によりて代表されている正義のプリンシプルのために犠牲となるので、後者はこれに反して単に神の欲求を満すためである。犠牲の動機が人間の方にあるのと神の方にあるのとは混同してはならぬ。古代のゲルマン人が罪人や捕虜を神の森の神木の枝に吊したのも、人身供犠と見られぬことはあるまいが、こんなことは罪人や捕虜が出てはじめて行われ得べきことで、正義に対する贖罪である。罪もない乙女を殺して神の欲求を満すのとは、その根柢においてはとにかく、その意味において大いにちがう。人身御供というのはこれである。

最狭義の人身供犠は、人類史上の一異例である。古代のメキシコで行われていたことは、今日残っている絵画などで証明される。南米の「ヒプカ」族もこれと似たことを行った。この種の人身供犠は贖罪でなく、神の食欲を満すためでもなく、神と人との結合を強固にせんがために、または両者の関係を親密にせんがために行われるので、たとえ殺された人間の肉が分配されてカンニバられたとしても、食物として身体を養うために食われるのではなくて、一種の宗教思想から来ているのである。キリスト教の聖餐は誰も知っているように、パンと葡萄酒であるが、このパンはキリストの肉のシムボルでその葡萄酒はキリストの血のシムボルである。われわれが結婚の式で新婦の飲んだ酒の残りを同じ酒杯から飲むのも、宴会で献酬を行うのも、親しい者と別れるときに酒杯を用うるのも、親分子分の固めに血をすするのも、すべて同じ思想で説明される。アイヌは熊を殺して祭を行って、年々の熊の捕獲の多いようにと祈るではないか。フレーザーにいわせると、これらはすべてマジックの範囲に属するものとして説明されるだろう。

海を渡るときに暴風が起ったり、船が動かなくなったりすると、海神が犠牲を求めるのだという て乗客の一人を海に投じて海神の怒を和らげるということは、考えて見てもありそうなことだ。髪を切って海へ投込むのも、船に積んであるある物品を沈めるのも、その目的は同じであろうけれども、それをことごとく人身供犠の変形だと見るのは断じて誤謬である。なにゆえに海神が妨害をするかを考えて見ねばならぬ。自分の領分を侵されるのを怒るのであるか、乗組の中の誰かを求めるのであるか、食いたいので求めるか、懸想したのか、何かの理由で怒って単にその人の死を欲するか、ただしはまた船に積まれているある品物を欲しくてたまらなくなってのことか、これ等の区別は明かにする必要がある。加藤君が挙げられた橘姫以下の数例においても、まずこの区別を念頭に置いて研究して見たら、必ず異った結論が出て来るであろう。特に海神の求めるものが人間でなくて物品である場合は、全然人身供犠のカテゴリーの外に置かねばならぬ。

海神が人間を求めないで物を求めるという思想は、昔から知られている、今も生きた思想である。この考えは必ずしも海神に限ったことではなく、狐でも山童でも同じような妨害をすると考えられている。馬に積んだ食物を欲しさに狐や山童などが馬の進まぬようにしたという話は、昔からよく聞くことではないか。こんな時には早く気がついて、この食物を棄てると、馬も人も無事である。「つけられる」というのはこの事だ。道照の鍋はこの食物のようなものではなかったか。

その三

道照の鐺子《なべ》に関する加藤君の解釈は、あまりに大胆ではあるまいか。「明かに橘姫の場合の如く人身供犠に代えるに鐺子供犠をもってしたのであって、明かに人身供犠がこの形に代った事を知るに足る伝説であります」との加藤君の論断が果してわれわれの確信を要求するに足るだけの根拠を持っているや否やを判定するに先だって、自分はこの両個の伝説を、それぞれその源泉について調査して見たい。「続日本紀」巻一に曰く、

道照和尚物化、天皇甚悼二惜之一、……初孝徳天皇白雉四年、随レ使入唐、適遇二玄奘三蔵一、師受レ業焉、……於レ後随レ使帰朝、臨レ訣、三蔵以二所レ持舎利経論一、咸授二和尚一而曰、人能弘レ道、今以二斯文一付属、又授二一鐺子一曰、吾従二西域一自所二将来一、煎レ物養レ病、無レ不二神験一、於レ是和尚拝謝啼泣而辞、及レ至二登州一、使人多病、和尚出二鐺子一、暖レ水煮レ粥、適与二病徒一、当日即差、既解レ纜順レ風而去、比レ至二海中一、船漂蕩不レ進者

七日七夜、諸人怪曰、風勢快好、計レ日応レ到ニ本国一、船不ニ肯行一、計必有レ意、卜人曰、竜王欲レ得ニ鐺子一、和上聞レ之曰、鐺子此是三蔵之所レ施者也、竜王何敢索レ之、諸人皆曰、今惜ニ鐺子一不レ与、恐含船為ニ魚食一、因取ニ鐺子一抛ニ入海中一、登時船進還ニ本朝一、

……

訳註・道照（これは道昭と書かれるときが多い）和尚、物化せしかば、天皇は甚だ之を悼《いた》み惜しめり。……初め孝徳天皇の白雉四年〔道照は遣唐〕使に随って入唐し、適《たまたま》、玄奘三蔵に遇《あ》い、師として業を焉《これ》に受く。……後に、使に随って帰朝す。訣《わか》れるに臨み、三蔵は持《たも》ちし所の舎利や経論を以て、咸《ことごと》く〔道照〕和尚に授けて曰く、「人能く道を弘む。今斯の文を以て付属す」と。又、一つの鐺子《なべ》を授けて曰く、「吾れ西域より自《みず》から将来《もちきた》りし所にして、物を煎じて病を養うに、神験せざること無し」と。是《ここ》に於て、和尚は拝謝し、啼泣して辞せり。登州に至るに及び、使〔用〕人に病多し。和尚は鐺子を出だし、水を暖めて粥を煮、適《たまたま》病徒に与えたるに、当日に即ち差《い》ゆ。既にして纜《ともづな》を解き、風に順って去り、海中に至れる比《ころおい》、船、漂蕩して進まざること七日七夜なり。諸人怪しみて曰く、「風勢も快好にして日を計るに応《まさ》に本国に至るべきに、船肯《あえ》て行かざるは、計るに必ずや意有らん」と。卜《うらな》える人曰く、「竜王、鐺子を得んと欲するなり」と、和上、之を聞いて曰く、「鐺子は此れ〔玄奘〕三蔵の〔喜〕施せる所の者也。竜王何ぞ敢て之を索《もと》めんや」と。諸人皆曰く「今、鐺子を惜しみて与え

ざれば恐らく含船〔船ごと〕魚の食と為らん」と。因って鐺子を取りて海中に抛《な》げ入れしに登時〔即刻〕に船は進み、本朝に還れり。……

この記事で見ると、船の進まなかったのは竜王が鐺子を欲しがったからである。決して人身御供を求めたわけではない。しからばなにゆえに竜王は鐺子を欲しがったのであるかと尋ねて見ると、知れたこと、鐺子に不思議な力がそなわっているからである。この鐺子は普通の器具ではなく、一種の如意宝である。海神が如意宝を欲しがって、どうでもして人間の手からそれを奪取らんとすることは、われわれの知っている限りでは、北半球のほとんどすべての文化民族の古代の伝説界に共通の事項で、この信仰は海上交通が大なる危険と犠牲とをもって行われ得し時代の産物としてははなはだ理解しやすい現象である。のみならず神と人との利害が衝突している神話時代においては、神が人間の幸福を嫉んで、人間の所有しているまれなる美婦や珍宝を欲しがるということは、何処にもありがちのことである。こんなものを所有しているものは、絶えず神に睨まれているので、ちょっとも油断がならぬ。ことに神の領分たる大海の波上を渡るにあたりて、神のほしがる代物を携帯するということは、実は神を馬鹿にした無遠慮な仕打である、少くとも軽卒な行為である。神が怒るのは無理ではない。怒れば妨害もすれば復讐もする。その結果として犠牲が必要になる。神が最初から犠牲を求めるのではなくて、人間の方から神を侮辱して、侮辱した結果として贖罪の行為が必要になるのである。しかしながら道照の場合においては、単に神の領域を犯した罰として鐺子を科料に取られたのではなくて、正しく神のほしがる品物を取られたのである。

多くの沈鐘伝説または沈没伝説はある罪過をモーチーフとしていると同時に、他の方面においては水界の神が人間の珍宝をほしがるという思想が動機となっているものも少くない。下総香取郡神崎森の下では、鐘を船に積んで運ぶときはぜひとも箱に入れて菰《こも》かで厚く包んで置かないと、鐘が水鏡を見たが最後、きっと船と共に沈む。もっともこんな話は梵鐘そのものが海を慕うという思想からも、ある程度まで説明され得るかもしれぬ。しかしながら謡曲「海士《あま》」の材料となっている「志度寺縁起」や「大織冠」には、明かに海神が珍宝をほしがる思想が見えている。謡曲の方では単に、「二つの宝は京着し、明珠はこの沖にて竜宮へ取られしを」といっているが、幸若舞草子の方には八大竜王がこの宝を奪わんために風浪を起したことが長々と述べてある。のちにこの宝を奪返して生命を取られた海士は、伝説の系統から論ずれば、「日本紀」の允恭天皇十四年九月の条に見ゆる海人である。

天皇獵二于淡路島一、時麋鹿猪猪、莫莫粉粉、盈二于山谷一、焱起蠅散、然終日以不レ獲二一獣一、於是獵止以更卜矣、島神崇之曰、不レ得レ獣者、是我之心也、赤石海底有二真珠一、其珠祠二於我一、則悉当レ得レ獣、爰更集二処処之白水郎一、以令レ探二赤石海底一、海深不レ能レ至レ底、唯有二一海人一、曰二男狭磯一、是阿波国長邑之海人也、勝二於諸海人一、好探レ深、是腰繋レ縄入二海底一、差頃之出曰、於二海底一有二大蝮一、其処光也、諸人皆曰、島神所請之珠、殆有二是蝮腹一乎、亦入探レ之、爰男狭磯抱二大蝮一而泛出之、乃息絶以死二浪上一、既而下レ縄測二海底一六十尋、則割レ蝮、実真真珠有二腹中一、其大如二桃子一、乃祠二島神一而獦之、多獲レ獣也、唯悲二男狭磯入レ海死一之、則作レ墓厚葬、其墓猶今存之、

訳註・天皇淡路島に獦（かり、猟に同じ）す。時に麋鹿猪猪は莫莫粉粉として、山谷に盈《み》ち、焱《や》（火花の燃えるように）起し蠅散すれども、然も終日以て一獣をも獲ず。是《ここ》に於て獦止み、以て更に卜《うらな》うに、島の神之に祟《たた》って曰く、「獣を得ざりしは是れ我が心也。赤石《あかし》の海底に真珠有り。其の珠を我に祠《まつ》れば、則ち悉く当《まさ》に獣を得べし」と。爰《ここ》に更に処処の白水郎（あま、漁撈を事とするもの）を集め、以て赤石の海底を探さしめしも、海深くして底に至ること能わず。唯だ一りの海人《あま》有りて、男狭磯《おさし》と曰う。是れ阿波の国長邑《むら》の海人なり。諸の海人よりも勝れ、好んで深きを探る。是れが腰に縄を繋ぎ海底に入り、差頃之《しばらくして》出でて曰く、「海底に大いなる蝮《まむし》有りて、其の処は光れる也」と。諸人皆曰く「島の神が請う所の珠は、殆んど（大かた）是の蝮の腹に有らんか」と。亦た入りて之を探り、爰において男狭磯は大いなる蝮を抱きて泛び出でしも乃ち息絶え、以て浪の上に死せり。既にして縄を下して海底を測るに六十尋なりき。則ち蝮を割《さ》きしに、実真《まこと》の真珠《たま》、腹中に有りて、其の大いなること桃子の如くなりき。乃ち島の神に祠りて獦せるに、多く獣を獲たり。唯だ男狭磯が海に入りて死せるを悲

しみ、則ち墓を作りて厚く葬れり。其の墓は猶お今も之を存すと。……
山神の領域を侵して山神に怒られ、山神の怒を鎮めんために海神の領分を侵して海神に怒られ、海人の男狭磯はついに生命を取られたのである。元をただせば一個の宝珠が原因である。昔から宝珠の悲劇の動因になったことは、ゲルマン族の「ニーベルング」の例を取るまでもなく、いたるところに無数の実例が転がっている。志度の海士や淡路の白水郎《あま》は神の領分を侵して生命を取られたのには相違ないとしても、人身御供のカテゴリーに属するものとはいわれまい。

支那では「鬼瞰の家」という熟語がある。ギリシャでは「神の嫉妬」という信仰があった。有名なポリクラテースの指環の話などは、その最もいちじるしい例の一つである。道照の鐺子の話もやはりこの種のカテゴリーに属するものだと解釈したい。加藤君が道照の鐺子を橘姫と同じ性質のものであるかのように見られるのは、近頃はなはだ理解しにくい。というのは橘姫をもって真正な人身供犠と見ての論ではない。橘姫伝説の後身と見るべき那古君伝説にいわく「筑前国風土記、うちあげのはまの所にいわく、狭手彦連舟にのりて海にとどまりてわたることをえがたし、爰に石勝《いわかつ》推量していわく、御舟《みふね》のゆかざる事は海神の心なり、其神ははなはだ狭手彦連がいてゆくところの妾《め》那古《なこ》君《きみ》をしたう、これをとどめばわたるべし、于時《ときに》彦連妾とあいなげく、皇命《おおみこと》をこうぶらんことをおそれて、うつくしびをたちてこものうえにのせてなみにはなちうかぶと云々」（古風土記逸文巻之下引用袖中鈔巻八）。道照の鐺子と同じように、海神に求められたのである。もちろん一種の人身供犠だという者もあるだろうけれども、加藤君のいわゆる人身供犠のカテゴリーには入らぬ。加藤君のいわゆる人身供犠は、動物をもって代用することの出来る人身の供犠である、だから食物として供えられる犠牲である。あるいは器物でも代用することの出来る点から見ると、単にある代償である。換言すれば人間の方である権利を放棄することである。ところが道照の場合においては、竜王は特に鐺子を欲しがり、この場合においては、特に美人の那古君が海神に惚れられたのであるから、動物や金銭で代用するわけには行かぬ。鐺子は金銭で買えぬ不思議の宝であった。那古君に対する海神の恋は動物では満足のできぬ欲求である。「人身供犠」という語はいうまでもなく、「人身」と「供犠」との二つの概念を示す語の合成であるが、アクセントのあり場所で意味が非常に異ってくる。加藤君は第二の部分にアクセントをつけて人間も動物も植物も同じように見ていられるようであるが、自分は「人身供犠」という以上は、「人身」の二字に重きを置いて考えたい。さもなければ単に「供犠」の二字で十分である。特に「人身供犠」という必要はない。一般に合成語においては第一の部分に重きを置くのが普通である。

しからば橘姫の場合はどうだ。海神が特に姫の美貌に心を動かして姫をほしがったということが、どこにか書いてあるか。面倒ながら唯一の源泉たる記紀を調べて見ると、「古事記」の方には、渡神が浪を立てて船が動かなくなったので、橘姫が日本武尊に代って自ら身を沈められたとあるだけで、なにゆえに海神が怒ったを書いてないが、「日本紀」の方にはその事がちゃんと記してある。この伝説の伝説として面白いところは、正にこの点にある。この点を見逃すようでは話にならぬ。

亦進二相模一、欲レ往二上総一、望レ海高言曰、是小海耳、可二立跳渡一、乃至二于海中一、暴風忽起、王船漂蕩而不レ可レ渡、時有二従レ王之妾一、曰二弟橘媛一、穂積氏忍山宿禰之女也、啓レ王曰、今風起浪泌、王船欲レ没、是必海神心也、願以二妾之身一、贖二王之命一而入レ海、言訖乃披レ瀾入之、暴風即止、船得レ著レ岸、故時人号二其海一曰二馳水一也。

訳註・亦た相模《さがみ》に進み、上総《かずさ》に往かんと欲し、海を望みて高言して曰く、「是れ小さき海なる耳《のみ》。立ち跳ねて渡る可し」と。乃ち海中に至るに、暴風忽ちに起り王の船は漂蕩して渡る可らず。時に王に従える妾有り。弟橘媛と曰い、穂積氏忍山の宿禰《すくね》の女《むすめ》也。王に啓《もう》して曰く、「今、風起り浪泌《はや》く、王の船は没せんと欲す。是れ必ずや海の神の心なる也。願わくば妾の身を以て、王の命を贖《あがな》いて海に入らん」と。言い訖《おわ》りて乃ち瀾《なみ》を披《ひら》きて入りしに、暴風は即ち止《や》み、船は岸に著くことを得たり。故に時の人は其の海を号《なつ》けて馳水《はしりみず》と曰いし也。……

この記事の中で、「是小海耳、可二立跳渡一」の一句と「贖二王之命一」の一句とが肝腎である。橘姫は日本武尊の身命《みがわり》として、海に沈んだのであるとすれば、海神が特に姫を求めたのでないことは明かで、懸想や恋慕などのことはむろんいうべき余地がない。この点において橘姫の伝説は那古君や道照の場合とは全然その趣きを異にしている。船の進まなかった理由は無論海神の怒りであるけれども、海神の怒った理由は何であるかといえば、日本武尊が海神を侮辱されたからである。その侮辱の罪を贖うために、橘姫が身代となったので、もしこの侮辱がなかったならば、この悲劇はなくて済んだわけである。すなわちこの場合においては、犠牲の動機は人間の方にあるので、単に神の欲求を満すを主眼とする人身御供とは話がちがう。

ある条件の違反の結果として、人命の損傷が必要になる場合は、人身御供のカテゴリー以外に置いて見たい。換言すれば犯罪に対する贖罪の行為として人命が失われるのは、人身御供とは少しくちがう。神が人間の犠牲を求めるのではなくて、人間の方で罰を受けるのである。人身御供は神にある利益を与えるのであるが、贖罪行為は人間にある損害を与えるのである。結果は同じようであっても、動機が異っている。橘姫の死んだために神は別に利益を受けなくてもよいが、日本武尊がある損害を忍ぶということは必要である。道照の場合はこれと反対で、道照が鐺子を失ったために損をするせぬは問題にならぬ、海神の方で利益を得さえすればよい。

道照の鐺子の話もむろん伝説で、決して実際あった事実ではあるまいが、日本武尊の伝記もやはり伝説であろう。自分は「日本紀」の主観的真理を尊重する点においては、あえて人後に落ちぬつもりだが、日本武尊に関する記事は全く伝説と見たい。神話時代と歴史時代との境界は歴史家の議論のあるところだろうが、「古事記」と「日本紀」との記事だけでいえば、自分は神功の三韓征伐をもってこの境界にして見たい。もし、日本にソフォクレースがあったならば、日本武尊の伝説をヘラクレスの伝説のように悲劇の材料にしたに相違ない。「是小海耳」の一句は、立派な「悲劇的罪過」である。大碓命を掴み殺したのも（古事記）そうである。伊吹山の荒振神を軽蔑して剣を持たずに出かけたのもそうである。実に完全した悲劇の好題目ではないか。

「奇異雑談」にいわく、

明応年中の事なるに猿楽の太鼓善弥と笛の彦四郎と両人するがに下るに、伊良虞《イラゴ》の渡りをすべしとて伊勢の大湊に行て便船をまつに、やがて客衆おおく天気よしとて舟を出すに両人乗ぬ、善弥が中間の妻はするがの者なる故によきびんきに下りて親を見舞んとて連れてゆく、同じ船にのりぬ、別に女人なし、船頭のいわく、ひとり女房をば船にのせぬ法にて候、おりられよと云えば、夫の中間、是はこなたの妻にて候という、船頭のいわく、たれにても御ざあれ船の法にて候ほどに申、いずかたの浦の船にてもひとり女房をばのせぬ法にて候、ことに此わたりは大事のわたりにて候ぞ、……七里の渡を三里あまり行時分よき天気の空に黒雲の一尺ばかりなるが俄に出うかぶ、……その雲ときの間にはびこり天くもりて夕のごとく風あしく吹波きわたってすなわち大波になりて船に打入なり、船頭大におどろき、皆々荷物うたれよというて船頭の

> わたくしに置たる荷を二三荷先取出て投入たり、客衆是を見ておのおの皮子櫃大事の荷みなことごとく投入ぬ、船頭のいわく、誰も舎利を御所持ならばいそぎ海へ入られよ、竜神のほしがる物にて候、其外秘蔵のもの太刀かたな抔みな投入られよという、客衆皆投入たり、善弥は太鼓のいえを脇に置たり、船頭是を見てそれは何ぞという、太鼓なりという、夫こそ竜神のほしがる物にて候、いそぎ投入られよという、客衆も皆いえば善弥太鼓の家の緒を解て取出せば光りかがやき彩色えがきたる投入れば波に打れて少し太鼓の声あるを聞て感にたえ涙を流し……船頭のいわく、これ程の大事の荷物を打捨念仏の声たつときに波風少しもしずまらず猶荒くたつようはしかしながら一人女房のたたりと覚え候、……女人船ばたに飛上り念仏の声とともに飛入たり、客衆一同に声を上て感ず。かの黒入道すなわち女をくわえてさし上て見せたり、……ややありて風すこしやわらぎ浪しずまるゆえ船をこぎ行ようよう汀に付ば船より上り荷物なくして皆迷惑す、さてもさきの黒入道は何物ぞととえば、船頭のいわく、入道鰐というて此辺の海に有て人を取事しげし、今日此渡りへ来りてかくのごとくに候、しかしながら一人女房をとらんとてきたり候、……

この話は室町時代頃から徳川時代の初期あたりの民間信仰を示しているように思われるが、海神が秘蔵の物をほしがるということは見えているけれども、人をほしがるということは少しも見えていない。人を取って食いたがる奴は海神でなくて、海中の怪物である。

鱶につけられて船が動かなかったという話は、今でも地方に多く残ってある。しかしその時に乗組の中の一人を海に沈めることは人身御供ではない。実際人身御供といわれてはいない。河童にとられるのが人身御供でないように、鱶に食われるのも人身御供ではない。偶然の災難という思想は、祭祀の範囲に属する人身御供の概念と交渉するところがない。

仁徳紀に見ゆる県守の虬《みずち》退治の話は、支那にも例がある。

△椒兵訢者東海上人也、為二斉王一使二於呉一、過二淮津一欲レ飲レ馬、津吏曰、水中有レ神、見レ馬即出以害二其馬一、君勿レ飲也、訢曰、壮士所レ当何神敢干、乃使三従者飲二馬於津一、水神果取二其馬一、馬没、椒兵訢大怒、袒裼持レ剣入レ水求レ神、決戦連日乃出眇二其一目一

（呉越春秋）

△趙真人名昱、得二仙教一、隠二於青城山一、隋文帝聞、詔使レ聘レ文、以為二蜀郡太守一、郡有二冷源大河一、河蔵二毒蛟一、蛟動則河決傷レ人、端陽日、真人命二千兵一、鳴二金鼓于河上一、遂下レ水斬レ蛟、頃之見下太守右手執レ剣左手執二蛟頭一而出上、時同入レ水者六人、因号為二七聖一、及二隋乱一復隠去、（列仙全伝）

訳註・椒兵訢は東海の上《ほとり》の人也。斉の王の為めに呉に使し、淮津〔淮水の渡船場〕を過《よぎ》りしとき馬に〔水を〕飲ましめんと欲す。津吏〔渡船場の役人〕曰く、「水中に神有りて、馬を見れば即ち出でて以て其の馬を害す。君飲ましめること勿れ」と。訢曰く、「壮士の当る所、何れの神か敢て干《おか》さん」と。乃ち従者をして馬を津に於て飲

ましめしに、水神果して其の馬を取り、馬は〔水に〕没せり。椒兵訢大いに怒り、褐〔けごろも、武人が着用す〕を袒《はだ》ぬぎ剣を持ちて水に入り、神を求めて決戦すること連日、乃ち出でしも其の一つの目を眇《すがめ》とせり。（呉越春秋）

趙真人〔真人とは仙術をえた人〕、名は昱、仙教を得、青城山〔四川省灌県の西南にあり〕、張道陵をはじめ歴代の方士、みなこの地に隠棲す〕に隠〔棲〕せり。隋の文帝、詔して文を聘《おく》らしめ〔安否を問うなり〕、以て蜀郡〔四川省。故治は今の成都県〕の太守と為す。郡には冷源の大河有り。河に毒蛟を蔵し、蛟《かく》〔みずち、竜の一種〕動けば則ち河は決〔壊〕し人を傷つく。端陽の日〔端午に同じ、五月五日〕真人は千兵に命じ、金鼓を河の上に鳴らし、遂に水に下りて蛟を斬る。頃之《しばらくして》、太守が右手に剣を執り左手に蛟の頭を執りて出ずるを見る。時に同じく水に入りし者六人なり。因って号《なづ》けて「七聖」と為せり。隋乱るるに及び〔真人は〕復《ま》た隠れ去れり。（列仙全伝）

人を害する水中の蛟竜を剣をもって退治した勇士の話である。人をもって祀ったということはどこにも書いてないではないか。ただし瓠《ひさご》のことは、同じ仁徳紀の強頸・衫子の話にも出ている。要するに一個のモーチーフである。

もし人をもって神を祭る風が日本の古代にあったことの証拠となる確実な記事がどこかにあるとすれば、この強頸・衫子の話は唯一の材料である。人身御供肯定論者はすべての戦に敗れたのちにおいても、なおこの一塁に踏止って死守するであろう。記事そのものの価値は別としても、この記事が「日本書紀」に取られているということがたのもしいからである。しかしながら「日本書紀」の記事にはときどき空想の産物が交っている。特に神話時代から歴史時代に移りかける時代の記事は、よほど用心して参考せねばならぬ。のみならず、この記事は人をもって神を祭ったことの記事と見るよりは、むしろ反対のことを示す記事のように思われる。ある勇士が人身御供を求める神を退治した、というのが話の主意である。素盞嗚尊の八岐大蛇退治の話も、「今昔物語」の中山の話も、その他多くの人柱の話も、すべて「その時からこんな恐ろしいことが止んだ」とか、「その時から堤が堅固になった」とかいう点を主意にしている。風俗に関する伝説はたくさんある。ひとり人身御供と人柱との伝説に限って、供犠そのものの話でなくて、供犠の風を絶ったとか、それ以来そのことがなくなったとかいうのが主意になっているのは、果して何事を意味するであろうか。

もし日本の上古に人をもって神を祭る風があったとすれば、一個の風俗としてそのことがあったとすれば、強頸・衫子の話の外にも、一つ位は証拠となるべき記事が見えても、伝説があってもよさそうなものだのに、数百年以前の事件として記録されたこの伝説の外には、痕跡さえも残っていないというのは、あまりといえば不思議である。自分はこの伝説も、八岐大蛇の話と同じく、伝説の範囲に属するものとして観察したい。出雲の話が史実としての価値を少しも持っていないように、難波の話の史実としての価値はゼロである。

地名の説明を目的として、ある民間信仰を材料として、作為された伝説と見るべきこの話は、人身供犠の風俗存在の証拠としてはあまりに薄弱である。西洋の学者は古代の人身供犠の事実を証明せんがために、記録や口誦の伝承の外に考古学的徴証を求めた。後者は前者よりはむしろかえって有力である。なにゆえに日本の学者は後者をともなわぬ前者を重く見るであろうか。問題はここにある。

終　章

自分はいま一度繰返していいたい。なにゆえに日本の学者は考古学的徴証やその他の実物的材料の有無をほとんど顧慮せぬかのように、これらを全くともなわぬ記録や口誦の伝承ばかりを根拠として、鬼の首を取ったような気になるであろうか。この点において、人身御供肯定論者ののんきな態度と、われわれの臆病な態度とが、どうしても一致することが出来ないのである。自分は加藤君を肯定論者の有力な代表者と見て、この未熟な議論を試みつつある間に、親切な読者からずいぶんと抗議を申込まれた。ある抗議者は見付天神の祭礼の見解に関して、ある他の読者は坂戸明神の俎を楯にして、いずれも異議を申立ててきた。この抗議に対して相当の敬意を払うのは、この場合自分の義務だと信ずるから、ここになお少しく例の愚見を開陳する。

見付天神の場合は、問題が面倒であるように見えるけれども、わりあいに簡単だと思う。抗議の提出者後藤秀穂君は遠江国の人である。後藤君が「見付人身御供の証拠品」として提出されている品々（大正元年十一月発行遠州学友会雑誌第十九号郷国史談断片七）は、「柳園雑記」に出した大般若経の裏書、「都の錦」の記事、成瀬家所蔵の勧化帳、不動尊縁起、書写大般若経之由来、それから光前寺から出す魔除御守札霊犬早太郎の図、まあざっとこれくらいのものである。最初に掲げた「柳園雑記」は近頃のもので、中に出している大般若経の裏書には、（一）遠江国府中北野天満宮内一実坊奉施入正和丙辰卯八日、（二）奉施入天満自在天神御宝前国府一実坊書畢、（三）奉施入一実坊因一自力六ヶ年一筆書写、とあって人身御供や犬のことは見えない。かつ不動尊縁起および般若経由来の記事とは矛盾する。この二つはその文面からいっても、よほどのちの世のものである。もし「柳園雑記」の記事が正直だとすれば、この二つの縁起は、右の裏書と信濃の義犬伝説とを種にして、般若経にもったいをつけるために作られたものに相違ない。勧化帳のごときにいたっては、安政七年に出来たものだから、資料としての価値はゼロに近い。御守札はどこにもある。最も詳細の記事を示している「都の錦」とやらは、結構文体ともに文化文政以後のものらしいので、後藤君自身がすでにその無価値を認めているのではないか。「都の錦」の記事を仔細に検査して見ると、暗夜の裸祭と人身御供との二つの事が、人工的に結合されていることが容易にわかる。前者は今日もなお行われるというから、古くから行われていたことに相違あるまいけれども、後者に関しては今日の見付は、信州側の伝説と「都の錦」の記事との外には、証拠となるべき何物をも持っていない。要するに遠州見付の人身御供の話は、大般若経の裏書の文句（かりに信ずるに足るべきものとして）と珍奇な裸祭とが信濃の縁起作者と「都の錦」の作者とに利用されて出来上った伝説で、水に漂う浮草のような、空にたなびく五彩の雲のようなものである。しからばかく利用されるに至った動機は、果して何であるかと尋ねて見ると、信濃の方に早くからあった義犬伝説と、（縁起作者の場合では）大般若経にもったいをつけたい精神、それから（小説作者の場合では）戯作者一流の空想とである。

義犬伝説そのものについては、この問題をかたづけた後で改めて述べることにして、坂戸明神の話に移る。この方は見付のような空な話ではない。坊主や戯作者などのいい加減に作りあげた話とは異って、眼に見える形をそなえた立派な証拠品がある。久しい間の伝承で神聖にされた、馬鹿にできぬ儀式がある。祭祀の儀式としての人身御供の存在説を主張する者の提供した、あるいはむしろ提供し得る証拠物件の中で最も有力なるものである。自分はこれを証拠という名をつけることのできる唯一のものといいたい。俎と庖丁、それから生きた実物の人間、考えたばかりでも身の毛が立つ。なかなか冗談で出来るような事柄ではない。こんな恐ろしい、確実な証拠物件を眼の前に突きつけられて、覚えがないと白を切ったところで、裁判官は承知してくれまい。黒白はこの証拠の真偽いかんで定まる。

ここが人身御供肯定論者と疑問論者との勝負の分れるところ、天下分目の関ヶ原である。

自分は飽までもこの証拠の価値を認めたい。単に一個の証拠としてはこの上もない立派なものである。それ自身としては、まことに完全している。しかしながら人身御供そのものは、単にこの証拠が認められただけで、単にそれだけで、わけもなくその存在を証明され得るような、そんな単純なものではない。自分は今日まで、この証拠そのものを正面から否定するだけの有力な理由を発見することができない。しかしながら他の方面から、これをはなはだ薄弱ならしめる種々の理由を持っている。幾何学者が三角形の甲の角と乙の角とが等しいということを、正面から証明することの困難な場合に、かりに両個を等しくないと見ておいて、その結果の不合理を証明して、それによって、等しいということを余儀なく承知させるように、自分もかりに肯定論者の説を正しいと見ておいて、それから、この仮定がいかなる結論を生ずるかを考えて見たい。

俎と庖丁とが、果して人間を神に供えた風習の痕跡だとしたらどうだ。犠牲をうける神は、鎮守の社に祀られる神である。捧げるものは氏子の部落である。捧げられる犠牲は、氏子の仲間から取られねばならぬ。反対論者はこれに反対して、氏子以外の者でもかまわぬ、というかもしれぬ。しかしながら、よく考えて見るがよい。人身御供の風習という言葉のうちには、久しい間の慣例ということの意味が含まれているではないか。鎮守の社の祭祀は、年毎に行なわれる儀式である。人身御供ということがこの祭祀の恒例となっている以上は、春秋二度とまで行かずとも、毎年一度か少なくとも二、三年に一度くらいは行われねばなるまい。すべての伝説は、毎年のこととしているではないか。一度や二度なら、旅の者をだましても途行く人を捕えても事は済む。しかし毎年のことになると、いかに交通不便の世の中だといっても、悪事千里ということがある。評判を聞いただけでも恐ろしい人身御供を実際だと知ったら、誰も寄りつく者はあるまい。それも秘密に殺して人柱に立てるとか、生肝を抜いて薬にするとか、誘拐して売り飛ばすとかいうのなら、ある程度までその秘密を保つこともできようけれども、年々の祭祀の例とあっては、秘密も何もあったものではない。部落以外に犠牲を求めるには、どうしても戦争が必要になる。

戦争をしたということも見えぬ所で見ると、氏子の仲間から取ったに相違ない。いよいよ氏子の仲間から取ることにすると、よほど厳重な規約がなくては悶着が起る。少女を取るとしたら、女子を持つ親は順番の来ぬうちに、どこへか逃げるだろう。白羽の矢の立たぬところへ、住居を求める方法はいくらもあろう。もしまたやむを得ぬ災難として、氏子の者が苦痛を忍んでいたとしても、同胞や愛児が神の食物として捧げられたあとで、そのことを記念するために、なんらの方法をも取らなかったということは、考えられぬことではないか。見ず知らずの他人のためにさえ、墓を造るとか、塚を築くとか、経を供養するとか、その他いろいろのことが話に残っている。馬や犬のためにさえそれ相応なことをする、人情のある世の中だ。同胞や愛児の薄命が、猫の子の死んだと同じように、棄てて置かれるものではない。

ところが不思議なことには、われわれの近い祖先は、人身御供の話を多く伝えているにもかかわらず、犠牲に供えられた者の記念としては、全く何事をも伝えていない。一年に一人ずつとしても、十年には十人になり、二十年には二十人になる。寺院の過去帳みたようなものにも、神社の記録にも、その他いかなる種類の文書にも、碑文にも、人身御供に上げられた者の姓名も系図も伝記も見えないばかりでなく、口碑伝説の外には何物もこの不幸な者の記念を伝えていないのは、実に不思議千万といわねばならぬ。およそ何が奇怪だといっても、これほど奇怪至極なことはあるまい。

それればかりではない、なお一つここに肝腎なことがある。この一事の説明がつかぬ間は、すべての人身御供肯定論は机上の空論である。捧げた犠牲の跡始末の問題だ。人身御供肯定論者はこの辺のことにはとんと気がつかずに、飛んだ難題をいい出して人を困らせるにもほどがある、というかもしらないけれども、物にはすべて跡始末ということがある。人身御供に限って、跡始末はどうでもよいという道理はないはずだ。普通の場合に神前に供える物は、生贄でも果穀でも調理したものでもすべて、ふたたび神前から下げられて、信者の口へ入るとか、河へ流されるとか火に焼かれるとかする。もし肉体をそなえぬ神の祭壇に人を供えるとしたら、この人を殺す役目にあたる者のことも考えねばならぬ、殺す儀式のことも考えて見ねばならぬ、殺したあとの死骸の始末は、さらに重要な問題として考えてもらわねばならぬ。しかるに人身御供肯定論者は、このことをまるで考えていない。のんきさ加減もここまで来れば見上げたものだ。もっとも人身御供伝説に見える神は、一から十まで肉体をそなえた邪神で、すべて四本脚の怪獣か、さもなければ鱗の生えた蛇であるから、跡始末の心配は無用だというかもしれぬけれども、八岐大蛇の系統を引く一族の外に神の場合は、必ず俎庖丁のことがいってある。して見ると、神の食物になるのは、供えられた者の血と肉だけで、骨は跡に残らねばならぬ。この骨の始末はどうするか。埋めたという記事もなければ、この跡として伝えられるところもない。まさか焼いて灰にして、肥料に使うほど、物質的文明が進歩していたとも思われぬ。

この問題に対して満足な説明が与えられぬ間は、百の俎も千の庖丁も、証拠物件としての価値を非常に減殺される。自分は俎と庖丁を尊重する点においては、あえて加藤君その他の肯定論者に劣らぬつもりであるけれども、試みに自分の臆測をいってみると、伝説から生れた儀式であろうと思う。ただしこれは単に一片の臆測であるから、その当否はしばらく保留しておきたい。

後藤君の人身御供論も、加藤君のそれと同じく、人柱の例を引いているけれども、自分は人身御供と人柱とを同じカテゴリーの下に置くことを好まぬ。もちろん人間をある目的のために犠牲にする点から見ると、一種の人身御供に相違ないようだけれども、少しくその概念を分析して見ると、異ったところがいろいろある。第一、人柱は神の食物として捧げるのではない。第二、年々の恒例として神を祭るための目的でもない。第三、祭祀の儀式が必ずしも必要ではない。もしまた、人柱を立てる目的が神に捧げるためだとしても、最初から約束されたことではなくて、ただ偶然の必要に応じて例外の事として行われる。橋を架けたり、堤防を築いたりするには、きまって人柱が立てられなければならぬのではなく、神の意に背いて強いて神の領分を侵すような大工事に際してのみ、このことが行われるのである。河や海の神を祀るとして見ても、単に神の恩恵を求めるという意義ではない。土木工事に限って、その完成を望むために祀るのである。しかしながら、橋姫や那古姫の場合とは大に意味を異にして、むしろ一種の「マジック」として行われるのではあるまいか、と思われる点がある。民間伝説の人柱に関する概念は、すこぶる明瞭を欠いている。「人柱を立てる」という特別な言葉を用いていながら、時々人柱として河の神に人身御供に捧げられるというようなことをいっている。たいていの場合は、人間を生埋にするのが規則であるのに、時々人柱になって河に飛込んだというようなことがいってある。しかしながら、強頸・衫子の話は別として、「人柱」という言葉が明かに使われている長柄川や築島の話が、この種の伝説の祖先と見るべきであるから、やはり工事を堅固にするために、その底に人間を生埋にするというのが、真の意義であったろうと思う。今日の各地の民間に伝わっている人柱の話も、多くはこの意味において物語られている。ドイツの昔には、埋められた人間の霊魂の作用で、工事が堅固になるという思想らしい。

新築工事の際に犬を土台の下に埋める習慣があった。犬が家を守るから、と説明されているけれども、自分はやはり一種の「マジック」であると思う。たしかインドの古代の建築にも、人柱のことが見えたかと思う。日本でもこの風習は必ずあったに相違あるまい。秘密にすればずいぶんできぬことはない。しかしながら多くの地方の堤や橋について物語られる人柱伝説は、一から十まで純粋の空想的産物である。その証拠には、どの伝説にも必ず判で捺したように、その人柱が立てられた以来かつて堤防破損のことがないとか、そのおかげで橋が落成したとか、いうようなことがいってある。いかに人柱の効験があるとしても、そう無暗に効能があってたまるものではない。継袴の「モーチーフ」が伝説的であるのはいうにおよばぬ。

人身御供の伝説の場合でも、単に人身御供そのものの話が目的でなくて、犬や勇士や長者の娘を引出して、その時から恐ろしい邪神が退治されて、忌むべき風習が止んだということを説くのが主眼になっているのは、すべて空想的産物たる証拠である。

早太郎童話論考

早太郎童話論考の余論としての人身御供論は、前節でひとまず切上げにした。要するに人身供犠の忌むべき風習の存在はその可能を信ずべき理由を多く有しているにもかかわらず、日本においては有史以前の時代はむろんのこと、その以後においても肯定論の証拠となり得べき確実なものは、いまだにただの一つも発見されていないのであるから、気の毒ながら肯定論者の議論に賛成することができないということ、および信仰上思想上の問題としてはあくまでその可能を認めながらも、文化史上の事実としては今のところ否定とまで行かずともすこぶる疑ってかからねばならぬということ、それが自分の結論である。なお仏教の感化の問題についても、自分は加藤君の説に賛成することが出来かねる。加藤君の説は理論としてはいかにもしごくであるようだが、実際にあたって見ると感心の出来ないことがずいぶんある。この点は当面の問題に直接の関係がないから、この小論文の筆の進んで行くうちについでにいうことにして、これから早速早太郎童話の話に移る。

早太郎童話は日本における義犬伝説の系統に属するものであるが、自分は世界伝説文学の比較研究の結果から帰納して、日本の義犬伝説（一名忠犬伝説または義犬塚伝説）に三個の種類を区別している。その系統から見ても、その性質から考えても、英雄譚的義犬伝説、教訓譚的義犬伝説、譬喩譚的義犬伝説（あるいは童話的義犬伝説）の三大部門が区別されるのである。しこうして早太郎童話はその第一部門たる英雄譚的義犬伝説の圏内に属するものであるが、歴史は伝説の母、伝説は童話の母である、という自分の帰納的原則はこの場合においても十分に通用するのである。第二部門は伝説としてすこぶる興味が少ない。第三部門の譬喩譚的義犬伝説はその本源が純粋の童話であるだけに、その本源地のインドから東西に伝播して、千幾百年の間に北半球の文化民族の間に伝説の形においていくどとなく繰返されて物語られながらも、なお最初の童話的性質を失わぬと等しく、英雄譚的義犬伝説もまたその本源が純粋の伝説であるだけに、童話として物語られる今日の民間説話においてもなお最初の性質を保存しているところが、すこぶる面白く感ぜられる。最初の性質というのは、英雄譚としての性質で、凡人の域を超越してほとんど神に近づかんとするある人間が智力と腕力とによりて偉大なる人文的事業を成就するということを内容にして、個人の智力と腕力との勝利を歌うのである。しこうして神話時代をはなれて歴史時代に進み入ることいよいよ深きに従って、換言すれば道徳思想の加味されることいよいよ多くなるに従って、智力が醇化し腕力が武士的勇気の形に変化してゆく。プリミチーフな伝説ほど露骨な智力が謳歌されて、鳥獣譬喩譚の本領に接近している。素盞嗚尊の八岐大蛇退治の話はこの種に属する日本最古の標本にして、同時にまたこの種の資格を完全に具えたものである。この大蛇退治の話が早太郎童話の元母になっているところが、じつに面白いではないか。

毎年人身御供を求める邪神（A）がある。その正体をいえば、蛇（Aa）であり、猿その他の獣（Ab）であり、あるいはまた悪鬼夜叉（Ac）である。供えられるものは多くは処女（Ba）であるけれども、時としては男子（Bb）のことがある。英雄が現われてこの邪神を退治する（C）のであるが、その退治の方法にも種々あって、剣を用うることもあり（Ca）、犬を用うることもあり（Cb）、また法力によることもある（Cc）。英雄は最後において、救われた処女と結婚する（Da）のが普通であるけれども、時としては結婚の一条が見えぬことがある。また犠牲に供えられた者が同時に英雄である場合にも、それが処女であればやはり結婚のことが物語られることもないではない（Db）。英雄が犠牲と別人である場合には、勇士（Ha）と修道者（Hb）とを区別する必要がある。最後に邪神がある方法をもって自分の弱点を暴露する（M）という、きわめて童話的な一条がある。

誰も知っている素盞嗚尊の八岐大蛇退治の伝説の骨子を式で示せばAa＋Ha＋Ba＋Ca＋Daである。早太郎童話の伝承は、今日ではいささか区々になっているようであるけれども、大体においてほぼ一致しているから、今仮に信濃の上伊那郡地方のもの（日本伝説集第十七のロ）をその代表者として見ると、その式はAb＋Hb＋Ba＋Cb＋Mである。すなわちこの二つの話は、犠牲に供えられる者が処女である点において共通しているばかりで、その他の点においてはすべて異っているばかりでなく、前者の最後の一条（Da）が後者に欠けて、その代りに新しい一条（M）が加わっている。

八岐大蛇の話の次に、日本の文献に現われたこの形式の最初の話は、「今昔物語」の中山の猿退治の話（巻二六の第七）であるが、この話に関する考証はすでに「今昔物語の研究」（郷土研究三の三九―四四頁）に述べておいたから、ここにはただそのところに言残したことを付加しておく。この話を式で示せばAb＋Ha＋Ba＋Cab＋Daで、早太郎童話に比してよほど「古事記」の話に接近している。その異っているところは支那伝説の影響に帰すべきである、というのが自分の憶測で、この憶測はこの三者を比較して見た結果である。「捜神記」巻十九に出ている話の式はAa＋Ba＋Cab＋Dbで、この話の特色は犠牲に供えられる処女そのものが、邪神退治の勇士を兼ねていることである。「今昔物語」の同巻の中山の話の次に出してある飛驒国の猿神退治の話がやはりこの特色を具えて、Aa＋Bb＋Ca＋Daの式になっている。ただしこの話に出る修道者は犠牲に供えられるはずの処女の代理となったのであるから、上の式はAb＋Ba＋Hb＋Ca＋Daとした方が正しいかもしれぬ。

邪神退治の主人公として、修道者が現われて神話的英雄または勇士に代っているところは、たしかに仏教の影響である。しかしながら自分がここに仏教の影響を見るのは、加藤君の見方とは全然異って いる。加藤君は残酷な人身供犠の風がだんだん緩和され、または減滅された点において、仏教の影響を見んとしていられるのであるが、自分はこれに反して、単に説話の形式において仏教の影響を見るのである。単に神話的英雄に代って、宗教的勇士が出たまでのことである。人身御供そのものは伝説に現われているところでは、依然として同じ姿をもっている。自分はもとより人身御供の存在をあまり信じたくないのであるが、もし仮にこの忌むべき風習が日本の歴史時代に存在したとしても、それが漸次に緩和され減滅したのは、人文進歩の必然の結果であろうと信じている。必ずしも仏陀の慈悲忍辱の教がそれにあずかって力あったとばかりは信ずることができない。とくに人身御供の伝説においては、仏教の感化はすこぶる微弱であった、あるいはむしろゼロであったといいたい。

「今昔物語」の飛驒国の猿神退治の話の本源が何であるかは、他日の研究に保留しておく。その本源がいずれにありとしても、僧衣をまとうた者が主人公になっている点だけは、たしかに仏教くさいといわねばならぬ。「今昔物語」の天竺の部には、この形式の話は一つも見えないけれども、その系統を引く「私聚百因縁集」の天竺の部には、似たような話が三つまでも出してある。宝明童子之事（巻一の二十）、堅陀羅国貧女事（巻二の八）、善見童子之事（巻三の四）、この三つの話が出してあるが、それが揃いも揃って、念仏誦経の力で邪神悪鬼を教化することを内容としているのは、果して何事を意味するであろうか。インドにおいても、古代の伝説界は「古事記」の八岐大蛇退治に似たような、神話的英雄が邪神を退治して犠牲に供えられた処女を救った話を持っていたのである。しかるに詐術または武器または武勇力によって怪鬼邪神を誅戮するという話の筋が、法力によって敵を教化するという筋に変じたのは、いうまでもなく仏教の影響である。

この三つの話はすべて人身御供の話で、善見童子だけは順番に当った犠牲であるけれども、余の二人は順番に当った長者の子の代りに身を売っていくのである。「捜神記」の話の寄《き》と同じく、身代になったのである。しかしながら剣を用うるのでもなく、犬を使うのでもなく、詐術を用うるのでもなく、全く念仏の力ばかりで敵を教化した。こうなって来ると、伝説としての味はなくなってしまう。すなわちザーゲとしての資格はなくなって、純然たるレゲンデである。すなわちわれわれ伝説研究者にとってもっとも面白くない縁起伝説と化してしまったのである。

この三つの話は仏教徒の手によって日本に紹介されているにもかかわらず、その後の日本伝説界になんらの影響も与えていない。日本の人身御供の話は、今日に至るまで、最初の英雄伝説的特色を完全に保存して、つねに詐術または勇力をもって、残酷にも邪神を退治することを物語っている。インドの話が知られなかったならば格別であるけれども、すでに数百年の昔に翻訳されていながら、少しも類話を生まず、少しも民間には伝わらず、また従来の英雄伝説話人身御供の話を変化させることのできなかったのは、すなわちこの点における仏教の勢力のゼロであったことを示すものではあるまいか。

要するに早太郎童話は、インド的人身御供伝説の影響を受くることなくして、最初の母たる英雄伝説の面目を完全に伝え、さかんに民間に流布した結果として、ちょうど桃太郎童話のように、英雄伝説の形式を次第に失って、民間童話のようになったものである。伝説と童話との区別ほどいいにくいものはない。多くの童話は伝説から生れている。伝説がその伝説的特色を失って、時代と国土との色彩を脱却して来ると、ついに童話のように物語られるのである。ただしその精神においてはあくまで伝説の特質を保存しているので、普通の童話のように教訓的特色がない。桃太郎の話にほとんどなんらの教訓がないように、早太郎童話にもやはり教訓と見るべきものがない。この教訓ということが、伝説と童話を区別すべきもっとも有力なる標準の一つで、伝説の中にも童話の性質をそなえたものがあり、童話の中にも伝説の性質を持っているものがあるので、童話的伝説、伝説的童話というような名目が必要になる。早太郎童話は桃太郎とともに、伝説的童話に属するものである。

最後に怪物が自己の秘密を洩らすという一条は、南方氏などの多く材料を持っていられるように、世界の童話に多く見るモーチーフで、支那では「捜神記」などに大木が自ら秘密を洩らしてついに滅ぼされる話があって、「法苑珠林」にも引かれている。日本ではこの話がいつのころにか大木と葛とたがいに争った話に翻案されていたと見えて、栗田氏の「古風土記逸文」の付録に佐々木家記の文として出してある。日本においてこのモーチーフが童話に用いられたのは、いつからのことか知らぬけれども、自分の知っている限りでいえば、早太郎童話に属するものの外にはこのモーチーフを用いた童話はあまりないようである。怪物が歌をうたって自分の秘密を洩らすということが、この童話の童話として非常に面白いところである。支那から伝わったと思われる古寺の妖怪退治の話に、似たようなことがある。なおこの点については、材料を集めた上で他日を期して述べるつもりである。

付記　この童話に関していうべきことは人身御供論の中に述べたことが大部分あるつもりだから簡単に切上げた。なお人身御供論については加藤君はもちろんのこと、その他にも種々の点において反対の意見を持っていられる方があるように思われるから、遠慮なくその意見を発表せられたい。また賛否いかんにかかわらず、材料を持っていられる方はぜひ報告していただきたい。この大問題がいずれに結着しようとも、一歩でも真理に近づかせたいのが自分の衷心の希望である。

第二部　人狼伝説の痕跡

魔除の酒

三月の節句の桃の酒、五月の菖蒲の酒、それから九月の菊の酒は魔除になるということは、いろいろ故事のあることだそうだが、これを民間説話でもって説明したものが東北地方にある。ただその話を聞いただけでは何でもないようであるけれども、その成立の由来と要素とをよくよく考えて見ると、説明伝説の発達の一例としてすこぶる面白い。説明さるべき行事がまず存在して、それからのちにこれを説明する説話が生ずるのは、すべての説明伝説において同じであるが、ここにあげる説明説話においては、霊異記以来の動物報恩説話と三輪山式神婚説話から出た民間童話の一部とが融合している。もしすべての時代は伝説を生み、育て、成長発達変化させるものであるというわれわれの定説が、果して古代の伝説にもいかんなく応用され得るものとすれば、われわれの知る最古の説明伝説も、やはりこの東北地方の説明説話のように、説明さるべき現象あってのちにできたものと見ねばならぬ。この順序を解せずに、伝説をただちに史実のように見る時勢おくれの一派の歴史家のために、ここにこの説話を紹介する。立派な童話であるが、もしこれが記録を持たぬ未開種族の場合であったならば、必ずその種族の神話伝説として報告されるに相違ない。

昔、娘を一人持った爺さんがあった。ある日、野に行って見ると、大きな蛇が蛙を追って来るから、悪い蛇がといって、杖の先に掛けてはるか向うに投げたら、蛙は喜んで逃げて行ったので、爺さん気持好く家に帰って来た。ある日、一人の若者が来て宿を乞うゆえ家に入れて見ると、今業平かとも見る好男子であるので、娘はこの男とわりなき仲となった、爺さんはそれを悟ったが、よく稼ぐ男であるから、ついに婿にした。これは爺さんに投げられた蛇が意趣返しに男に化けて来たのであった。そのうちに、娘は病気になる。爺さん非常に心配していると、蛙が易者に化けて来て、娘の病気を占って、裏の桂の木の上に巣を造っている鴻の卵を食わせると治ると教える。爺さんは年を取っているから、木に登れないなら、婿に頼むがよい、必ず何の苦もなく登れるといって聞かせる。婿は頼まれて登って見たが、なかなか登りつくせぬ苦しさに、蛇の姿を現わして登って、鴻の巣に首をさしこむと、親鳥が見つけて来て蛇の頭を啄く。蛇はたまらず数十丈の樹から落ちて死んだ。その時幾多の蛙が寄って来て、クタバレ、クタバレと啼いた。蛇は苦しい息の下から、この家に三千の子を孕ませてあるから自分は死んでも、その子が生れて蛙を呑んで敵を討つといって死んだ。爺さんが心配していると、例の易者が来て見て占って、三月三日の節句に桃酒を飲めば千筋下る、五月五日の節句に菖蒲酒を飲めば千筋下る、九月九日の節句に菊酒を飲めば千筋下る、都合三千筋の子種が下って身体健全になると教え、自分はかつて救われた蛙だと告げた。その通りにしたら、果して治った。

（仙台市宮町　菅野菊松君報告）

人狼伝説の痕跡

読売新聞の元旦号に寅年にちなんで虎に関する伝説や童話を記した中に朝鮮の材料が大分あったが、その中でとくに研究を要するものは金現と申屠澄の話である。二つとも「三国遺事」の巻五に出ている話で、「金現感レ虎」という題で次のように記してある。

新羅俗、毎レ当二仲春一、初八至十五日、都人士女、競遶二興輪寺之殿塔一、為二福会一、元聖王代、有二郎君金現者一、夜深独遶不レ息、有二一処女一、念仏随遶、相感而目二送之一、遶畢、引入二屏処一通焉、女将レ還、現従レ之、女辞拒、而強随レ之、行至二西山之麓一、入二一茅店一、有二老嫗一、問レ女曰、附率者何人、女陳二其情一、嫗曰、雖二好事一不レ如レ無也、然遂レ事不レ可レ諫也、且蔵二於密一、恐汝弟兄之悪也、把レ郎而匿二之奥一、小遶有二三虎咆哮而至一、作二人語一曰、家有二腥膻之気一、療レ飢何幸、嫗興レ女叱曰、爾鼻之爽乎、何言之狂也、時有二天唱一、爾輩嗜害二物命一尤多、宜二誅レ一以懲レ悪、三獣聞レ之、皆有二憂色一、女謂曰、三兄若能遠避而自懲、我能代受二其罰一、皆喜俛レ首妥レ尾而遁去、女入謂レ郎曰、始吾恥三君子之辱二臨弊族一、故辞禁爾、今既無レ隠、敢布二腹心一、且賤妾之於二郎君一、雖レ曰二非類一、得レ陪二一夕之歓一、義重結褵之好、三兄之悪、天既厭レ之、一家之殃、予欲レ当レ之、興三其死二於等閑人之手一、曷若下伏二於郎君刃下一、以報之徳上乎、妾以二明日一入レ市為レ害劇、則国人無二如レ我何一、大王必募以二重爵一而捉レ我矣、君其無レ怮、追二我乎城北林中一、吾将レ待レ之、現曰、人交レ人彝倫之道、異類而交、蓋非レ常也、既得二従容一、固多二天幸一、何可レ忍下売二於伉儷之死一、僥中倖一世之爵禄上乎、女曰、郎君無レ有二此言一、今妾之寿夭蓋天命也、亦吾願也、郎君之慶也、予族之福也、国人喜也、一死而五利備、其可レ違乎、但為レ妾創レ寺、講二真詮一資二勝報一、則郎君之恵莫レ大焉、遂相泣而別、次日果有二猛虎一、入二城中一剽甚、無二敢当一、元聖王聞レ之、中令曰、戡レ虎者爵二級、現詣レ闕奏曰、小臣能レ之、乃先賜レ爵以激レ之、現持二短兵一入二林中一、虎変為二娘子一、熙怡而笑曰、昨夜共二郎君一繾綣事、惟君無忽、今日被二爪傷一者、皆塗二興輪寺醬一、聆二其寺之螺鉢声一、則可レ治、乃取二現所レ佩刀一、自頸而仆、乃虎也、現出レ林而託曰、今兹虎易搏矣、匿二其由一不レ洩、但依レ論而治レ之、其瘡皆効、今俗亦用二其方一、現既登庸、創二寺於西川辺一、号二虎願寺一、常講二梵網経一、以導二虎之冥遊一、亦報三其殺レ身成二己之恩一、現臨レ卒、深感二前事之異一、乃筆成レ伝俗始聞知因名論虎林称于今、貞元九年、中屠澄自二黄冠一調補二漢州什方県之尉一、至二真符県之東里許一、遇二風雪大寒一、馬不レ能レ前、路旁有二茅舎一、中有二煙火一甚温、照灯下就之、有二老父嫗及処子一、環レ火而坐、其女年方十四五、雖二蓬髪垢衣一、雪膚花臉、挙止妍媚、父嫗見二澄来一、遽起曰、客甚衝二寒雪一、請前就レ火、澄坐良久、天色已暝、風雪不レ止、澄曰、西去レ県苟遠、請宿二于此一、父嫗曰、尚不下以二蓬蓽一為上陋、敢承レ命、澄遂解レ鞍施二衾幃一、其女見二客方止一、修容艶粧自二帷箔間一出、有二閑雅之態一、猶過二初時一、澄曰小娘子明恵過レ人甚、幸未レ婚、敢請自媒如何、翁曰、不レ期三貴客欲二採拾一、豈定分也、澄遂修二子婿之礼一、澄乃以二所レ乗馬一載レ之而行、既至レ官、俸禄甚薄、妻力以成レ家、無レ不レ歓レ心、後秩満将レ帰、已生二一男一女一、亦甚明恵、澄尤加二敬愛一、嘗作二贈内詩一云、一官慚梅福、三年愧孟光、此情何所レ喩、川上有二鴛鴦一、其妻終日吟諷、似二黙有レ和者一、未二嘗出一レ口、澄罷レ官、罄室帰二本家一、妻忽悵然謂レ澄曰、見二贈一編一、尋即有レ和、乃吟曰、琴瑟情雖レ重、山林志自深、常憂時節変、辜負百年心、遂与訪二其家一、不二復有一レ人矣、妻思慕之甚、尽日涕泣、忽壁角見二一虎皮一、妻大笑曰、不レ知此物尚在耶、遂取披レ之、即変為レ虎、哮吼拏攫、突門而出、澄驚避レ之、携二二子一尋二其路一、望二山林一大哭数日、竟不レ知レ所レ之、噫、

訳註・新羅の〔習〕俗として、仲春に当る毎に、初八より十五日に至るまで、都人の士女、競うて興輪寺の殿塔を遶りて福会を為す。元聖王の代に郎君金現なるものあり。夜深く独り遶りてやまず。一処女の念仏し随って遶る有り。相感じてこれを目送す。遶り畢るや、引いて屛処に入りて〔これと〕通ず。女、将に還らんとす。〔金〕

現、これに従う。女は辞し拒みしも、強いて之に随い、行きて西山の麓に至り、一茅店に入る。老嫗あり。女に問うて曰く、「付き率《したが》える者は何れの人ぞ」と。女、其の情を陳ぶ。嫗曰く、「好《よ》き事なりと雖も、無きに如《し》かざる也。然れども遂《と》げたる事なれば諫むべからざる也。且《しば》らく密かに蔵《かく》せ。汝の弟兄が悪《にく》まんことを恐るればなり」と。郎を把ってこれを奥に匿せり。小遶して三虎有り。咆哮して至り、人語を作して曰く、「家に腥膻の気あり。飢を療《いや》すに何の幸なるぞ」と。嫗は女と与《とも》に叱して曰く、「爾《なんじ》、鼻の爽なるか。何ぞ言の狂なるや」と。時に天より唱うるあり。「爾輩《おまえたち》よ、物命を嗜害すること尤《とがめ》多し。宜しく一を誅し以って悪を懲らすべし」と。三獣、これを聞き、皆、憂色有り。女、謂って曰く、「三兄、若し能く遠く避けて自ら懲らしめば、我れ能く代ってその罰を受けん」と。皆、喜び、首を俛《めぐら》し尾を妥《た》れて遁げ去る。女、入りて郎に謂って曰く、「始め吾れ君子の弊族に辱臨されんことを恥ず。故に辞して禁ぜし爾《のみ》。今は既に隠す無し。敢て腹心を布かん。且つ賤妾の郎君におけるや、非類と曰うと雖も、一夕の歓に陪するを得たり。義は結褵の好《よしみ》を重んず。三兄の悪は、天、既にこれを厭う。一家の殃《わざわい》は予《われ》、これに当らんと欲す。その等閑の人の手に死せんよりは、曷《いずく》んぞ若《し》かん、郎君が刃の下に伏し、もってこれが徳に報いんには。妾、明日をもって市に入り、害の劇しきを為さば、則ち国人、我を如何ともするなく、大王必ず募るに重爵をもってして我を捉えん。君それ愓《おびゆ》るなく我を城北の林中に追え。吾れ将にこれを待たん」と。〔金〕現曰く、「人の人と交わるは彝倫の道なり。異類にして交るは蓋し常〔のこと〕には非ざるなり。〔われ〕既に従容たることを得たり。固《もと》より天幸多し。何ぞ伉儷の死を売り、一世の爵禄を僥倖するに忍ぶべけんや」と。女曰く、「郎君よ、この言あること無かれ。今、妾の寿夭は蓋し天命なり。また、吾が願いなり。郎君の慶びなり。予《わ》が族の福《さいわい》なり。国人の喜びなり。一たび死して五つの利、備わる。それ違《たが》うべけんや。但だ妾のために寺を創し、真詮を講じ、勝報を資《いた》さば、則ち郎君の恵、焉《これ》より大なるは莫し」と。遂に相泣きて別る。次日、果して猛虎あり。城中に入り剽《おびやか》すことはなはだしく、敢て当るものなし。元聖王、これを聞き、中令して曰く、「虎を戡《う》ちし者は二級に爵せん」と。〔金〕現は闕に詣《いた》り、奏して曰く、「小臣、之を能くせん」と。乃《すなわ》ち先ず爵〔禄〕を賜いてこれを激〔励〕す。〔金〕現は短兵を持して林中に入る。虎、変じて娘子となり、熙怡として笑って曰く、「昨夜、郎君と繾綣の事を共にす。惟だ君忽《ゆるがせ》にするなかれ。今日、爪にて傷けられし者は、皆、興輪寺の醬を塗り、その寺の螺と鉢の声を聆《き》かば則ち治すべし」と。乃ち〔金〕現が佩びし所の刀を取り、自ら頸はねて仆る。乃ち虎なり。〔金〕現は林を出でて託して曰く、「今、茲《こ》の虎搏《う》ち易し」と。その由を匿して洩らさず。但だ諭《おしえ》に依りてこれを治す。その瘡、皆、効あり。今の俗もまた、その〔処〕方を用う。

〔金〕現、既に登庸せられ、寺を西川の辺に創して虎願寺と号し、常に梵網経を講じ、もって虎の冥遊を導き、また、その身を殺して己《おのれ》を成〔功〕せしめたるの恩に報ゆ。俗、〔金〕現、卒するに臨み、深く前《さき》の事の異を感じ、乃ち筆にして伝〔本〕と成す。始めて〔これを〕聞知し、因みて「論虎林」と名づけ、〔その伝〕今に称せらる。

貞元九年、申屠澄は黄冠より漢州什方県の尉に調補せられ、真符県の東十里許にいたるや、風雪大寒に遇いて馬前《すす》む能わず。路傍に茅舎あり。中に煙火ありてはなはだ温かなり。灯を照らせる下《もと》、これに就〔きて見る〕に、老父嫗及び処子ありて、火を環《めぐ》って坐す。その女は年、方《まさ》に十四、五なり。蓬髪垢衣なりと雖も雪膚花臉にして挙止姸媚なり。父嫗は澄の来るのを見、遽《にわ》かに起って曰く、「客甚《な》んぞ寒雪を衝くや。請う、前《すす》んで火に就け」と。澄は坐すること良《や》や久し。天の色、已に瞑《くら》くなりたるも風雪止まず。澄、曰く、「西のかた県を去ることなお遠し。請う、ここに宿せん」と。父嫗曰く、「苟も蓬葦をもって陋となさずんば敢て命を承けん」と。澄、ついに鞍をとき、衾幃を施ぶ。その女は客の方止を見、容《かたち》を修め艶粧して帷箔の間より出ず。閑雅の《の》〔風〕態あること猶お初めの時に過ぐ。澄、曰く、「小娘子、〔聡〕明・恵〔敏〕にして、人に過ぐること甚し。〔われ〕幸に未だ婚せず。敢て請う、自ら媒《なかだち》せんことを如何」と。翁、曰く、「期せざりき、貴客が採拾せんと欲するとは。豈、分を定めんや」と。澄、遂に子婿の礼を修す。澄、乃ち乗る所の馬をもってこれを載せて行く。既にして官に至る。俸禄ははなはだ薄し。妻、力めてもって家をなし、心を歓ばさざるなし。後に秩満ちて将に帰らんとす。已に一男一女を生む。また、はなはだ〔聡〕明・恵〔敏〕なり。澄、尤も敬愛を加う。かつて内に贈る詩を作っていわく、

一たび官して梅福を慚じ
三年にして孟光を愧ず。
この情、何ぞ喩うる所あらん、
川上に鴛鴦あり。

その妻、終月吟諷し、黙して和するものあるに似たれども、いまだかつて口に出さず。澄、官を罷め、室を罄《むなしゅう》して本《もと》の家に帰る。妻、忽ち悵然として澄に謂って曰く、「一篇を贈られ、尋いですなわち和するあり」と。すなわち吟じて曰く、

琴瑟、情は重しと雖も、
山林、志、自ら探し。
常に憂う、時節の変ぜんことを、
辜負す、百年の心。

ついに与《とも》にその〔妻の本の〕家を訪うに、復た人あらず。妻、思慕することこれはなはだしく、尽日涕泣す。忽ち壁角に一虎皮を見る。妻、大いに笑って曰く、「知らざりき。この物、なお在りや」と。ついに取ってこれを披《かぶ》るに、すなわち変じて虎となり、哮吼拏攫し、門を突いて出ず。澄、驚きてこれを避け、二子を携えてその路を

尋ね、山林を望みて大いに哭すること数日、竟《つい》にゆく所を知らず。噫《ああ》、……

この二つの伝説をいかに解釈すべきかというのが、この小論文の目的である。「三国遺事」は仏教臭い書物で、その中に見える神話や伝説は坪井九馬三博士が偽物だといわれたように、朝鮮民族古来の伝承としては受取りにくいこともあるのはもちろんであるけれども、決して皆が皆まで偽作と名をつけねばならぬほどに怪しいものではない。純朝鮮的神話伝承としては受取れぬとしたところで、民間伝承としては観察の価値あるものがずいぶんある。金現の話のごときも、ある点においてすこぶるよくインドに似ている。「法苑珠林」の巻六に玄奘法師の西国記を引いて、

南印度有二一国王一、女聘二隣国一、吉日送帰、路逢二師子一侍衛之女棄レ女逃レ難、女居二輿中一心甘レ喪レ命、時師子王負レ女而去、入二深山一処二幽谷一、捕レ鹿採レ菓以時資給、既積二歳月一遂孕二男女一、形貌同レ人性種畜也、男漸長大力格二猛獣一、年方弱人智斯発、遂担二負母一下二趣人里一、其師子王還無レ所レ見、追二恋妻児一憤恚既発、便出二山谷一往二来村邑一、咆哮震吼暴二害人物一、残二毒生物一、邑人輒出遂取而殺、其王懼二仁化之不レ洽也、乃躬率二四兵一、衆以レ万計、師子震吼人畜辟易、既不二擒獲一、尋複招募、其有下擒二執師子一除二国害一者上、当下酬二重賞一式旌中茂績上、子聞二王之令一、乃抽二小刀一出応二招募一、時千衆万騎雲屯霧舎、師子踞在二林中一、人莫二敢近一、子即二其前一、父遂馴伏、於レ是乎親愛忘レ怒、乃剸二刃於腹中一、尚懐二慈愛一、猶無二忿毒一、乃至レ刳レ腹含レ苦而死、王曰、除二民之害一其

功大矣、断二父之命一其心逆矣、重レ賞酬二其功一、遠放以誅二其逆一云々

訳註・南インドに一りの国王あり。女《むすめ》を隣国に聘《つかわ》し、吉日に送りて帰るに、路にて師子に逢う。侍衛の女、女を棄てて難を逃る。女の輿《こし》の中におり、心に命を喪《うし》なうことに甘んず。時に師子王は女を負いて去り、深山に入りて幽谷におり、鹿を捕え菓《このみ》を採り、以て時に資給せり。既にして歳月を積みしかば、遂に男女を孕む。形も貌《かお》も人に同じきも性種は畜〔生〕也。男は漸やく長大となるや、力、猛獣と格〔闘〕す。年方《まさ》に弱にして〔弱年で〕人智斯《ここ》に発し、遂に母を担《にな》い負《お》いて人里に下り趣く。その師子王は還《また》見る所なければ、妻と児とを追い恋がれ、憤恚《いかり》既に発し、便《すな》わち山谷より出でて村邑に往来し、咆哮し震吼し、人と物を暴害し、生物を残《そこ》ない毒《くる》しめ、邑人《むらびと》輒《すな》わち出ずれば、遂に取りて殺せり。その王は仁化の洽《あまね》からざるを懼れ、すなわち躬《みずか》ら四兵を率《ひき》い、〔兵〕衆は万を以て計《かぞ》えしも、師子は震吼し、人畜は辟易し、既に擒獲しえず。尋いで複たび招募す。「その師子を擒執《とら》え国の害を除く者あらば、当《まさ》に重賞を酬い、式《もっ》て茂績を旌《あらわ》すべし」と。子は王の令を聞き、乃《すなわ》ち小刀を抽《にぎ》り、出でて招募に応ず。時に千衆万騎、雲のごとく屯《たむろ》し霧のごとく舎《やどり》す。師子は踞《うずくま》りて林の中に在り、人敢て近づく莫《な》し。子はその前に即《つ》き、父は遂に馴れ伏す。是《ここ》に於てか親愛怒るを忘れ、すなわち刃を腹中に劃《さ》くも、なお慈愛を懐き、猶お忿《いか》り毒《そこな》うことなし。すなわち腹をえぐるに至り、苦を含みて死せり。王曰く、「民の害を除けることその功や大な

り矣。父の命を断てることその心や逆なり矣」と。賞を重くしてその功に酬い、遠く放ちて其の逆を誅せり云々……

と出している。「三国遺事」の話の純不純の問題はしばらく措き、とにかくある伝承に従ったもので、小説作者の空想的産物と同一視すべきものであるまいと思うから、これから少しく研究を試みる。

数年前はじめて右の伝説を知ったときに、自分の頭に浮んだパラレルは西洋の人狼伝説であった。中層澄の妻が虎の皮を被って虎になったということが、人狼伝説の特色に一致しているように思われて、一大発見をしたような気分にちょっとなったのであるが、その後よく考えて見ると、何だか鑑定違いをしたような心持がする。西洋の人狼伝説の圏内に属する話は、久しい以前から世間に無数に知られているが、支那朝鮮日本の方面では、誰もまだそのことをいったものがない。「人類学雑誌」の最近二号にわたって出ている前田太郎君抄訳スチワート著「狼人信仰の起原に就て」を読んで見ても、狼人信仰は全世界的現象だといってあるばかりで、支那朝鮮日本の方面の伝説の例は一つも見えていない。「狼人」という言葉はもちろん「ウェールウォルフ」または「マンウォルフ」を訳したもので、狼の人間に化けたのではなくて、狼に化けた人間である。必ずしも狼と限った訳ではなく、スチワートの文にも見えるように、虎もあれば熊もある、はなはだしきは狐、蛇、鹿、さらにははなはだしきは鳥類魚族さえも時として出て来るので、厳格にいえば「ウェールウォルフ」では当らぬのであるけれども、この例が一番多くて全部の代表者となっているから、かりにこの言葉を使っておくのは、ちょうど白鳥処女という概念が白鳥以外の種々の動物を総括しているのと同じである。支那に早くからこの種の信仰のあったことは、次にあげる若干の例で疑問の余地はあるまいと思う。

(イ) 晋時、予章郡吏易抜、義熈中受レ番還レ家、違遁不レ反レ郡、遣追見レ抜、言語如レ常亦為施設、使者催令ニ装束一、抜因語曰、汝看ニ我面一、仍見眼目角張、身有ニ黄斑色一、便豎ニ一足一、径出レ門去、家先依レ山為レ居、至レ麓変成ニ三足大虎一、所レ豎脚即成ニ其尾一(法苑珠林引用異苑)、

訳註・晋の時、予章郡の吏の易、抜なるもの、義熈〔年〕中に番を受けて〔非番の時をもらって〕家に還りしも、遠く遁れて郡に反《かえ》らず。遣《や》り追いて、抜を見るに、言語は常のごときもまた為めに施設す。使者は催《うな》がして装束せしむ。抜、因って語って曰く、「汝我が面を見よ」と。仍て見るに、眼目角張し、身に黄斑の色あり。便《すな》わち一足を豎《た》て、径《こみち》して門を出でて去れり、家は先きより山に依りて居を為せり。麓に至るに、変じて三足の大虎と成り、豎てし所の脚は即ち其の尾と成れり。……

(ロ) 晋義熈四年、東陽郡太末県呉道宗少失レ父、単与レ母居、末レ有ニ婦児一、宗賃不レ在レ家、隣人聞ニ其屋中砕磕之声一、闚不レ見ニ其母一、但有ニ烏斑虎一在ニ其屋中一、郷里驚怛、恐下虎入ニ其家一食中其母上、便鳴レ鼓会レ人、共往救レ之、囲レ宅突進不レ見レ有レ虎、但見ニ其

母一、語如二平常一、不レ解二其意一、児還、母語レ之曰、宿罪見レ追、当レ有二変化事一、後一月日便失レ母、県界内虎災屢起、皆云二母烏斑虎一、百姓患レ之、発レ人格二撃之一、殺二数人一、後人射レ虎、白鷹並戟刺中二其腹一、然不レ能二即得一、経二数日一後、虎還二其家故牀上一、不レ能レ復二人形一、伏二牀上一而死、其児号泣、如下葬二其母一法上、朝冥哭臨レ之（法苑珠林引用斉諧記）、

訳註・晋の義熙四年、東陽郡太末県の呉道宗は少《わか》くして父を失ない、単《ひとえ》に母と与《とも》に居れり。未だ婦《よめ》も児もあらず。宗は賃して〔出稼ぎに出て〕家に在らざりき。隣人は其の屋中に砕磕の声を聞き、闚《うかが》えども其の母を見ず。但だ烏斑《くろきまだら》の虎ありて其の屋《いえ》の中に在りき。郷里〔の人々〕驚き怛《おそ》れ、虎がその家に入りてその母を食いたりと恐れ、便わち鼓を鳴らして人を会し、共に往きて之を救わんとし、宅を囲みて突進せるに、虎あるを見ず。但だその母を見るのみなり、語ることも平常のごとくなれば、その意を解せざりき。児還《かえ》る。母、之に語りて曰く、「宿罪に追われ、当に変化の事有るべし」と。後一月日に便わち母を失う。県の界内に虎の災屢々起る。皆、母の烏斑虎なりという。百姓之《うれ》を患いて、人を発してこれを格撃せるも数人を殺す。後の人、虎を射、白鷹〔矢の羽〕並《みなさ》戟し、刺して其の腹に中《あた》る。然れども即《ただ》ちに得ること能わず。数日を経て後、虎、其の家の故《もと》の牀《ゆか》の上に還れるも、人の形に復する能わず、牀の上に伏して死せり。その児号泣し、其の母を葬る〔作〕法の如くにし、朝冥《あしたゆうべ》になきて之

に臨めりと。……

(ハ)晋復陽県里民有二一家一、児牧レ牛、牛忽舐二此児一舐処肉悉白、児俄而死、其家葬二此児一、殺レ牛以供二賓客一、凡食二此牛肉一男女二十余人、悉変化レ虎（法苑珠林引用顧微広州記録）

訳註・晋の復陽県の里民に一家有りて、児は牛を牧せり。牛、忽ちに此の児を舐《な》む。舐めし処の肉、悉く白くなりて、児は俄かにして死せり。その家、この児を葬り、牛を殺して以って賓客に供す。凡そこの牛の肉を食せる男女二十余人。悉く変じて虎と化《な》れり。……

(ニ)魏時尋陽県北山中、蛮人有レ術能使二人化作レ虎、毛色介身悉如二真虎一、余郷人周畛有二一奴一、使二入レ山伐レ薪、奴有二婦及妹一、亦与倶行、既至レ山、奴語二二人一云、汝且上二高樹一視二我所為一、如二其言一、既而入レ草、須臾一大黄斑虎、従レ草出奮迅吼喚、其為二可畏一、二人大怖、良久還二草中一、少時復還為レ人、語二二人一、帰レ家慎勿レ道、後遂向二等輩一語レ之、周尋復知、乃以二醇酒一飲レ之令二熟酔一、使三人解二其衣服一、及二身体一事事詳視了無レ異、唯於二髻髪中一得二一紙一、画作二大虎一、虎辺有レ符、周密取録レ之、奴既醒喚問レ之、見二事已露一遂具説二本末一云、先嘗於二蛮中一告レ糴、有二一蛮師一、云有二此術一、以二三尺布、一斗米精、赤雄雞、一斗酒一、受二得此法一（捜神後記）

訳註・魏の時、尋陽県の北山の中に、蛮人あり術を有《たも》ちて能く人をして化して虎と作らしめ、毛色介身悉く真の虎のごとし。余郷の人、周畛に一りの奴あり、山に入りて薪を伐《き》らしむ。奴には婦《よめ》及び妹あり。亦た与倶《とも》に行く。既にして山に至りたるに、奴は二人に語りて云く、「汝、且《しば》らく高き樹に上りて我が為す所を見よ」と。その言のごとく、既にして草に入るに、須臾にして一大黄斑虎、草より出で、奮迅吼喚し、それ畏る可しと為す。二人大いに怖る。良久《やや》しくして、草中に還り、少時《しばらく》して復還《またかえ》りて人となり、二人に語るらく、「家に帰るも慎しみて道《い》うこと勿れ」と。後、遂に等輩に向って之を語る。周尋《つ》いで復《また》知り、乃ち醇酒をもってこれに飲ましめて熟酔せしめ、人をして其の衣服を解かしめ、身体に及ぶまで事々に詳《くわ》しく視了《おわ》りしも異なること無し。唯だ髻髪の中に於て一紙を得たり。画くに大虎を作《つく》り、虎の辺に符あり、周、密《ひそか》に取りてこれを〔記〕録す。奴は既に醒めたれば、喚《よ》びてこれを問い、事已《すで》に露《あら》われたり。遂に具《つぶ》さに本末を説いて云く、「先にかつて蛮中に於て糴〔穀物を買うもの〕に告げらる。ひとりの蛮師ありて、いわく、この術を有《たも》てりと。三尺の布・一斗の米精・赤き雄鶏・一斗の酒をもってこの法を受け得たり」と。……

(ホ) 魏時有㆓清河宋士母㆒、以㆓黄初中㆒、夏天於㆓浴室裏㆒浴、遣㆓家中子女尽出㆑戸、独在㆓室中㆒、良久家人不㆑解㆓其意㆒、於㆓壁穿中㆒闚不㆑見㆑人、木瓮中有㆓一大鼈㆒、遂開㆑戸大小悉入、不㆓与㆑人相承㆒、先著㆓銀釵㆒、猶在㆓頭上㆒、相与守㆑之啼泣、無㆑可㆓奈何㆒、意欲㆑求㆑去、永不㆑可㆑留、積㆑日転解、自投出㆓戸外㆒、而去駛逐㆑之不㆑及、遂便入㆑水、

復数日還、巡二行宅舎一如二平生一、了無レ所レ言而去（捜神記）、

訳註・魏の時、清河の宋士の母あり。黄初〔年〕中を以て、夏天に浴室の裏《うち》に於て浴さんとし、家中の子女を遣《や》りて尽く戸より出でしめ、独り室の中に在り。良久《やや》しくして、家人、その意《こころ》を解せざりしかば壁の穿《あな》の中に於て闚《うかが》えども人を見ず、木の瓮《かめ》の中に一大鼈《すっぽん》有りき。遂に戸を開きて大も小も悉く入りければ、人と与《とも》に相い承《う》けず〔人の姿に復せず〕先《さき》に著けし銀の釵《かんざし》は猶お頭の上に在りき。相い与《とも》に之を守りて啼泣せるも、奈何《いかん》ともすべきなし。意《こころ》に去ることを求めんと欲《ねが》い、永く留まる可らずとす。日を積みては転《うた》た解け〔人の姿となれるも〕自ら投じて戸外に出でて去り駛《はし》り、これを逐えども及ばず。遂に便わち水に入れり。復た数日して還り、宅舎を巡り行くこと平生のごとくなりしも、了《つい》に言う所なくして去れり」と。……

(ヘ) 隴西李徵在二呉楚一且周歳、西帰二虢略一、未レ至レ舎、於二汝墳逆旅中一、忽被レ疾発狂、夜狂走莫レ知二其適一、明年陳郡袁傪使二嶺南一、有レ虎自二草中一突而出、傪驚甚、俄而虎匿二身草中一、人声而言言、異乎哉、幾傷二我故人一也、傪聆二其音一、似二李徵一、遂問曰、子為レ誰、豈非二故人隴西子一乎、願詳二其事一、虎曰、我前身客二呉楚一、去歳方還、道次二汝墳一、忽嬰レ疾発狂、夜聞下戸外有中呼二吾名一者上、遂応レ声而出走二山谷間一、不レ覚以二左右手一攫レ地而走、自レ是覚二心愈狼、力愈倍一、及視二其肱髀一則有二斑毛一生焉、心甚異レ之、既而臨レ渓照レ影、已成レ虎矣、自レ是見二冕而乗者、徒而行者、負而趨者、翼而翔

者、毳而馳者、力之所レ及、悉擒而咀レ之云々。（唐代叢書六の四・人虎伝抄出）

訳註・隴西の李徴は、呉楚に在り且《しば》らく歳を周《お》え、西して虢略に帰りしも、未だ舎《いえ》に至らずして、汝墳の逆旅中に於て、忽ち疾被《やまいせら》れて発狂し、夜、狂い走りてその適《ゆ》くところを知る莫《な》かりき。明年、陳郡の袁傪が嶺南に使せるに、虎有りて草中より突き出ず。傪、驚くことはなはだし。俄かにして虎は身を草中に匿《かく》し、人の声もて言って言く、「異乎哉《ふしぎなるかな》、幾《ほと》んど我が故《ふるさと》の人を傷けんとせる也」と。傪、その音を聆《き》くに、李徴に似たり。遂に問うて曰く、「子《おまえ》は誰ぞ。豈に故人の隴西の子《ひと》には非ざる乎《か》。願くばその事〔由〕を詳《つまびら》かにせよ」と。虎曰く「我れ前《さき》の身には呉楚に客となり、去《いぬ》る歳、方《まさ》に還らんとし、道に汝墳に次《やど》りしとき、忽ち疾《やまい》に嬰《かか》りて発狂し、夜、戸外に吾が名を呼ぶ者ありしと聞きたれば、遂に声に応じて、出でて山谷の間を走り、覚《おぼ》えず左右の手をもって地を攫《つか》みて走り、是れより心愈々狼にして力愈々倍せるを覚《おぼ》え、及《また》、その肱髀を視れば、則ち斑毛ありて生えたり焉。心にはなはだ之を異《あや》しみ、既にして渓に臨みて影を照すに、已《すで》にして虎と成れり矣。是れより、冕《かんむり》して乗る者、徒《ある》きて行く者、負いて趨《はし》る者、翼ありて翔る者、毳《むくげ》して馳《はし》る者を見れば、力の及ぶ所、悉く擒《とら》えてこれを咀《か》めり」云々と。……

右の中で㈭に似た話はまだまだたくさんあるけれども、人間が水中動物に化したのやら、水中動物が人間に化けて夫婦の交りをしたあとで元の故郷に帰ったのやら、換言すれば、人狼伝説に属するのやら、白鳥処女伝説の系統に属するのやら、どうも判然せぬところがあるから、しばらく棄てておいて、その余の五つはことごとく人間が虎になった話である。この中でも、(ハ)の話は何かの祟りのようで、人狼伝説としては要領を得ない。(イ)の話もちょっと妙なものであまり面白くない。最後の人虎伝の李徴は虎になってしまって、そのままに終っている点において、人狼伝説の一般の形式に合していないように思われる。(ニ)の話は虎の画と符を用うるという点において、ヨーロッパの中世の魔術の信仰を加味した人狼伝説のあるものによく似ている。(ホ)の話も人間が虎に化したのを、一種の狂疾に帰しているところはやはりヨーロッパの中世の思想と同じである。右の数例の中で人狼伝説として、完全な資格を具えたものは、(ロ)の老母の話である。ただし虎という言葉を気にしてはならぬ。人狼伝説は必ずしも狼でなくてはならぬことはなく、支那では虎で代表されていると思えばよろしいのである。「不レ能レ復二人形一」の一句に味があるのではないか。「不能」という以上は、人形に復するのが普通であるのに、何かの条件の不足でそのことが出来なかったものと見てしかるべきだと思う。またこの話の虎になったものが女性であるところもよほど面白いと思う。

　西洋の人狼伝説には、人間が虎になり、また虎から元の人間に復するのに、狼の皮を被るとか、狼の皮の帯を身にまとうとか、何かの条件を必要とすることがある。しかしながら、これは人狼伝説の最初の形において根本的必須要件になっていたのではなく、多分魔術信仰の加味された後に生じたことであろうと思われるから、支那の話にこのことが見えぬのは、それを純粋の人狼伝説として取扱う上において一向差支えはあるまい。白鳥処女の伝説においては、羽衣を脱ぐ、着るということが、最初から最後まで一個の欠くべからざる要件になっているから、ことによると、このことが人狼伝説にも影響して、右の狼の皮または狼の皮の帯を身に着けるという条件を生じたのかもしれない。スチワートはフォルクロールの妙な立場からして、防寒または宗教の目的で人間が動物の皮を被ったということから人狼信仰の起原を説明しようと試みているようであるけれども、自分はこの説に感服しかねる。もちろんスチワート自身がいっている通り、人狼信仰の起源は今日までまだ充分に説明されていないのであるが、自分はやはりラングが得意の人類学的神話学から白鳥処女伝説の起源を説明したように、未開民族のプリミチーフな思想から簡単に説明しておきたいと思う。

しからば日本の方はどうかというに、石井研堂氏の「日本全国々民童話」に収めた土佐国の千疋狼の話は、どう見ても人狼伝説から出たものである。狼が肩車に乗って、いわゆる犬梯を作って樹上の人を攻めるということは、広く世界に知られた話で、西洋の童話などにもずいぶん多く出ている。この話でも狼になったのは土地の老母である。その湯に入るところを覗いて見たら、身体中毛だらけで全く狼のようだったといってある。支那も朝鮮も虎であるのに、あるいはインドでも虎だといってあるのに、日本だけが狼であるのは不思議なようであるけれども、自分の知り得た限りで見ると、この系統に属する話はすべて狼になっている。拙著「日本伝説集」の第十三の乙の部に出した話は、三つながら狼または狼に関係したものになっているが、惜しいことには越後の方の話は二つながら、中古の鬼伝説の影響を受けて、人狼たるべき老婆は、綱にやられた鬼の性質を取り、出雲の小池婆はまた化猫伝説を加味して、人狼の性質をほとんど失って、主家の老母を嚙殺して老母に化けた猫になっている。化猫の話は、徳川時代頃からの民間説話にすこぶる多い。

土佐の話の系統をたずねることは困難であるが、越後の話に似たのは、「今昔物語」巻二十七の「猟師の母、鬼と成りて子を噉わんと擬する語第二十二」である。老母が山の中で樹の上にいる二人の子を取殺そうとして、かえって片腕を斬落されて、まもなく死んだ。「しかれば人の祖の年痛う老たるは必ず鬼になってかく子をも食むとするなりけり」と説明してあるところを見ると、人狼の信仰はそのころまではまだなかったように思われる。もしこの想像が当っているとすれば、日本における人狼伝説はその地においてプリミチーフな時代の信仰から生じたものでなくて、伝説として他から輸入されたものかもしれない。いずれにしても純粋な人狼伝説が明治の末になってはじめて世間に紹介されたのは実に愉快なことである。

朝鮮の話は虎が女性の人間に変じて、男性の人間と夫婦の交りを結んだ話であるから、もとより人狼伝説の部に入るべきものではなく、中層澄の妻がのちに虎の皮を見て、たちまちそれを被って元の虎と変じて、永久に去ってしまったのは羽衣を見出して白鳥になって去った妻と全く同じである。白鳥処女伝説が水に関係ある動物について物語られる例はずいぶんあるけれども、野獣について物語られるのは、自分はまだ知らぬ。この点から見ても、中層澄の話は実に怪しいのであるが、単に形式の上から論ずれば、毛衣を脱ぐ、着るということを条件としている点において、白鳥処女説話に属するものである。金現の方は、ただ動物が女に化けて人間と交ったというだけで、支那日本ではとくに狐についてこの形式の話が多く物語られている。

要するに、中層澄の話は人狼伝説に似て非なるもので、その起源の純不純の問題は当分保留しておくべきであろう。

牛の神話伝説

序

牛といえば直ちに馬を連想する。六畜の中にも、牛と馬とは席を列している。しかし一口に「牛馬」というけれども、牛と馬はその形態性質において異っているごとくに、民族生活に対する態度において、民間信仰に現われたる地位において、かつまた一般民族文学すなわち神話伝説童話に現われたる役柄において、決して同一でない。種々の点において異っている、あるいはたがいに反対していることが往々ある。

もし民族学の普通の定説に従って、土着定住ということが民族文明発展の最有力なる最初の動機であるならば、農業と牧畜とはある意味において民族文明発展の母である。農業と牧畜とはたがいに関連して発展するものであるか、あるいは全く離れて別々に発展し得るものであるか、あるいはまたその発展に時間継続の前後の順序がなくてはならぬものであるかは、全く個々の民族の歴史的境遇と四囲の自然とのいかんによって決すべき問題であって、農業と牧畜とは本来の性質から論ずべき問題ではないと思う。農業時代だの、牧畜時代あるいは遊牧時代だのということは、個々民族の文明を論ずるに際しては、必要な事項であるけれども、一般人類学上から見ては実際を離れた空虚なる概念である。

しからば、ある民族の農業または牧畜と牛馬との関係はいかにというに、これまた歴史と自然とのいかんによって決定さるべき問題であって、一定の通則を設けることは不可能である。ただし牛と馬とが等しくこの両者に関係している範囲内において論ずれば、民族文明発展の動機としては、牛の飼養の方が馬のそれに比してはるかに重大であるかのように思われる。牛と馬とはいずれが恐ろしいか、やさしいか、いずれが多く役に立つとか、立たぬとかいうような議論は、個人の好尚と意見とに一任しておいて、いましばらく民族学の立脚点から断案を下して見ると、牛の方が馬に比して温順柔和穏密神秘の諸点において、比較的勝っているように思われる。

軍神には馬がつきものである、牧童には牛がつきものである。勇士は馬に跨っておらねばならぬ、大慈大悲の観世音菩薩はぜひ柔和な牛に乗せて拝みたい。頼光の荒武者四天王が、御所公達のまねをして、馴れぬ牛車に乗って紫野へ見物に出かけて、半死半生の苦しみを見た失敗談は、必ず深い意味がなくてはならぬ。

しかしまたいちがいにそうばかりはいえぬ事情もある。蹄鉄といえば馬に限っているようで、朝鮮には牛の蹄鉄がある。牛頭天王の「牛頭」は、勇猛威烈崇厳の象徴と見ても差支えないようで、この神の縁起や祭祀にも、行疫神という資格において疫癘の予防終熄の願を聞くという外には別に牛に関係した点がない。

これに反して、馬頭観世音菩薩は農民の飼育する馬と牛との保護神になっている。絵馬はもちろん古代の神道祭祀から出たものであるけれども、農民の奉納する後世の絵馬には牛を描いたものもずいぶんある。

戦の用としては、馬でなくてはならぬ。「軍馬」という熟字はあるが、「軍牛」ということは聞かぬ。木曾義仲が火牛を用いたという、「源平盛衰記」の記事は、袈裟御前の話と同じく、支那小説の翻案である。田単の火牛そのものの史実としての証拠もはなはだいかがわしい。

しかしまた一方から見ると、牛はすこぶる勇猛な動物である。この性質が各地の古代の民族の頭脳に強烈な印象を与えたことはいうまでもない。

「山海経」に

東海中有㆓流波山㆒、入㆑海七千里、其上有㆑獣、状如㆑牛、蒼身而無㆑角、一足入㆑水則必風雨、其光如㆓日月㆒、其声如㆑雷、其名曰㆑夔黄帝得㆑之、以㆓其皮㆒為㆑鼓、橛以㆓雷獣之骨㆒、声五百里、以威㆓天下㆒、

訳註・東海の中に流波山有りて、海に入ること七千里なり、其の上に獣有りて、状《かたち》は牛の如く、蒼《あお》き身にして角無し。一足だも水に入れば則ち必ず風雨あり。其の光は日月の如く、其の声は雷の如し。其の名を夔と曰う。黄帝之を得て、其の皮を以て鼓と為し、橛《たた》くに雷獣の骨を以てせるに、声《こえ》すること五百里、以て天下を威《おど》せり。……と出ている。黄帝が蚩尤を征伐する時に、天の玄女が黄帝のために夔牛の鼓八十面を製して与えた。「黄帝内伝」に「一震五百里、連震五百里、」とあるのは、すなわちこの鼓のことである。

闘牛は古代のエジプト以来西洋に行なわれた風習である。北欧の孤島アイスランドでは、闘馬ということが中世時代にさかんに行なわれて、千六百二十三年までは催されていた確実な証拠がある。

首府の博物館所蔵の図で見ると、群集した見物の面前において、馬と馬とが立ち合って相撲を取るので、そのありさまが日本の相撲の勝負によく似ている。この勝負が闘牛に変化したものであることはいうまでもない。

水牛の勇猛なことは、「五雑俎」などにも出ているが、炎帝神農氏の人身牛首は、牛頭天王の牛頭や、エジプト古代の人身牛首や諸神とはやや趣きが異っている。支那太古の英雄には、人面蛇身だの、人面鳥身だのと動物の身体を具えたものはその例に乏しくないが、頭部だけ動物の形をしている人体の神は、ひとり神農において見得るくらいで、他にその例がない。しこうしてこの神農氏が農業の祖神になっているということが、はなはだ面白い。「春秋元命苞」には単に「人面竜顔好レ耕」としてあるが、「帝王世紀」には明かに「人身牛首」と見えている。農業神としての神農が耒耜を創作したこと、開墾を教えたこと、その時に天から穀物の種が降ったこと、風雨を調和したことが諸書に見え「神農求雨書」というものさえ伝わっている。

「牛首」の牛は動物または猛獣としての牛ではなく、農耕用の家畜としての牛ではあるまいかと思われる。

「白虎通」に

古之人民皆食二禽獣肉一、至二于神農一、人民衆多、禽獣不レ足、於レ是神農因二天之時一分二地之利一制二耒耜一、教二民農作一、

訳註・古えの人民は皆、禽獣の肉を食《くら》う。神農〔の時〕に至り、人民は衆多《おお》くして、禽獣は足らず。是《ここ》に於て神農は、天の時に因りて地の利を分ち、耒耜《すき》を制《つく》りて、民に農作を教う。……

とあるのは、もちろん取るに足らぬ説ではあるけれども、天然物採取経済もしくは、天産物捕獲経済が困難を生じて来たのは、すくなくとも農業発展の有力なる一個の動機であることは、争うべからざる事実である。かつまた農業に家畜を使用するようになると、家畜の肉を食するのは、人情としても面白くないばかりでなく牧畜業の情況次第ではすこぶ

る不利益である。「古語拾遺」の末節に、農業神たる御年神が、田を作る者の牛の肉を食ったのを怒って、蝗を放って祟ったとあるのは、この意味において解釈すべきである。この時大地主神が占によって、御年神の教えを受けて、白馬・白猪・白雞を供えて、御年神を祭り、ようやく神の怒りを解くことを得たのが、のちの世の祈年祭の白馬白猪白雞を供える濫觴だということになっている。もっとも「古語拾遺」のこの一節は、種々の点から見てすこぶる怪しいので、容易に信じがたいかもしれぬけれども、白馬があって白牛が欠けていることは、すくなくとも注意すべき価値がある。

白色は神聖であるから、世界いずれの民族も祭祀にこの色を用いている。「拾遺記」には「越王匂践、使㆓工人㆒、以㆓白馬白牛㆒詞㆓昆吾之神㆒、采㆑金鋳㆑之、以成㆓八剣之精㆒」云々」といえるが日本の祈年祭の祝詞には、白馬があって白牛がない。いうまでもなく、牛は農業上重要な家畜であるからである。

「延喜式」に収めてある祝詞の中でも、「白馬白猪白雞」は、祈年祭祝詞に見える例外で、その他祝詞には、供物としては野獣魚鱗五穀蔬菜だけになっている。馬を供えることは多く見えるけれども、この神の乗物として供えるので、他の供物とは性質が異っている。「楯戈御馬」と続けてあるのがその証拠である。この点から見ても、馬は神のつきものである。ここに「神」というのは、自然教の神の義で、仏教やキリスト教の神とは、大いに性質が異っている。

自然教の神には馬がついていて、仏教に牛のことが多く見えるのは、果して何事を意味するであろうか。偶然にそうなっているのであるか、あるいはまた別になんらかの理由の存することであるか、広く民族の例と比較して研究するのは、必ず無益の業ではあるまいと思う。

まず順序として、世界の天然伝説に現われたる牛のことを話して、大正二年の丑の年を迎えた義務を果し、次に神話に現われたる牛、伝説童話宗教的縁起に現われたる牛のことを論じて、末段の結論において、日本民族文学に見えたる牛について、愚説をいささか披瀝して見たいと思う。

一　天然伝説

子の年に明治が終って、大正二年は丑の年で明けた。子は鼠で、丑は牛である。十二支の順序からいっても、小さい鼠が一番で、大きい牛が二番である。なにゆえに鼠が一番で牛が二番になっているか。文献学者の科学的研究には用はない、純朴なる民俗説話は、簡単にこれを説明している。蒙古の一伝説にいわく、昔ラクダと鼠と、誰が先に朝日の上るのを見得るか、という賭をした。ラクダは東の方ばかり見つめていた。鼠はラクダの頭に坐って、西の方を一生懸命眺めていると、西の上の端にまず朝日の光が見えた。この賭にラクダが負けたので、ラクダは十二支の首席を鼠に取られた。（一八九三年ペテルブルグ版ポタニン著「オクライナ」二の三四二）この説話のラクダは牛のことに見てよろしいと思う。その証拠には竜動《ロンドン》の「フォークロール・ジオルナル」四の二八に、同じ蒙古の伝説でラクダの話が出ているのを見ると、やはり牛のことに取らなくては都合が悪い。

昔魔法を心得ているラマ僧があって、地上のすべての酋長を征服して、自分で大酋長になりたいと思って、妙な獣を造り出した。人間を食う獣で、頭に鹿の角を持っていた。この獣がその角で人間を突殺して、その歯で人間の肉を裂いて食うので、地上の人間はだんだん減少するというありさまであった。その時に酋長の中に仏教の高僧があって、木の棒をこの獣の鼻へ通して、この恐るべき獣を制御することを発明して、とうとう目的を達した。この高僧がこの獣にラクダと命名して「これから後は、燃料を運べ」といったので、いまでも人間はラクダに然料（糞を乾したもの）を負わせる。またラクダの鼻を通して、牽いて行くのも、その時から始まったものである。ラクダはもちろん牛や鹿と同じく反芻動物に属し、決して馬の種類ではない。馬に従った漢字（駱駝）は、支那人の誤解である。さて十二支に関する蒙古伝説は、洒落でもなければ滑稽でもない。世界各地の民族の天然伝説の一例で、天然現象を説明せんために自ら発生した民間説話である。

謹んで「日本書紀」を按ずるに、巻之一の末節に牛馬の起原を説明して、

一書曰云々、是後天照大神復遣二天熊人一往看レ之、是時保食神実已死矣。唯有三其神之頂、化二為牛馬一顱上生レ粟、眉上生レ繭、眼中生レ稗、腹中生レ稲、陰生二麦及大小豆一、

訳註・一書《あるふみ》に曰く、云々。是《こ》の後《のち》に、天照大神、復天熊人《またあまのくまひと》を遣《つかわ》して往《ゆ》きて看《み》しめたまう。是の時に、保食神《うけもちのかみ》、実《まこと》に已《すで》に死《まか》れり、唯《ただ》し其の神の頂《いただき》に、牛馬化為《な》る有り。顱《ひたい》の上に粟生《な》れり。眉の上に繭《かいこ》生れり。眼の中に稗《ひえ》生れり、腹の中に稲生れり。陰《ほと》に麦及び大小豆《まめあずき》生れり。……

と記してある。保食神は食物の神でありまた五穀の神であるから、素盞嗚尊に殺されたこの神の屍体に、農耕用の牛馬と五穀が化したと説明するのは不自然ではない。

世界における、牛に関する天然伝説はざっと下の通りである。「天然伝説」というのは

牛という一個の動物の起原、その形態性質の由来に関する、「説明説話」の義である。

牛の由来。神はまず天地を造って、それから人間のために種々の動物を造った。悪魔もまた神のまねをして、羊と山羊と牛を造った。ただし悪魔の造った動物は、すべて赤色とか白色とか黒色とか単一な色であって、悪魔また人間を苦しむるために種々の昆虫害虫を造っておいた。すると暑い日に、悪魔が昼寝をしている間に、これらの虫が集まって牛を苦しめた。神はそれを見て、牛を助けんために牛屋を建て、又柳樹の枝を折って、牛の身体を摩擦した。するど今まで単一の色であった牛がたちまち変じて斑点ある雑色の動物となった。眼を覚した悪魔は、その牛が自分の造ったものだということを知ることが出来なかったので、神に取られてしまって、自分はなお残っている単一の色の牛だけ取った。(スエーデン地方の伝説の一例。なお類似の伝説は同地および同地付近に多数存在している)

なにゆえに牛は歯を有せざるや。昔は牛に上下の歯があって、馬には歯がなかった。ある時牛が宴会から帰る途に馬に遇うと、馬が自分も宴会に行きたいからしばらく上歯を貸してくれ、と牛に頼んだ。牛は馬のいう通りに貸してやると、馬はそのまま、牛の歯を横領して競争をして勝ったら返してやろうといった。牛はもちろん馬と競走して勝つことが出来なかったので、とうとう歯を失ってしまった。(安南地方の伝説)

同上。昔は馬には頭に角があって上歯がなく、牛には上歯と下歯がある代りに、角がなかった。牛は馬の角をみてうらやましがり、馬は牛の上歯をほしくてたまらなかったので、たがいに相談をして角と上歯を交換した。その時から馬は角を失って上歯を得、牛は歯を失って角を得た。（セイロンの伝説）

角の由来。同上（セイロンの伝説）

角の曲った由来。下界の山が高さを増さなくなって、人間は上界に出る方法に困った。その時に牛が来て角を出してくれたので、人間は牛の角に上って上界へ出た。その人間の重さで今まで真直であった、牛の角は曲った。（アメリカインディアンの伝説）

牛の蹄の割れたるはなにゆえか。仙人が鹿を射るつもりで、誤って牛の蹄を射た。傷は治ったけれども、その時から牛の蹄は割れているようになった。（北インドの伝説）

牛の乳房のこと。牝牛の乳房は、昔はたくさんあったけれども、猫に取られて数が減った。猫が牛の乳房をことごとく盗んで火に投じてしまったのを、犬が見てようやく四個だけ火の中から引出して、牛に返してやった。（フィンランド地方の伝説）

牛はなぜにものいわぬか。牛は昔はものをいったものである。ある時牛飼の童子が牛を樹に繋いで、自分一人あちらこちら遊び歩いて牛を構わなかった。その晩に牛がそのことを主人に告げた。主人は怒って童子を懲した。天の神が童子の泣いているのを見て、かわいそうだと思って、その時から牛にものをいえぬようにした。（安南の伝説）

牛の歩みの遅い理由。人間が牛の力の強いのを知って、物を負わせて使った。牛は従順に物を負うて急いだ、そしていつ休ませてもらえるかと、人間に問うた、「休ませるものか、死ぬまで働かせるつもりだ」と人間が答えた。牛はそれを聞いて、「そんならもう急ぐまい馬鹿馬鹿しい」といって、その時から歩みが遅くなった。(ドイツの一伝説)

牛はなぜ鋤を引くか。昔は畑を耕すということもなく、鋤ももちろんなかった。人間は毎日ただ一粒の穀を手に取って、牛の周囲を三度歩いて、「これで今日の分に足るか」と問うと、牛は黙ってうなずく。そしてその穀粒で、家族の一日の食料に足るのであった。ある時気の小さい男の家に来客があった。男は景気をつけるつもりで、穀を二粒取った。すると牛が怒って人間を兇うた。

その結果人間は、畑を耕さなくては生活が出来ぬようになり、牛もその罰で鋤を引かねばならぬようになった。(北インドの伝説)

なにゆえに虻は牛の血を吸うか。虻が牛に向って「お前の血を一滴吸わせてくれ」というと、牛が虻を軽蔑して、「喧嘩をして勝ったら、一滴でも二滴でも吸わせてやろう」といった。すると虻は牛の耳の中へ飛込んで、牛を苦しめたので、牛もとうとう降参して血を吸わせるようになった。(北欧の一伝説)

牛はなぜ急がぬか。牛と馬とが競争をした。牛は馬に負ける心配はないけれども、身体が重いから、地面がおちこんだら大変だと思うて、駆けているうちに、深い溝の中へおちこんで、真実地面がおちこんだと、信じた。その時からいかに叩かれても急がぬようにな

った。（ロシアの伝説）

牛はなにゆえに蠅に責められるか。キリストが牛飼に牛乳を所望したときに、牛飼が返辞をしなかったので、キリストが牛飼を罰するために、牛が蠅に責められるようになった。（ハンガリーの伝説）

二 神話伝説

神話伝説に現われたる牛は、前にいったように二様の性質を示している。恐るべき猛獣としての牛と、人間に乳を供給する家畜、農業に使用される家畜としての牛と、全く別物である。混同してはならぬ。インド、ギリシヤその他古代の神話伝説においていずれもそうであるが、ひとり北欧神話の天地開闢説においては、牛は全く第二の性質に現われている。天地開闢の始め、神も人もいまだ生じなかった以前に、最初に生じたのが巨人族の始祖イミルで、その次に氷塊の溶解した中から自然に生じたのが、牝牛「アウヅムラ」である。この牝牛から流れる乳が、四個の河流となってイミルを育てた。ギリシヤ神話のある伝承においては、天神ジュピターの乳母は山羊である。その他にも英雄豪傑が動物に育てられている話は、諸国の伝説に多く見る所であるけれども、天地開闢の神話に牝牛が出て来るのはすこぶる異例である。北欧神話の天地開闢説は比較的後世の産物で、とくに南方東方の古伝説を模倣した点が多いから、その説明は、はなはだ困難である。「アウヅムラ」の語源もまだ判然せぬ。この牝牛をインド神話の雲即牝牛と比較する学者もあるけれども容易に首肯しがたいと思う。

ギリシヤ神話において、天神「ジュピター」がシドンの王女「オイローパ」姫の容姿に迷い、やさしい乳白色の牝牛に変じて姫に近づき、姫の乗るをまって急に海中へ飛込んで遠く姫を奪い去ったという話は、有名な伝説であるが、この牛はいうまでもなく家畜としての牛である。これに反して、ヘラクレスの十二の冒険の一つにクレタ王ミノスの野牛捕獲とあるのは、恐るべき猛獣としての牛を捕獲するものである。同じ冒険の一つ、ディオメデスの馬を捕える一条も、小栗判官の馬乗と同様命懸けの冒険である。

小栗判官荒馬乗の一節は「御曹子島渡り」の牛若丸の冒険や、大国主命の根国行や、ギリシヤ伝説のヤーゾンの冒険を連想させる。ヤーゾンは金毛羊皮奪取の目的をもって「アルゴー」号の航海遠征に加わった勇士の一人である。敵国王「アイエテス」は羊皮交換の条件として、火を吐く二頭の牛を使って軍神アレスの畑を耕すことを、ヤーゾンに要求した。しかしながらヤーゾンはアイエテスの女メディヤの助を得てその目的を達することが出来た。これもやはり猛獣としての牛の一例である。

乳を与える重要な家畜としての牛はとくにインド神話にその例が多い。しかしながらインド神話において、インドラ、アグニ、ブリハスパチ、パルジャニヤ、ルドラなどが、「牛」の綽名を有するのはその超人間的勇猛を示すものである。エジプトには牛の形をしたハトールがあり、アビスがあり、古代バビロンの勇猛な諸神も牛と称せられていた。一般に頭上の角が勇猛怪力の象徴として、神の尊厳を表示している事実は注意すべき現象である。この現象は世界の神話のほとんど総てに通じている、といっても差支えないくらいに著しい。

「日本書紀」垂仁天皇二年の条に、

一云、初都怒我阿羅斯等、有レ国之時、黄牛負二田器一、将レ往二田舎一、黄牛忽失、則尋
レ迹覓レ之、跡留二一郡家中一、時有二一老夫一曰、汝所レ求牛者、入二此郡家中一、然郡公等
曰由二牛所レ負物一而推レ之、必設二殺食一若其主覓至、則以レ物償耳、即殺食也、若問三牛
直欲レ得二何物一、
莫レ望二財物一、便欲レ得二郡内祭神一云レ爾、俄而郡公等到之曰、牛直欲レ得二何物一、対如二
老父之教一、其所レ祭神是白石也、乃以二白石一授二牛直一、因以将来置二于寝中一、其神石化二
美麗童女一、於レ是阿羅斯等大歓欲レ合、然阿羅斯等去二他処一之間、童女忽失也、阿羅斯
等大驚之、問二己婦一曰、童女何処去矣、対曰、向二東方一、則尋追求、遂遠浮レ海以入二
日本国一、所レ求童女者、詣二于難波一、為二比売語曾社神一、且至二豊国国前郡一、復為二比売
語曾神一、並二処見レ祭焉、

訳註・一《ある》に云《い》わく、初《はじ》め都怒我阿羅斯等、国に有りし時に、黄牛《あめうじ》に田器《たつわもの》を負《おお》せて、田舎《いなか》に将往《ゆ》く。黄牛忽《たちまち》に失《う》せぬ。則ち迹《あと》の尋《まま》に覓《ま》ぐ。跡《あと》、一郡家《あるむら》の中《なか》に留《とどま》れり。時に、一《ひとり》の老夫《おきな》有《あ》りて曰《い》わく、「汝《いまし》の所求《もと》むる牛《うし》は、此《こ》の郡家《むら》の中に入れり。然るに郡《むら》公等《つかさらい》曰わく、『牛の所負《おお》せたる物《もの》に由《よ》りて推《おしはか》れば、必ず殺《ころ》し食《くら》わむと設《もう》けたるなり。若《も》し其《そ》の主《ぬし》覓《もと》め至《いた》らば、物を以《も》て償《つぐの》わまくのみ』といいて、即《すなわ》ち殺し食《は》みてき。若《も》し『牛の直《あたい》は何物《なに》を得《え》んと欲《おも》う』と問《と》わば、財物《たから》をな望《のぞ》みそ。『便《たより》に郡内《むら》の祭《いわ》いまつる神を得んと欲《おも》う』と爾云《しかい》え」という。俄《しばらく》ありて郡公等到《いた》りて曰《と》わく、「牛の直《あたい》は何物《なに》を得んと欲《おも》う」ととう。対《こた》うること老父の教《おしえ》の如くにす。其の所祭《まつ》る神は、是白《これしろ》き石《いし》ぞ。乃ち白き石を以て、牛の直《あたい》に授《あ》てつ。因《よ》りて将《も》て来て寝《ねや》の中に置く。其の神石《いし》、美麗《かおよ》き童女《おとめ》と化《な》りぬ。是に、阿羅斯等、大きに歓びて合《まぐわい》せんとす。然るに阿羅斯等、他《あたし》処《ところ》に去《いた》る間《ま》に、童女忽《たちまち》に失《う》せぬ。阿羅斯等、大きに驚きて、己《おの》が婦《め》に問いて曰わく、「童女、何処《いずち》か去《い》にし」という。対えて曰わく、「東の方《かた》に向《い》き」という。則ち尋《もと》めて追《お》い求《ま》ぐ。遂に遠く海に浮びて、日本国《やまとのくに》に入りぬ。求《ま》ぐ所の童女は、難波《なにわ》に詣《いた》りて、比売語曾社《ひめごそのやしろ》の神と為る。且《また》は豊国《とよくに》の国前《みちのくちのくに》郡に至りて、復《また》比売語曾社の神と為《な》りぬ。並《ならび》に二処《ふたところ》に祭いまつられたまうという。……

とあるのは、疑いもなく、「古事記」応神天皇の条に見ゆる比売語曾社の縁起の別伝である。

紀の方では、郡公等が老人の牛を殺して食ったことになっているが、記の方では、老人が田人の食物を牛に負わせて行くのを、国王が見咎めて「その方は牛を殺して食うつもりであろう」といって老人を捕えて獄に投じたとしてある。この方が説話としては要領を得ている。農夫として牛を殺して食うのは、罪悪であるという思想がこの伝説の一個の「モーチーフ」になっているのである。

この伝説は記紀の示している通り、朝鮮半島から伝わったものに相違あるまい。これについて「古語拾遺」の末節に見ゆる祈年祭の縁起が思出されるのであるが、この一節はあるいは、朝鮮半島から伝わった古伝に基づいて、後に付加されたのではあるまいかと思われる。

この想像の動機は、一、前節の結尾に「所レ遺十一也」とあるのにこの節の結尾に同様の句が欠けてあること。二、前の十一箇条はすべて古例の闕如を論じて自己の鬱憤を漏らしているのに、この一節は単に祈年祭の縁を述ぶるを目的としていること。三、祈年祭の供物に限って白馬白猪白雞があって、他の祭祀に同様のことが見えぬこと。四、この一節に見える禁厭祈禱の方法が他の神典に見えぬこと。五、生殖器信仰のことがその中に見ゆること。六、禁厭厭法の祖神たる大国主命と少彦名命とは、高天原の諸神とその系統を異にしていること。七、御年神もやはり高天原の諸神とその系統を異にする素盞嗚尊の子孫であって、朝鮮半島に関係深いこと、以上七箇条がその主なるものであるが、詳細はここに論ずる限りでない。

日本の英雄譚には、牛に関した話はあまりないようである。たまたまある一、二の例においては、やはり勇猛な動物として現われている。いまここに頼光四天王伝説の大圏に属する二個の例を引用しておく。

鬼同丸云々、鞍馬のかたへ向いて、市原野の辺にて、便宜の所を求るに、立ちかくるべき所なし。野飼の牛数多ありける中に、ことに大なるを殺して、路次に引伏せて、牛の腹をかき破りて、その中に入りて、目ばかり見出して待ちけり。頼光案のごとく来りけり。浄衣に太刀をぞ佩きたりける。綱、金時、定通、季武等、皆ともにありけり。頼光馬をひかえて、野の景色興あり、牛その数あり、おのおの牛追うものあらばや、といわれければ、四天王のともがらわれもわれもとおしかけて射けり。誠に興ありてぞ見えける。その中に、綱いかが思いけん、とがり箭をぬきて、死にたる牛に向いて弓を引きけり。人怪しと見る所に、牛の腹のほどをさして矢を放ちたるに、死にたる牛ゆすゆすとはたらきて、頼光にかかりけり、見れば、鬼同丸なりけり。矢を射られながらなお事ともせず、敵に向いけり。頼光は少しも騒がず、太刀をぬきて、鬼同丸の頭を打落しけり云々。(「古今著聞集」武勇第十二)

大江山に聞えたる鬼が岩屋に著にける。云々、何とは知らず、穴の内より凄しき面を出し覗く所を、公平飛掛って捕え出さんとなしぬれば、……鬼にはあらずして但馬牛のしたたかなるを掴み出す。……この牛松明の燃ゆるに驚き猛って虚空無量にかけ入りたり。ここに内なる曲者どもすわや事の出来たり、とみれば人もあり、人かと見れば夕べの夜討にくたびれ、前後も知らず伏したる所に、例の牛飛入って虚空無量につきちらせば、数多の鬼ども、あわてふためき。あるいははだかかはだの帯ばかりにて、駆出るやからもあり、又うろたえ、胴は鬼の装束にて面を失い鍋をかぶり飛出る鬼もあり。……かかる所に盗人の大将天津早雲斬らるる事を悲み、牛の下腹に抱きつき、一散にかの牛を穴の内より乗出す。公平太刀振上げ、ちょうと斬れば、牛は虚空に駈出す。早雲は下腹にしがみつきて出にける。公平碓井飛び来り、おのれいかなる者ぞと尋れば、某は盗人の大将にて云々、……かの公平碓井が武者執行、面白とも中々申許はなかりけり。
(「公平武者執行」五段目)

この二つの中で、後の「公平本」の方が「古今著聞集」の鬼同丸の話を真似たのであることは、想像しやすい。松明で牛を追う条は、むろん火牛の換骨脱胎である。

童話に現われたる牛の話で最も面白いのは、「アラビアンナイト」の発端に出ている、馬に騙されて結局得をした牛の話である。その他にも牛の出る童話はたくさんあるけれども、略しておく。

特色を有する牛の話は、多くは宗教的縁起物語に属するのでその説明は次項に譲る。

三　宗教的縁起物語

馬鹿息子が親の法事に寺の坊主を呼んで来いといわれて、牛を呼んだという昔噺は、いまなお日本に広く物語られているようであるが、この話はすでに数百年前の朝鮮人成俔の『慵斎叢話』に収めてある。しかしながら、牛と坊主との関係、あるいは牛と宗教との関係は、仏教に限ったことではない。多くの宗教に共通しているように思われるが、とくにキリスト教の伝説にはこの点が著しく現われている。しこうしてキリスト教の伝説において牛と馬とが反対の主義を代表しているところが注意すべき点である。いまここに数箇の例を紹介する。

一　厩における牛と馬。イエスが誕生の夜厩の中で藁を敷いた上に寝かされていた。それで牛は遠慮してイエスから離れていた。馬は少しも遠慮するどころか、イエスの敷いている藁まで食おうとした。マリヤそれを見て、牛を祝福して馬を咒うた。南方「スラブ」族の伝説と同様の伝説はフランス、ポルトガル、ブルガリア、その他南部ロシアの諸地に発見されている。

二　キリストと牛。イエスがベツレヘムの岩窟で生れた時にいろいろの動物が岩窟を訪問して温い気息を吹きかけて、イエスの身体を温めた。牝牛はちょうど孕んでいて、残念ながら行くことが出来なかったので、牡牛に伝言を頼んで生れた仔牛をキリストに贈る約

束をした。キリストはそれを聞いて非常に喜んで牛を祝福した。（マルタ島の伝説）

三　**キリストの河渡り。**　あるときキリストが巡行の途中ある河の岸へ来て、馬に頼んで河を渡してもらおうとしたが、馬は草を食っていて、キリストの依頼に応じなかった、するとその近くにいた牛が、自ら進んでキリストを乗せて、河を渡してくれた。（ロシア、ポーランド、ボヘミヤ、レーミヤ、ポムメルン、その他諸地方の伝説）

最後の「河渡り」の伝説はもと「リタウ」族の雷神ペルクンについて物語られていた。というのがグリムの「ゲルマン神話学」などの説である。その本来の意味はしばらく別問題として、この話がキリスト教の救世主について物語られるに至ったのは、決して偶然ではない。

中世のフランス伝説に、牛に関する面白い話がある。二個の寺領の堺にある水車場の主人が死んで、その墓地に甲乙両寺の間に争論が起った。両方とも自分の領内に墓を造りたいというのが争いの原因で、この争論の裁判をペテロに頼んだ。するとペテロは死人の死体を牛に負わせて、牛の行った所に埋めるがよい、と裁判した。牛は主人の死体を負うて堺を越えて甲の領内に入って行った、ということである。宗教的伝説としてまことに面白い例である。

日本における縁起物語のうちで最も有名なのは、関寺の縁起と善光寺の縁起に見ゆる牛の話である。「今昔物語」巻十二「関寺駈牛化㆓迦葉仏㆒語第二十四」に今は昔、左衛門の大夫平朝臣義清という人ありけり。その父は中方という。越前守にてありけるとき、その国より黒き牛一頭を得たり、中方年来これに乗って行くほどに、清水に相知れる僧のあるにこの牛を与えつ、清水の僧、この牛を大津にある周防掾正則というものに与えつ。しかる間関寺に住む聖人の関寺を修造する間に、この聖人に与えつ、聖人この牛を得て喜んで車に懸け、寺の修造の材木を引かしむ、材木皆引畢って後三井寺の明尊前の大僧正にて、夢に自ら関寺に詣ず。一の黒き牛あり堂の前に繋たり。僧正これは何の牛と問うに牛答えていわく。われは迦葉仏なり。しかるにこの関寺の仏法を助けんがために、牛になって来るなり、というを見るほどに夢覚ぬ。僧正これを怪んで、明る朝に弟子の僧一人をもって関寺に遣る。教えていわく、もし寺の材木引く黒き牛やその寺にある、と聞いて来れと。僧関寺に行ってすなわち返り来ていわく、黒き大きなる牛の角の少し平みたる、聖人の房のかたわらに立ちたり。これは何の牛ぞと問えば、聖人のいわく、この寺の材木引かんがために儲けたる牛なりと。僧返ってその由を僧正に申す、僧正これを聞き驚き貴みて、三井寺より多くのやんごとなき僧どもを率いて……恭敬礼拝すること限りなし。

「牛に引かれて善光寺詣」の縁起は、誰れも知らぬ者もない、有名な話であるが、この話もやはり火牛や袈裟御前の話と同じく、支那から伝来したものであるが、沙弥玄棟の「三国伝記」巻三の第十四「神母被㆓牛牽㆒別㆓仏寺㆒事」を翻案したものだということは、次の本文を見れば直ちにわかる。

漢曰、預州に有《リ》二一老女一唯《ダ》神道を事として不レ信《ゼ》二三宝《ヲ》一、時の人、其名を称《ス》二神母《ト》一。邪見覆心にして寺塔の辺にて不レ往《カ》剰路を行くに、比丘僧に遇えば、目を掩うて過ぐ。或る時黄牛一頭、女の門にあり、不《ル》レ去《ラ》こと三日なり、更に主の尋ねなし、神母自ら謂えり、神の助け与うる処なりとて、自ら牛を叱って家に帰らんとするに、牛不レ随《ハ》、女、衣帯を解き牛の鼻に繋いで牛を牽く、牛強くして牽合う程に牛は仏寺の内に入る、女人惜《ミテ》二牛及帯《ヲ》一故に眼を掩いて寺に入り、背《キ》二本意《ニ》一て立てり云々。

「今昔物語」の話の本源がインドにあることは、いうまでもないので、同書巻四「天竺長者婆羅門牛突語第三十三」が「奇異雑談」において日本のことに翻案されているは偶然でない。なおまた同書巻十二「伊賀国人母生レ牛来二人家一語第二十五」の内容も「奇異雑談」の作者に利用されている。伊賀国山田の富人の母、その子の家に来る乞食の夢に赤色の犢となって現われ、「われはこの家の男主の母なり、この家にある牛の中に赤き犢はわれなり、われ前世に男主の母として子の物をほしいままに盗み用いたりしによって、いま牛の身を受けてその債に償うなり、しかるに明日男主、わがために、法華経を供養す、汝その師とあるがゆえに、貴びて懃に告知らしむるなり。虚実を知らんと思わば、法を説かん、堂の内に、わがために座を設けて、その上に、われを居らしめよ」と告げ翌日法会畢ってのちに、この牛が死んだ、というが、この話の内容である。末節に「これを思うに、人の家に牛馬犬等の畜の来らんをば、皆前世の契りある者なりと、知って強に打ち責むる事をば、可レ止しとなん語伝えたるとや」とあるのがこの話の教訓である。

しかしながら「牛馬犬等」という中にも牛の方が多いのではない、牛でなくては物語にならぬような気がする。同じく「今昔物語」巻九「震旦卞下士瑜父不レ切レ犢成レ牛語第三十九」に見ゆる牛も、やはり前世の罪を受けて、牛に生れたのである。聖徳太子は甲斐国より奉る黒駒の脚の白きに乗って昇天されたと伝えられているけれども、これは一個の異例である。「昇天」ということそのものがすでに支那神仙説話式で仏教伝説としてははなはだ面白くない。役行者を始め、日本神仙伝中の文物は純粋の仏教高僧伝的人物とは少しく趣を異にして、支那神仙伝の色彩を加味している。聖徳太子の「黒駒」もこの意味から考えねばならぬ。ただし白駒でなくて、黒駒である点は、神道の白馬と異っている。天満宮の牛縁起がどうであったにしても、この牛もやはり宗教伝説の牛の「カテゴリー」に属すべきものであると思う。

「古今著聞集」に

　阿波国の知願上人とて国中に帰依する上人あり。女となりける尼死に侍りてのち、上人のもとに思わざる駄を一疋儲けたり。これに乗りて歩くに。道の早きのみにあらず、悪き道を行き河を渡る時も危きことなく、急ぐ要のある時は、鞭の影を見ねども早く行き、のどかに思う時は静かなり。ことにつきありがたく思うさまなるほどにこの馬ほどなく死にければ、上人惜み歎きけるほどに少しも違わぬ馬出で来にければ、上人喜び先のように秘蔵して乗歩きけるにある尼に霊つきて、怪しければ、誰人の何事におわしたるぞと問いければ、われは上人の御女にとなりける尼なり。上人の御事あまりに愚ならず思い奉り故に、又同じさまとなりて、今もなお侍るなりという……執心の深き故に再び馬に生れて志を現したるはなはだ哀れなり

とあるは、牛にして話した方が面白い。

「宇治拾遺物語」巻十二「聖宝僧正渡㆓一条大路㆒事」に、

むかし東大寺に上座法師のいみじきたのしきありけり。露ばかりも人に物を与うることをせず、慳貪罪深く見えければ、その時聖宝僧正の若き僧にておわしけるが、この上座の惜む罪のあさましきとき、わざと争をせられけり。御房何事したらんには、大衆の僧どもひかんといいければ、上座思う様、物争いして負けたらんには、僧どもひかんも由なく、さりながら、衆中にてかくいうことを何とも答えざらんも口惜しく思うて、彼がえすまじき事を思い廻らしていうよう、加茂祭の日真裸にて、犢鼻褌ばかりをして干鮭太刀に佩きて痩せたる牝牛に乗って、一条大路を大宮より河原まで、「われは東大寺の聖宝なり」と高く名告りて渡り給え。しからばこの寺の大衆より下部に至るまで、大僧どもひかんという。………その期近くなりて一条富小路に桟敷うちて、聖宝が渡らん見んとて大衆皆集りぬ。上座もありけり。しばらくありて、大路の見物の者どもおび

ただしくののしる。何事かあらんと思うて、頭をさし出して、西の方を見やれば、牝牛に乗りたる法師の裸なるが干鮭を太刀に佩きて、牛の尻をはたはたと打って、尻に百千の童都いきて、「東大寺の聖宝こそ上座と争いて渡れ」と高くいいけり、その年の祭りには、この詮にてぞありける。さて、大衆おのおの寺にかえりて、上座に大僧どもひかせたりけり、このこと御門きこしめして、聖宝はわが身を棄てて人を導く者にこそありけれ。いまの世にいかでかかる貴人ありけんと、召出して僧正までなしあげさせたまいけり。

すこぶる滑稽な話ではあるけれども、仏教縁起物語に牛の現われたる例としては、ほとんど他に得難い傑作である。

とにかく仏教伝説としては、牛でなくては面白くない、兼好法師も「徒然草」の中に牛を売る譬喩譚を載せている。有名な「塞翁馬」の話は宗教伝説ではないが、馬琴にいわせると牛の話に似た例がある。

結　論

以上に述べた神話伝説から当然帰納さるべき結論は、(甲・馬と牛との反対)(乙・牛の両面的性質)(丙・牛の伝説の外国的起原)この三個がそのおもなる者である。この帰納的結論の当否はなお将来の研究を待たなければならぬ点を多く有しているようであるけれど、大体においてあまり間違いはなかろうと思う。馬と牛との反対は、種々の点において見ることができるが、信仰に関係する方面においてとくに著しく現われている。科学的語を用いていえば、牛は宗教的伝説に現われ、馬は民間信仰においてある意義を有している。英雄伝説の勇士は馬に跨り縁起物語の聖者は牛に乗る、馬は男性的であり、牛は女性的である。日本式にいうと馬は神に縁があり、牛は仏に縁がある。もし馬が陽性であるならば、牛は陰性である。ギリシヤ神話の太陽神へリオスは四頭の白馬に駕して天空を馳せ、穆王は八駿馬に乗りて王母の国に遊び、毒竜退治の英雄ジョージ尊者は必ず馬に跨っている。しこうして諸民族の民間信仰において、この毒竜が月蝕の原因として考えられ、この毒竜の悪気に呑まれる月が、角を有する牛として時々現われているのは面白い現象である、両面的性質を有する牛は、一面において威力の象徴である。したがって牛の角は諸民族の神話の神の頭上において威力と尊厳とを示すものである。しかしながら、太陽の角は必ずしも万能の威力の象徴ではない。インド教の生殖力の化神シバは、頭上に半月をいただき、その子ガネサもまた、智慧の神として同一の付属物をいただいている。月神カンドラ一名ソマは新月の形を面上に有する牝牛として、鹿に駕している、古代「イラン」族の聖典では生殖豊満の本源たる月神が「牛種を蔵する神」と称せられている。ペルシヤ中世の経典にも、牛の祖死してその種月に蔵せらる、としてある。この牛祖の精がのちにすべての動物に生ずる源となったので中世以来、月と牛との関係が生ずるようになったのであろう。この方面の議論はしばらく別にして、馬と牛との反対はヨーロッパの民間信仰において見ることが出来る。ゲルマン民族全体に通じて「妖怪軍」又は「飛行神軍」といって、一種奇妙な信仰がある。暴風雨の夜の暗黒を、恐しき魔物の一群が空中を飛行するのである。もし途中で不幸にもこの群の通える路に出逢ったら最後必ず不吉の運命は免れない。しからばこの群衆は何であるかというと、これは死者の霊魂、おもに戦場で没したもの、刑場の露と消えたもの、前世の因果で助からぬ者などの霊魂で、この霊魂軍の指揮者は、狂暴なる駆逐者と称せられて、妖怪的婦女あるいは妖怪的野猪を逐うて、森林原野の嫌なく駆廻るのである。時としては、この指揮者と群衆とが別々になって駆廻ることもある。この信仰は太古以来今日まで、民間に存在して古代の神や英雄などが、これ（妖怪軍）の指揮者となっている。その中で最も広く通じているのは、ゲルマン民族古代自然教の神の中で最有力なる天神オーダン一名オーディンである。妖怪軍の指揮者としてのオーディンは広き帽を戴き、一枚の外套に身をつつみ、黒色または白色の馬に跨って、暗夜の空を横ぎって駆けるのである。しかし一般には、白馬と信ぜられているように思われる。この信仰以外に、ゲルマン民族の今日の民間信仰界には、白馬又は黒馬に乗った単独の騎士、あるいは幽霊に関する話がすこぶる多い。そして特に奇異に感ぜられるものは、これらの馬または騎士が、時々頭を持っていないことである。この信仰は直ちに阿波国の「首切れ馬」の不思議な信仰を連想せしめ、かの白馬に跨った、神の信仰はわが国とくに東北地方の「白髪水」の伝説を連想せしめる。いずれの場合においても信仰の対象は、現時において権威を賦与されている、キリスト教もしくは仏教と反対の地位に立つべき旧時の自然教、またはこの自然教の系統を引く民間信仰の神である。ヨーロッパにおいては、キリスト教の普及とともに旧来の自然教は征服され、その神は悪魔悪鬼妖怪と同一視されるようになった。日本においては、特殊の歴史的事情の存在の結果として、古来の自然教は表面上国民教としての位置を持続しているけれども、この自然教の根本に横たわる民間信仰とのちの仏教との関係は、ヨーロッパにおける民間信仰とキリスト教との関係に類似している点が少なくない。

「首切れ馬」の伝説は、多くの点においてゲルマン民族の妖怪的騎士の信仰に似ているし、また「白髪水」の伝説において恐ろしい無言の神が白馬に跨って暗夜に谷間を廻る光景は、全くオーディンの風姿と同一である。両個の伝説の間になんらかの関係があるとは思わぬけれども、両個の伝説の根底に横たわる信仰とこの信仰発生の動機とは、すくなくとも同一性質である。ゆえにもし馬を名づけて「神馬」というた場合には、牛を名づけて「聖牛」といわねばならぬ。素盞嗚尊の「天斑馬」の説明は困難であるけれども、日本の祭祀には「神馬」がなくてはならず、神社には必ず「絵馬」がなくてはならぬ。牛は宗教的動物として、寺の縁起に出る。越中の「牛が首祭」の縁起に、正直な夫婦が黄金の牛首を掘出したことを伝えているのも、この方面から解釈して見たい。

日本における牛に関する神話伝説がすべてあるいは多くは、外国的起源を有する一事はすこぶる注意すべき事実である。善光寺縁起の牛の話、関寺縁起の牛の話を始め、仏教伝説に現われたる牛の話はもちろん、「古事記」「日本書紀」「古語拾遺」に出ている牛に関する話もすべて縁起物語であると同時に朝鮮半島に縁がある。「奇異雑談」の牛の勝負の話は、インドからの翻案であり、大江山の牛と木曾義仲の火牛は、むろん支那小説の模倣である。

牽牛織女の伝説は久しく日本に伝来しているが、これまた支那からの輸入である。この伝説の本源は、いまなお不明に属している。ある文明を有した時代の産物であることはむろんであるけれども、牽牛の「牛」が遊牧民の牛であるか、あるいはまた農耕者の牛であるか、相手の織女がいかなる民族生活を代表する人物であるか、これらの疑問が遺憾ながらまだ解決され得ないのである。牽牛織女の伝説は元来天文説話であるから、日本に輸入されても日本化することはできなかったが、七夕の故事説明、あるいはその縁起物語として、足利時代の草子に「天稚彦物語」がある。牽牛織女の伝説とは、全く別個の物語であるが、ただ七夕の故事を説明する故事において共通している。なおまたこの物語にも牛のことが出ているのみならず、その点がすこぶる外国式であるところが面白いと思うが、いまここに平出鏗二郎の「近世小説解題」に従ってその内容を簡単に抄出する。

昔長者の家の前に女洗濯をなしおりける時、一疋の蛇来りて女を嚇し文章を長者に届けしめけり、長者披き見るに三人の娘われに与えよ、もし否まんには父母を取殺さん。と書いてありければ、父母は歎悲み三人の娘を招きて話しけるに、姉娘中娘ともに諾せず妹娘一人父母の命に代りて赴くという。父母せんかたなく、蛇のいいおける、池の前に家を造りて、妹娘をおきて、帰りけるに夜中頃に至り風雨烈しく、浪高く起りて、十七間余の蛇来り、わが頭を切れという、妹娘爪切刀にて切れば、美しき男中より走り出でて、この娘と契りを結び云々、男語りけるは、われ誠は海竜王にて、空にも通う事あり、このほどまた登るべし、いいきかせて空に昇りけり、しかるに姉娘たずね来り、男の遺しおきたる、唐櫃を開かしめしに、煙昇りしのみ、三七日を過ぎたれども、天稚彦来らず、かの娘京の女のもとに到り一夜杓を借りて空に昇り、途にて箒星等に路を尋ねて、天稚彦のもとに至る。天稚彦の父は鬼なりけるが、この娘を苦しめけり。やがて己が家へつれて行きて日に千匹の牛を畜わしめて、昼は野へ出し夜は牛屋へ入れこむ。天稚彦が己が衣の袖を解きて与え「天稚彦の袖、天稚彦の袖」といいて振らしめければ、ことなく仕遂たり。さらにかの娘を蜈蚣の倉または蛇の城へ入れしが、いずれもかの袖を振りしによりて、蜈蚣も蛇も向う事なし。今はなさん術もなく鬼も許して逢わんこと、月に一度ぞといいけるに、娘聞違えて年に一度と仰せらるるかといえば、さらば年に一度ぞとて瓜を投げうちたるが、天の川となりて七夕、ひこ星とて年に一度七月七日に逢うこととなりけりという物語なり。

この物語の作者が牽牛織女の伝説とこの神婚説話とを結合せんとして、苦心した跡は歴然と見えているけれども、「間違え」の「モーチーフ」はすこぶる拙なりと評したい。この草子の外に「天稚彦物語」という草子がある。内大臣の女夢中に「七夕のあめわかみこ」という天人と契って生んだ子が、五歳の時の七夕の日に天稚彦に迎えられて上天し、やがてその世継となり、姫は後に入内して皇后となるというのがその内容である。明暦の刊本「七夕」は、この草子の焼直しだといわれている。

同名の二個の草子の中で、前者の絵は土佐広周、詞書は後小松帝の宸翰だという説ははなはだ受取がたい。前者の内容に関しての従来の国学者の意見は全く間違っている。やはりこれは野々口氏が、先年論じたようにギリシヤ伝説の翻案だと見る方が、正当である、箒星などのことは、天文説話らしく見せるための工夫であるけれども、千匹の牛を飼う云々の一条は、決して牽牛の牛の字から出たばかりでなく、本源のギリシヤ伝説には見えないとしても、他の西洋伝説にしばしば見える話である。千匹の牛は取りもなおさず、暗夜の空に見える無数の星群である。この点から見てもこの草子は全体において西洋伝説の翻案であるといえよう。外に牛に関した一条が、外国から伝来したものであるという、事実によって前に掲げた帰納的結論の第三条の材料となるのである。

この物語に見える種々の難題は、大国主命の伝説に見える蛇の室屋、蜂、蜈蚣の室屋を連想せしめ、さらに牛若丸の島渡りの伝説を連想せしめる。この伝説もやはり「求婚説話」として同一の系統に属しているが、その中には、牛のことは出ていない。けれども、主人公の牛若丸の「牛」の文字が、偶然にもこの求婚説話の英雄の名称中に含まれているのがすこぶる面白く感ぜられる。これらの伝説がことごとく外国伝来のものであるや否やは、「外国伝来」の文字の意味いかんによって、大いに議論のあることであるけれども、「天稚彦物語」の内容だけは少くとも西洋伝説の翻案である。したがって後小松帝の宸翰云々の一条は、すこぶる信じがたいといわねばならぬ。

この文の起草者は昨年の元旦において、明治四十五年は日本における神話伝説研究が大いに発展すべき年であると予言しておいたが、不幸にして種々の偶然の事情はこの予言の実現を妨げた。一度失敗した上は、いままたさらに同様の予言を繰返すの愚をなさぬけれども、衷心の希望はいまも昔も異ならぬのである。もし愚説が幾分にてもこの種の研究に寄与することをなし得たとすれば、ひとり起草者の幸福のみではない。

補遺

「牛の神話伝説」について、香取秀真氏から年始の葉書をもって、東大寺造立供養記に、

平宗盛の牛、自然に出来《うまれ》る。

形体殊好、勢力無レ並……実是牛王也、非二普通牛一、又有二貴徳一也、瘧病者、祈二禱

其牛一即平癒、十余年後斃、為レ之築レ墓立二卒都婆一、以二其皮一張二太鼓一、云二生時一云二死皮一、傍叶二寺用一也、

訳註・形体殊に好にして、勢力並びなし……実に是れ牛の王也、普通の牛にはあらず、又貴徳有る也、瘧病の者、其の牛に祈禱すれば即ち平癒す、十余年の後斃る、之がために墓を築き卒都婆を立て、其の皮を以って太鼓に張り、生時を云い死皮を云い、傍ら寺用に叶える也。……

このこと続東大寺要録にも見えたる様覚えおり候、御承知のことと存じ候も、気がつき候まま申しまいらせ候、といってきた。また引続いて、紀州の南方熊楠氏からも、同じく葉書をもって、先月二十四日「日本及日本人」新年号到着、小生貴下の牛の伝説を補うつもりにて、二十五日葉書を政教社へ寄せ候、その略は、高木君の一篇に、「ヤマ」（焔魔）が水牛に乗ることを書き漏らされたり、また真言の燄曼徳迦《ヤマンタカ》忿怒尊（大威徳明王）は焔魔を眷属とす（この明王、牛に乗りてあらわれしより牛滝山と名づくる地本邦にあり）、この明王また青牛に乗る（その相をあぐ）、これも「ヤマ」より化生してできしものならん云々、また牛に牽かれて善光寺詣りの話（小生は三国伝記を見しことなし、新沙石集か続沙石集にて見候）の原話らしきものは、仏経（いまちょっと名を忘る）に、釈迦如来舎衛《しゃえ》郊外毘富羅山《びふらせん》にて説法の時、城内の地より美なる花を生じ、瓶沙王の諸采女これを採らんとするに、手に近く空中に浮きながら採れず、飛んでくだんの山に赴くを諸采女追うて仏

前に詣り、仏ために説法して諸女得道、女身を転じて男身を獲、花に引かれて如来参りともいうべき話なり云々、といって来た。

ここに両君に感謝の意を表し、書き漏らしたことを少しく補っておく。牛に牽かれて善光寺詣りの本源は、「三国伝記」を引くまでもなく、「今昔物語」震旦の部（巻七震旦予州神母聞般若生天語第三）にも出ている。また牛の勝負のことの原話は、仏典（「四分律蔵」「法苑珠林」引用）に出ている。「今昔物語」（巻四）の話は、これを翻訳したもので、「奇異雑談」はこれを翻案したのである。

次に「今昔物語」の巻二十（国書刊行会本）に悪業によって牛に生れた話が三つほど（武蔵国大伴赤麿依二悪業一受二牛身一語、紀伊国名草郡人造二悪業一受二牛身一語、延興寺僧恵勝依二悪業一受二牛身一語）出ているが、その牛に生れて来た原因は、すべて借りたものを返さなかった罪である。一塵の物なりといえども、借用せし物をたしかに返すべきなり返さずして、死ぬれば、必ず畜生となってこれを償うなり、といってあるが、その原文とも見るべきは、「法苑珠林」（巻五十七債負篇引証部第二）に引いてある、若人負レ債不レ償、堕二牛羊麞鹿驢馬等中一、償二其宿債一などの句である。なおこの書のこの部には、仏典その他から、似たような話が六つばかりあげてあるが、たいてい「今昔物語」の天竺の部と震旦の部に訳されている。

牛と仏教と縁の深いことは、これでいよいよ明らかになってきたようであるが、牛頭天王の「牛」の字も、中古来の縁起物語では、幾分の意味を持っているように思われる。素盞嗚尊を牛頭天王と混同して、疫癘予防平癒の神にしてしまったのは、何かの因縁がなくてはなるまい。天満宮の牛のことについては、一言のべておいたが、なお東京小石川の牛天神の縁起によると、頼朝の夢に菅神が牛に乗って現われ、武運長久を予言する。またこの社の絵馬をかりて家内に信仰する者は、かつての疱瘡の難がない（江戸志）ともいってある。天満宮が疱瘡の神だというのは、牛頭天王の信仰から起って来たものと見てよかろう。隅田河畔の牛島神社もやはり牛頭天王を祭るのであるが、その縁起には、素盞嗚尊が老翁の姿となって現われたことや、八万四千の眷属を従えて疫癘疱瘡の類を除かんとの神託のあったことなどが見えている。

上野国新田郡藪塚村の東北に牛之塔という石塔があるが、むかし仏像を牛に負わせて来る途中で牛が倒れて死んだので、その地に牛を埋め供養のために建てたのだといい伝えてある。また越前国大野郡薬師谷の薬師堂の縁起を尋ねると、むかし猿倉村の土民が夢の告によって、薬師の像を掘出して尊敬していた。北の方の杉森に堂を建てよとの夢のお告があったので、その通りにすると、また三度目に夢を見た。この谷間から牛が一疋出るから、その牛に乗って行け、必ず幸福あるべし、とのことであったので、そこへ行って見ると、果して牛が出た。乗って行くと、近江国加茂の里まで来て、牛がある井の水を飲んで動かない。不審に思って試みに飲んで見ると、酒であった。この酒を売って、この男は富を致し、加茂長者と呼ばれるに至った。今でも牛の出た谷を牛ヶ谷というと、「越前絵図記」に出ているそうであるが、(日本名勝図誌第五篇若越宝鑑)宗教的縁起伝説と長者伝説を結合しているところが、この話の特色である。なお同国足羽郡にも酒によって富を得た長者の伝説がある。酒と長者の関係は、比治沼伝説以来ずいぶん古い歴史を持っている。牛に誘われて穴に入った僧の話が「今昔物語」の天竺の部に出ているが、この話はその性質からいっても、牛の神話伝説の範囲に属すべきものではないし、かつ「今昔物語」の研究上すこぶる面白い事実を説明するの材料であるから、別に題を改めて詳細を述べようと思う。

日本古代の山岳説話

序

動物説話、植物説話、あるいは天文説話などの名目は、やや久しい以前から説話学者がしばしば用いたもので、その意義もかなり明らかに確定しておるが、山岳説話というのは、われわれの記憶するところでは、これまでほとんど用いられたことのない新しい名目である。かような新しい名目を作るのは、あるいはよろしくないとの説があるかもしれぬ。しかしながら、動物説話という言葉にせよ、植物説話という文字にせよ、ただしはまた、天文説話という名目も決して純粋の学説上からばかり生じたものではない。いわば、説話学者が、動物に関し、植物に関し、また天文に関して、ある種の説話の存在を認めたから生じたのである。われわれの山岳説話もやはり同様である。日本古代の記録に、山岳に関して、一種の説話が記載せられており、そしてこれらの説話が、外の名目の下に外の説話と一括して論ずるにはいささか不都合であるほど一種特別の性質を具えておるということの認識が、すなわちこの新しい名目の作られたおもな原因であるので、何も新を好み奇を立てるというわけでは少しもない。

われわれが日本古代の記録において発見したのと同様あるいは類似の山岳説話が、今日でもなお諸所の国民説話の中に発見することができるということは、われわれの堅く信ずるところで、現に一つ二つの例をばわれわれは所有しておる。しかしながら、これらは、広く材料を蒐集した上で別に論ずべきものとして、ここにはただ、古代の記録に見えておるもののみについて少しく述ぶるつもりである。

まず、本論に入る前に、ここに簡単に述べたいのは、

イ、山岳は天才の表象

ロ、登山の風習は太古の国俗

ハ、山岳神性の信仰の存在

この三件である。山とは何であるか読んで字のごとしではなく、見て字のごとしで、支那象形文字は、この山という文字において、山の性質をばまことによく示しておる。山はすなわち、中高いもの、水平線以上に突起するものである。天文学者は、地球は円いとか、平かであるとか、いうておるが、人間の眼から見ると、地面は高低凹凸千態万状、非常に

変化多く、そして非常に趣味に富んでおる。そしてこの変化この趣味によって生ずるゆえんを求むれば、いうまでもなく、主として山岳である。すなわち山岳は自然界において、形の上の変化の原因で、社会の進歩、人文の開発は、この変化複雑に負う所、きわめて大きいので、もし地球表面のすべての凸起を削り去って、海中に投じたならば、社会の進歩、人文の開発はおろか、将来においての人類存在の可能さえ疑われる。同様の観察は、人間界においても、試みることができる。

耳で聞いては非常に愉快に感ずるも、実際においてはほとんどわけの分らぬ文字の好適例は、『平等』である。キリスト教は、人間は神の創造物で、万人皆神の子、万人ことごとく平等であると説き、仏は一切衆生平等と教え、支那流の口調に従えば、君子小人の別、賢愚の差は、学ぶと学ばざるとのいたすところで、いずれも平等の説を立てておるが、世の中にこれほど大胆な嘘はない。生れながら、人間の容貌、躰軀の健不健、長短軽重、智的才能の敏捷遅鈍、性質の善悪、趣味の高下、すべて万人万別で、教育といい学問というも、要するに一種の補助的作用に過ぎないので、天性の愚鈍偏僻邪曲は、とうていこれをいかんともすることはできないのである。社会の万事は、すべて天才に依頼するので、われわれ天才論の見地から見れば、平等主義は、崐崙《こんろん》山を毀ちて、渤海を埋め、南の新高山を倒して、北の方タスカロラを平坦にせんと欲するもの、ギリシヤ説話のいわゆるプロクルステスの寝台はその武器である。

かくのごとく、自然界においての山岳は、人間界においての天才の表象である。社会における天才崇拝、すなわち英雄崇拝、自然宗教時代における山岳崇拝と相対応しておる。山岳の崇拝は当然山岳神性の信仰を予定せねばならぬ。

比較宗教学は、その宗教発達篇において、地上においては、山岳、河海、樹木などが、太古自然教の崇拝の対象であったと論じておる。もちろんこれは、民族によって、多少の相違もあり、その精細な点においては、学者の意見も必ずしも常に一致してはおらぬが、山岳が、原始時代の人民の想像力の上に与えた感化の著大であったことは、拒むべからざる事実であるので、一つにはまた、深林や山岳などは、神の常住の居所として、あるいは集会の場所として、聖地となっていたこと、これはすべての国民の民間信仰を通じて十分に証明せられておる。したがってまた、この点からして山岳そのものが、神聖視せらるるに至るのは当然の結果である。古代の記録は、この点に関しても、多少の材料を具えておる。大木に関して、風土記その他の文書が伝えておる多くの説話は、樹木説話の領分に属すべきものとしてしばらくここで論ぜぬことにして、その他の方面を探査すれば、暴風帯に位する島嶼国当然の結果として、『古事記』須佐之男命天上りの段は、実に壮麗雄大な筆をもって暴風の猛烈を描写しておる。これらを外にしては、日本古代の文学中、自然に関する雄大の文字はたいてい山岳描叙もしくは讃美の辞である。

『仙覚万葉鈔』巻の三に、

肥前国土記曰、杵島郡、県南二里、有二一孤山一、従レ坤指レ艮、三峯相連、是名曰二杵島一、坤者曰二比古神一、中者曰二比売神一、艮者曰二御子神一、

訳註・肥前国土記に曰く、「杵島郡、県の南のかた二里に、一つの孤山有りて坤（西南）より艮（東北）を指し、三つの峯相い連なる。是を名づけて『杵島』と曰う。坤は比古（彦）神と曰い、中は比売（媛）神と曰い、艮は御子神と曰う。」と。……

例の『釈日本紀』に引かれておる肥後の阿蘇山に関する風土記の文は、われわれの名山を形容して、まことにいかんなしと、評すべきである。

筑紫国風土記曰、肥後国閼宗県、県坤二十余里、有二一禿山一、曰二閼宗岳一、頂有二霊沼一、石壁為レ垣、計可二縦五十丈、横百丈、深或二十丈、或十五丈一、清潭百尋、鋪二白緑一而為レ質、彩二浪五色一、絚二黄金一以分レ間、天下霊奇出二茲華一矣、時時水満従レ南溢流、入二于白川一、衆魚酔死、土人号曰二苦水一、其岳之為レ勢也、中レ天而傑峙、包二四県一而開レ基、触レ石興レ雲、為二五岳之最首一、濫觴分水、寔群川之巨源、大徳巍巍、諒人間之有一、奇形杳杳、伊天下之無双、居在二地心一、故曰二中岳一、所謂閼宗神宮是也、

訳註・筑紫《つくし》の風土記《ふどき》に曰《い》わく、肥後《ひのみちのしり》の国閼宗《あそ》の県《あがた》。県《あがた》の坤《ひつじさる》のかた二十余里《さと》に一つの禿《あかはだか》なる山あり。閼宗《あそ》の岳《たけ》と曰《い》う。頂に霊《あや》しき沼あり。石壁《いわかべ》、垣《かき》を為《な》す。縦は五十丈《つえ》、横は百丈ばかり、深さは、或《ある》は二十丈、或は十五丈なり。清《きよ》き潭《ふち》は百尋《ももひろ》にして、白緑《ひやくろく》を鋪《し》きて質《そこ》と為す。浪を五の色《いろ》に彩えて、黄金《こがね》を絚《は》えて間を分つ。天《あめ》の下の霊奇《くしび》

なるもの、茲に華と出でつ。時々水満《み》ち、南より溢《あふ》れ流れて白川に入れば、衆の魚《うお》酔いて死ぬ。土人《くにひと》、苦水と号《なづ》く。其の岳《やま》の勢《かたち》たるや、天《あめ》に中《あた》りて傑峙《そばだ》ち、四の県を包《か》ねて基《もと》を開く。石《いわ》に触《そ》いて興《おこ》る雲は、五の岳《やま》の最首《かしら》と為り、觴《さかずき》を濫《うか》べて分るる水は、寔《これ》、群《もろもろ》の川《かわ》の巨《おお》き源なり。大き徳《いきおい》は巍々《たか》く、諒《まこと》に人間《ひとのよ》に有一《ただひとつ》あり。奇《めずら》しき形は杳杳《はろ》けく、伊《これ》、天《あめ》の下に双《ふたつ》なし。地《くに》の心《もなか》に居住《お》れるが故《ゆえ》に中岳《なかだけ》と曰《い》う。謂《い》わゆる閼宗《あそ》の神宮《かむつみや》、是なり。

『常陸風土記』に、筑波山のことを、

夫筑波岳、高秀㆓於雲㆒、最長西峯崢嶸、謂㆓之雄神㆒、不㆑令㆓登臨㆒、但東峰四方磐石、昇降峡屹、謂㆓之雌神㆒、

と載せ、『万葉集』巻の三に、

丹比真人国人作歌

鶏之鳴、東国爾、高山者、左波爾難有、明神之、貴山之、儕立之、見杲石山跡、神代従、人之言嗣、国見為、筑波之山矣

訳註・〔丹比真人国人作歌〕〔これは長歌の冒頭のみを示しています〕〔登筑波岳丹比真人国人作歌の一首の内〕鶏《とり》が鳴く、東《あずま》の国に、高山《たかやま》は、さは〔多くの意〕にあれども、明神の〔二《ふた》神の、の意〕、貴き山の、並《な》み立ちの、見が欲《ほ》し山と、神代より、人の言いつぎ、国見する、筑羽《つくば》の山を、〔冬ごもり、時じき時と、見ずて行かば、ま

して恋しみ、雪消する、山道すらを、なずみぞ吾が来し）……

富士山のことを詠じたのは、同じく巻の三に見ゆる、山部赤人の歌が、おそらく第一である。

山部赤人望二不二山一歌

（山部宿弥赤人望不尽山歌一首幷短歌）

天地之、分時従、神左備而、高貴寸、駿河有、布士能高嶺乎、天原、振放見者、度日之、陰毛隠比、照月乃、光毛不見、白雲母、伊去波伐加利、時自久曾、雪者落家留、語告、言継将往、不尽能高嶺者、

奈麻余美乃、甲斐乃国、打縁流、駿河能国与、己知其智乃、国之三中従、出立有、不尽能高嶺者、天雲毛、伊去波伐加利、飛鳥母、翔毛不上、燎火乎、雪以滅、落雪乎、火用消通都、言不得、名不知、霊母、座神香聞、石花海跡、名付而有毛、彼山之、堤有海曾、不尽河跡、人乃渡毛、其山之、水之当烏、日本之、山跡国乃、鎮十方、座神可聞、宝十方、成有山可聞、駿河有、不尽能高峯者、雖見不飽香聞、

訳註・天地《あめつち》の分れし時ゆ、神《かむ》さびて、高く貴き、駿河《するが》なる、布士《ふじ》の高嶺《たかね》を、天《あま》の原、ふり放《さ》け見れば、渡る日の、影も隠《かく》ろい、照る月の、光も見えず、白雲《しらくも》も、い行き憚《はばか》り、時じくぞ、雪は降りける、語り告《つ》ぎ〔告は継の借字〕、言い継ぎ行かむ、不尽《ふじ》の高嶺は。

なまよみの〔これは枕詞〕、甲斐の国、打ち寄する、駿河の国と、こちごちの〔彼方此方というに同じ〕、国のみ中《なか》ゆ〔み中は真中に同じ〕、出で立てる、不尽の高嶺は、天雲《あまぐも》も、い行き憚り、飛ぶ鳥も、翔《と》びも上《のぼ》らず、燎《も》ゆる火を、雪もて消《け》ち、降る雪を、火もて消ちつつ言いもかね、名づけも知らに、霊《くす》しくも、坐《いま》す神かも、石花《せ》の海と、名づけてあるも、その山の、包める海ぞ、不尽《ふじ》河と、人の渡るも、その山の、水のたぎちぞ、日の本の、やまとの国の、鎮めとも、坐《いま》す神かも、宝とも、なれる山かも、駿河なる、不尽の、高嶺《ね》は、見れど飽かぬかも。……

山岳神性の信仰の存在は、別に多くの例を挙ぐるまでもなく、以上の例証で十分明らかである。この信仰を有したわれわれの祖先は、外囲の自然とごく親密な関係をもって、その生涯を送ったこと、登山の風習は、当時の国俗であったこと、このことは日本古代の風俗史上、特に注意を要すべき件である。精密に考証するにもおよばぬ、次にあぐる二つの引証は、あらゆる疑いを遠ざくるに、十分であると信ずる。その一つは、『常陸風土記』筑波の様で、いま一つは、『肥前国風土記』杵島郡の条に見えておる。

夫筑波岳、高秀于雲、最頂西峯崢嶸、謂㆓之雄神㆒不㆑令㆓登臨㆒、但東峯四方磐石、昇降峡屹、謂㆓之雌神㆒、其側流泉、冬夏不㆑絶、自㆑坂以東諸国男女、春花開時、秋葉黄節、相携駢闐、飲食齎賚、騎歩登臨、遊楽栖遅、其唱曰、

都久波尼爾、阿波牟等伊比志、古波、多賀已等岐気波、加弥尼阿須波気牟也、

都久波尼爾、伊保利弖、都麻奈志爾、和我尼牟欲呂波、波夜母阿気奴賀母也、
詠歌甚多、不レ勝二載車一、俗諺曰、筑波峯之会、不レ得二娉財一者、児女不レ為矣、

県南二里、有二一孤山一、従レ坤指レ艮、三峯相連、是名曰二杵島一、坤者曰二比古神一、中者曰二比売神一、艮者曰二御子神一、一名軍神、動則兵興矣、郷閭士女、提レ酒抱レ琴、毎歳春秋、携レ手登望、楽飲歌舞、曲尽而帰、歌詞曰、

阿羅礼符縷、耆資麼加多慍塢、嵯峨紫弥刀、区縒刀理我称氏、伊謀我提嗚刀縷、是杵嶋曲、

訳註・それ筑波岳《つくばやま》は、高く雲に秀《ひい》で、最頂《いただき》は西の峯崢《みねさか》しく嶸《たか》く、雄《お》の神と謂《い》いて登臨《のぼ》らしめず。唯《ただ》、東《ひむがし》の峯《みね》は四方《よも》磐石《いわお》にして、昇《のぼ》り降《くだ》りは峡《けわ》しく屹《そばだ》てるも、其の側《かたわら》に泉流れて冬も夏も絶えず。坂《さか》より東《ひむがし》の諸国《くにぐに》の男女、春の花の開《ひら》くる時、秋の葉《は》の黄《もみ》ずる節《おり》、相携《たずさ》い駢闐《つらな》り、飲食《おしもの》を齎賚《もちき》て、騎《うま》にも歩《かち》にも登臨《のぼ》り、遊楽《たの》しみ栖遅《あそ》ぶ。其の唱《うた》にいわく、

筑波嶺《つくばね》に　逢《あ》わんと
いいし子《こ》は　誰《た》が言《こと》聞けば
神嶺《かみね》　あすばけむ。
筑波嶺に　廬《いお》りて

妻《つま》なしに　我《わ》が寝《ね》ん夜《よ》ろは
　早《は》やも　明《あ》けぬかも。

詠《うた》える歌甚多《うたいとおお》くして載車《のす》るに勝《た》えず。俗《くにひと》の諺《ことわざ》にいわく、筑波嶺の会《つどい》に娉《つまどい》の財《たから》を得ざれば、児女《むすめ》とせずといえり。

県《あがた》の南二里《さと》に一孤山《ひとつやま》あり。坤《ひつじさる》のかたより艮《うしとら》のかたを指《さ》して、三つの峯相連《みねあいつら》なる。是《こ》を名づけて杵島《きしま》と曰う。坤《ひつじさる》のかたなるは比古神《ひこがみ》と曰《い》い、中《なか》なるは比売神《ひめがみ》と曰い、艮《うしとら》のかたなるは御子神《みこがみ》、一《また》の名は軍神《いくさがみ》。動《うご》けば則《すなわ》ち兵興《いくさおこ》ると曰う。郷閭《むらざと》の士女《おとこおみな》、酒《さけ》を提《たずさ》え琴《こと》を抱《いだ》きて、歳毎《としごと》の春と秋に、手を携《たずさ》えて登り望《みさ》け、楽飲《さけの》み歌い舞《ま》いて、曲尽《うたつ》きて帰る。歌の詞に云《い》わく、

あられふる　杵島《きしま》が岳《たけ》を　峻《さか》しみと
草採《と》りかねて　妹《いも》が手を執《と》る。是《こ》は杵島曲《きしまぶり》なり。

まことに快活で、そして自然的の俗である。聡明なる読者は、この二つの例が、全国民の風習を示しておるということを必ず推測するであろう。

本　論

本論において、論ずべき事項はほぼ次の通りである。

イ、山岳天上起原説話

ロ、富士山

ハ、純山岳説話

ニ、説明説話

ホ、世界大拡布説話

日本古代の山岳説話において、特別一種の伝説は、山が天から降った、という伝えである。『万葉集』に見える歌の冠詞の中に、『あもりつく』というのがある。あもりつくは、すなわち天降り著くで、天から降って、地に著いたという義であると解釈せられておる。その中で、もっともおもなものは、天之香山であって、『天降付天之香山』あるいはまた『天降就神乃香山』などと詠じてある。『あめの』というは、日本神話がもっとも多く用いておる形容言であって、われわれの見地から判断すれば、要するに地上界に対する天上界、人間界に対する諸神界、その中に座す神たち、その付属物、その他の万事万物を、尊厳にし神聖にするための一個の形容言、一個の修辞的付加言たるにすぎないのである。天之何何之神といい、天之安河といい、天之岩戸といい、天之香山といい、天之堅石、天之金山、天之波士弓、天之加久矢、天の詔琴、天の逆手、天つ石樟船、天の八十毘良迦など、その例はほとんど無数であるが、その意義においてはいずれも同じである。いずれも一個の付加言であって、決して、その起原、その存在の場所を示すものではない。日本神話の神山、天之香山の名と、大和国のある一つの山とが、その名称を同じくしておる。これは、神話中の名称が、実際の山名に変じたのであるか、あるいは反対に、山名が神話に入ったのであるか。この点に関しては、今日から明確な答をすることははなはだ困難であるが、ともかくも、地上の山名と神話中の山名とが一致しておるので、後世この『あめの』という付加言をば、山の起原を示す言葉であると、文字通りに解釈した結果、右の説話を生じたものと説明せねばならぬ。

この解釈、すなわちいわゆる一種の民俗語源論が本になって、古歌に見ゆる冠詞も生じ、右の伝説も生じたのである。天之香山の天上起原説話に関しては、この説明は正当である。否、必要である。しかしながら、一般に山岳の天上起原説に関しては、もしかような説が存するとすれば、必ずしもこの説明を用いずとも、別に簡単な説明法がないのではない。すでに、天上界の存在を信ずる以上は、天上界と地上界との連絡、交通、接触等の関係も、したがって信ぜられるべきである。あるいは神が天から降りたとか、あるいは人が天から移住したとか、あるいは宝が天から伝わった、などという説話の生ずるのは、もとより当然の現象で、不思議に見ゆる物、神聖に思われる物に関して、その物の天上起原説の生ずるのは、容易に了解し得べきことである。ただし、日本古代の山岳天上起原説話は、すべて、天之香山から生じたので、『神代口訣』に見ゆるのも、『釈日本紀』に見ゆるのも、

『仙覚万葉鈔』に見ゆるのも、すべて、一個の説話圏に属するものである。これは別にくわしくいうまでもなく、次に掲ぐる三書の本文が、自ら証明しておる。

風土記、天上有レ山、分而堕レ地、一片為二伊予国之天山一、一片為二大和国香山一、

訳註・風土記に、天上に山有り。分れて地に堕ち、一片は伊予国の天山《あめやま》と為り、一片は大和国の香山《かぐやま》と為れり。

伊予国風土記曰、伊予郡、自二郡家一以東北在二天山一、所レ名二天山一由者、倭在二天加具山一、自レ天降時、二分而、以二片端一者、天二降於倭国一、以二片端一者、天二降於此土一、因謂二天山一本也、其御影敬礼奉二久米寺一、

訳註・伊予の国の風土記に曰わく、伊予の郡。郡家《こおりのみやけ》より東北《うしとら》のかたに天山《あめやま》あり。天山と名づくる由《ゆえ》は、倭《やまと》に天加具山《あめのかぐやま》あり。天《あめ》より天降《あも》りし時、二つに分れて、片端は倭の国に天降《あまくだ》り、片端は此の土《くに》に天降りき。因りて天山《あめ》と謂う。本《ことのもと》なり。(其の御《み》影《かげ》を敬礼《いやま》いて、久米寺《くめでら》に奉《まつ》れり。)

阿波の風土記のごときは、空より降りたる山の、大きなるは、阿波国に降りたるを、あまのり山といい、その山のくだけて、大和にふりつきたるを、あまのかく山というとなん申す、

美濃国の喪山が、天から堕ちたというのも、やはり同様の説明法を応用すべきである。

民俗語源論発生の一個の契機が、言語文字の形式に存することは、香山の例においても

すでに明かであるが、われわれはこのことをなお一層明にするために、ここにいま一つの例を掲ぐる。駿河なる三国一の名山の名称の、真の意義が何であるか、それが日本語であるか、アイヌ語であるか、これらのことには一切関係なしに、富士と不死と、国音相類しておるという処から、支那神仙説の趣を学んで、赫夜姫が天に登った跡で、時の帝が不死の霊薬を富士山巓に燃かれたという説話が作為せられた。この説話は、『竹取物語』、『富士山縁起』その他を経て、謡曲『富士山』に至って次の形式を取った。

昔し鶯の卵化して少女となりしを、時の帝の皇女に召されしに、時至りたるか、天にあがり給いし時、かたみの鏡に不死の薬を添えて置き給いしを、後日富士の嶽にして、その薬を燃きしより、富士の煙は立しなり、皇女に備わりて、鏡に不死の薬を添えつつ別るる天の羽衣の、雲路に立ち帰って、神となり給えり。帝その後、かくや姫の教えに随って、富士の高嶺の上にして、不死の薬を焼き給えば、煙は万天に立ち登って、雲霞風に薫じつつ、日月星宿もさながら、あらぬ光りをなすとかや。

山岳天上起原説話も、もとより一種の山岳説話には相違ないのであるが、ただこればかりでは別に山岳説話の名目を立つるにはおよばぬ。われわれは、この新しい名目を正当ならしむるために、なお他の説話を掲げねばならぬ。すなわち厳密なる意義においての山岳説話、山岳が十分に人格化してその中に現われておること、ちょうど動物説話の様である説話を掲げねばならぬ、有名な大和の三山説話は、その第一例である。

『万葉集』巻の一に、

中大兄三山歌一首

高山波、雲根火雄男志等、耳梨与、相諍競伎、神代従、如此爾有良之、古昔母、然爾有許曾、虚蟬毛、嬬乎相格良思吉、

反　歌

高山与、耳梨山与、相之時、立見爾来之、伊奈美国波良、

訳註・香具山は〔高山〕、畝傍《うねび》を愛《お》しと、耳成《みみなし》と、相争いき、神代より、斯くなるらし、古《いにしえ》も、然《しか》なれこそ、現身《うつせみ》も、妻を、争うらしき

〔反　歌〕

香具山と、耳成山と、闘《あ》いし時、立ちて見に来《こ》し、印南国原《いなみくにはら》、……

『仙覚万葉鈔』に、

三山者、畝火、香山、耳梨山也、見二風土記一、

播磨風土記云、出雲国阿菩大神、聞二大和国畝火、香山、耳梨三山相闘一、此欲二諌止一、上来之時、到二於此処一、之聞二闘止一、覆二其所レ乗之船一而座之、故号二神阜一、阜形似レ覆、

訳註・三山とは、畝火《うねび》、香山《かぐやま》、耳梨《みみなし》山也。風土記に見ゆ。

播磨《はりま》風土記に云く、出雲《いずも》の国の阿菩大神は、大和《やまと》の国にて畝火、香山、耳梨の三山が相い闘うと聞き、此《ここ》に諌《いさ》め止めんと欲し、上り来りし時、此の処〔播磨〕に到れるに、

乃ち闘い止めりと聞きたれば、其の乗りし所の船を覆《くつが》えして之に座しぬ。故に神の阜《おか》と号《なづ》く。阜《おか》の形は〔船の〕覆えりし〔姿〕に似たり。……

これによって見ると、畝火山と耳梨山と、たがいに香山をば争ったのである。その結果は、畝火山がまけて、香山と耳梨山と逢う事になった。出雲の阿菩大神が、これを聞て、この喧嘩を仲裁しようと思って、播磨までこられた。ただそれだけであって、それだけの材料より伝わっておらぬのであれば、とうていくわしい事は知ることができぬ、判断するわけにいかぬ。ただこの伝えのごく古くから、存していたことと争いの原因は、男女間の恋愛であったことだけは明かである。ただし香山が女で他の二山が男であるか、あるいは男の香山が、二つの女山から、争われたのであるか、それは疑問であるので、われわれはこの説話については、古代民間風習の反射である、というより外には、説明の方法をしらぬ。妻争いということは、古代の記録にしばしば見えておる。『古事記』神代巻に、大国主神が、その八十兄弟と、稲羽の八上比売を争われた話が見え、同じく明宮の段には、秋山之下冰壮夫と春山之霞壮夫が、兄弟の間に、一人の女伊豆志袁登売を争った話がある。

ふたたび『万葉集』を繙けば、その第十六の巻に、次の説話が記してある。

二壮士誂㆓娘子㆒、遂嫌㆑適㆓壮士㆒、入㆓林中㆒死時、各陳㆓心緒㆒作歌、

昔者有㆓娘子㆒、字曰㆓桜児㆒也、于㆑時有㆓二壮士㆒、共誂㆓此娘㆒而捐㆑生格競、貪㆑死相敵、於㆑是娘子歔欷曰、従㆑古来㆓于今㆒、未㆑聞未㆑見、一女之身、往適㆓二門㆒矣、方今壮士

之意、有レ難二和平一、不レ如妾死、相害永息、爾乃尋二入林中一、懸レ樹経死、其両壮士、
不レ敢二哀慟一、血泣漣レ襟、各陳二心緒一作歌、二首、

春去者、挿頭爾将為跡、我念之、桜花者、散去流香聞、

妹之名爾、繋有桜、花開者、常哉将恋、弥年之羽爾、

或曰、昔有二三男一、同娉二一女一也、娘子嘆息曰、一女之身、易レ滅如レ露、三雄之志、難レ平如レ石、遂乃彷二徨池上一、沈二没水底一、於レ時其壮士等、不レ勝二哀頽之至一、各陳二所心一、作歌三首　娘子字曰二鬘子一、也

無耳之、池羊蹄恨之、吾妹子之、来乍潜者、水波将涸、

足曳之、山縵之児、今日往跡、吾爾告世婆、還来麻之乎、

足曳之、山縵之児、如今日、何隅乎、見管来爾塩

訳註・昔《むかし》〔者〕、娘子有りて、字を桜児《さくらこ》と曰う〔也〕。時に二りの壮士有りて、共に此の娘を誂《いど》む。生を捐《す》てて格競《あらそい》、死を貪《むさぼ》りて相い敵す。是《ここ》に於て娘子歔欷《なげき》て曰く、『古えより今に来《いた》るまで、未だ聞かず未だ見ず、一りの女の身にして二門に往適《ゆ》くことを。方今《いま》、壮士の意、和平なり難きもの有り、如《し》かじ、妾《われ》死して、相い害《そこな》うこと永く息《や》めんには』と。爾乃《すなわち》林の中に尋ね入りて、樹に懸《かか》りて経《わなき》て死せり（縊死に同じ）。両《ふた》りの壮士は哀慟するに敢《た》えず。血の泣《なみだ》襟に漣《したた》る。各々心緒を陳べて作れる歌二首。

春さらば、挿頭《かざし》にせんと、我が思いし、桜の花は、散りにけるかも。

妹《いも》が名に、かかせる桜、花咲かば、常にや恋いむ、いや年のはに。

或るひと曰く、『昔、三たりの男有りて一りの女を娉《つまど》う〔也〕。娘子嘆息して曰く〈一りの女の身、滅《き》え易きこと露の如く、三たりの雄《おのこ》の志《こころ》、平らぎ難きこと石の如し〉と。遂に乃ち池の上《ほとり》に彷徨《さまよ》い、水の底に沈没《しずみ》き。時に其の壮士等、哀頽《かなしみくずれる》の至りに勝《た》えず、各々所心を陳べて作れる歌三首、

耳無《みみなし》の、池し恨めし、吾妹子《わぎもこ》が、来つつ潜《かず》かば、水は涸れなむ。

足曳《あしびき》の、山かずらの児、今日ゆくと、我に告げせば、還り来《こ》ましを。

足曳の、山かずらの児、今日のごと、いずれの隈《くま》を、見つつ来にけむ。……

謡曲『三山』の作者は、かの三山説話と、この説話とによって、曲中に次の説話を作為しておる。そもそも大和の国三山の物語、世も古にならの葉や、かしわでの公成という人ありしに、またそのころ桂子桜子とて、二人の遊女ありしに、彼かしわでの公成に、契りをこめて、玉手箱、二道かくる、ささ蟹の、最も浅からぬ、思い夫の、月の夜まぜに、行き通う。住家は、畝火耳無山、里も二つの、采女のきぬ、花よ月よと、あらそいしに、男うつろう花心かの桜子に、なびきうつりて、耳無の里へは、来ざりけり。その時桂子、恨みわび、さては、われにはかわる世の夢もしばしの桜子に、心を染めて、こなたをば、忘れ忍ぶの軒の草、早や枯れがれに、なりぬるぞや。桂子思うよう、もとよりも、頼まれぬ、二道なれば、このままに、有り果つ可しと思いきや。そのうえ何事も、時にしたがう世の

ならい、さかりなる桜子に、うつる人をば、恨むまじ。われは花なき桂子の、身を知れば、春ながら、秋にならんもことわりや。さるほどに、起きもせず、寝もせで、夜半を明かしては、春のものとて、長雨降る、夕暮に立ち出でて、入相もつくづくと、南は香山や、西は畝火の山に咲く、桜子の里みれば、よそ目も花やかに、羨しくぞ覚ゆる。生きてよも、明日まで人のつらからじ。この夕暮を限りぞと、思い定めて、耳無山の池水の、淵にのぞみて影映る、名も月の桂の、緑の髪は、さながらに、池の玉藻の濡れ衣、身を投げ空しくなり果てて、この世には早やみなし山云々。

『帝王編年記』に見ゆる、近江国の夷服《いぶき》、浅井の二山が、高さを争うという説話と『常陸風土記』の筑波郡の条に見ゆる、富士と筑波の山岳説話は、ある点から見れば、ともに一種の説明説話である。古代の説話は、国土山川の形状や、動植物の形態に関して、好んで簡単なる説明を下しておる。これがすなわち説明説話である。試みに『播磨風土記』一篇を繙けば、この点に関して、幾多の趣味ある例証を発見することが出来る。神阜《かみをか》の形が、舟を覆した様になっているのは、昔出雲の阿菩大神が、三山の争を聞いて、ここまで来て、その乗られた船を覆えされたからである。稲置山が、稲を積んだ様な形をしているのは、大汝命と少日子根命とが、昔この山に、稲を積まれたからである。また、美奈志川に、少しも水の流れぬのを説明して、

伊和大神子、石竜比古命、与二妹石竜比売命一二神、相二競川水一、妹神欲レ流二於北方

越部村一、妹神欲レ流二南方泉村一、爾レ時妋神踰二東山岑一而流下之、妹神見レ之、以為二非レ理、即以二指櫛一塞二其流水一、而従二岑辺一闢レ溝流二於泉村一格、爾妋神復到二泉底之川一、流奪而将レ流二於西方桑原村一、於レ是妹神遂不レ許レ之、而作二密樋一、流二出於泉村之田頭一、由レ此川水絶而不レ流、

訳註・伊和《いわ》の大神《おおかみ》のみ子《ご》、石竜比古命《いわたつひこのみこと》と妹石竜比売命《いもいわたつひめのみこと》と二《ふた》はしらの神、川の水を相《あい》競《あらそ》いましき。妋《せ》の神は北の方越部《かたこしべ》の村に流さまく欲《おもお》し、妹《いも》の神は南の方泉《かたいずみ》の村《むら》に流さまく欲しき。その時、妋《せ》の神、山の岑を踰《ふ》みて流し下《くだ》したまいき。妹《いも》の神見て、非理《あじきなし》と為《おもお》し、即《やが》て指櫛《さしぐし》を以《も》ちて、其の流《なが》るる水を塞《せ》きて、岑《みね》の辺《へ》より溝《みぞ》を闢《ひら》きて、泉《いずみ》の村に流して、相格《あいあらそ》いたまいき。爾《ここ》に、妋《せ》の神、復《また》、泉《いずみ》の底《しり》に到《いた》り、川の流れを奪《うば》いて、西の方桑原《かたくわはら》の村《むら》に流さんとしたまいき。ここに、妹《いも》の神、遂《つい》に許《ゆる》さずして、密樋《したび》を作り、泉の村の田の頭《ほとり》に流し出《いだ》したまいき。此《これ》に由《よ》りて、川の水絶《た》えて流れず。……

といい、奪谷《うばいだに》の形が曲った葛の様であるのは、葦原志許乎命と天日槍命、二人でこの谷を奪い合った結果であると述べ、最後に託賀郡の中に、処々に沼のあるのは、昔巨人があって、南海から北海へ行き、東から巡って来て、ここを通ったときの蹈んだ足跡であると説明しておる。むかし、伊邪那岐命、天に通うために、大きな梯子を作り立てられたが、この神の眠っていられた間に、この梯子が仆れた。今日の天梯立は、すなわちこの仆れた梯子である。かように『丹後国風土記』は説明を下しておる。

いわゆる説明説話が、いかなる性質のものであるかは、以上の例証で十分明かに示されておる。説明説話は元来、その本来の性質において世界的である。われわれの山岳説話も、やはりこの種に属するのであるが、その中に名を出しておる山岳が、人格化しておるところは、三山説話と同様に特に研究者の注意すべき点である。

古老伝曰、云云、又云、霜速比古之男、多多美比古命、是謂二夷服岳一神也、女比佐志比女命、是夷服岳神之姉在二久恵峯一、次浅井比咩命、是夷服神之姪、在二浅井岡一也、是夷服岳与二浅井岳一、相二競長高一、浅井岡一夜増レ高、夷服岳怒、抜二刀剣一、殺二浅井比売之頭一、堕二江中一、而成二江嶋一、名二竹生島一、其頭乎、

訳註・古老、伝えて曰く、云々。又云《い》えらく、霜速比古命《しもはやひこのみこと》の男《こ》、多々美比古命《たたみひこのみこと》、是《こ》は夷服《いぶき》の岳《たけ》の神と謂《い》う。女《むすめ》、比佐志比女命《ひさしひめのみこと》、是《こ》は夷服《いぶき》の岳《たけ》の神の姉《いろね》にして、久恵峯《くえのみね》に在《いま》しき。次《つぎ》は浅井比咩命《あさいひめのみこと》、是《こ》は夷服《いぶき》の神の姪《めい》にして、浅井《あさい》の岡《おか》に在《いま》しき。ここに、夷《い》服《ぶき》の岳《たけ》と、浅井《あさい》の岳《たけ》と、長高《たかさ》を相競《あいきそ》いしに、浅井《あさい》の岡《おか》、一夜《ひとよ》に高《たか》さを増《ま》しければ、夷《い》服《ぶき》の岳《たけ》の神、怒《いか》りて刀剣《つるぎ》を抜《ぬ》きて、浅井比売《あさいひめ》を殺《き》りしに、比売《ひめ》の頭《かしら》、江《うみ》の中《なか》に堕《お》ちて江島《しま》と成《な》りき。竹生島《ちくぶしま》と名づくるは其の頭《かしら》か。……

古老曰、昔神祖尊、巡二行諸神之処一、到二駿河国福慈岳一、卒遇二日暮一、請欲二寓宿一、此時福慈神答曰、新粟初嘗、家内諱忌、今日之間、冀許不レ堪、於レ是祖神尊恨泣詈告曰、即汝親何不レ欲レ宿、汝所レ居山、生涯之極、冬夏雪霜、冷寒重襲、人民不レ登、飲食

勿ニ奠者一、更登ニ筑波岳一、亦請ニ容止一、此時筑波神答曰、今夜雖ニ新嘗一、不ニ敢不レ奉ニ尊旨一、爰設ニ飲食一、敬拝祇承、於レ是祖神尊、歓然謌曰、愛乎我胤、巍哉神宮、天地並斉、日月共同、人民集賀、飲食富豊、代代無絶、日日弥栄、千秋万歳、遊楽不レ窮者、是以福慈岳常雪、不レ得ニ登臨一、其筑波岳往集歌舞飲喫、至ニ于今一不レ絶也、

訳註・古老《ふるおきな》のいえらく、昔《むかし》、神祖《みおや》の尊《みこと》、諸神《もろがみ》たちのみ処《もと》に巡《めぐ》り行《い》でまして、駿河《するが》の国福慈《ふじ》の岳《やま》に到《いた》りまし、卒《つい》に日暮《ひぐれ》に遇《あ》いて、寓宿《やどり》を請《こ》欲いたまいき。此の時、福慈《ふじ》の神答えけらく、「新粟《わせ》の新嘗《にいなえ》して、家内諱忌《やぬちものいみ》せり。今日の間《ほど》は、冀《ねが》わくは許《ゆる》し堪《あ》えじ」とまおしき、是《ここ》に、神祖《みおや》の尊《みこと》、恨《うら》み泣《な》きて詈告《の》りたまいけらく、「即ち汝《いまし》が親《おや》ぞ。何《な》ぞ宿《やど》さまく欲《ほ》りせぬ。汝《いまし》が居《す》める山は、生涯《いき》の極み、冬も夏も雪ふり霜《しも》おきて、冷寒《さむさ》重襲《しき》り、人民《ひと》登《のぼ》らず、飲食《おしもの》な奠《まつ》りそ」とのりたまいき。更《さら》に、筑波《つくば》の岳《やま》に登《のぼ》りまして、亦客止《またやどり》を請《こ》いたまいき。此の時、筑波《つくば》の神答えけらく、「今夜は新嘗すれども、敢《あ》えて尊旨《みこと》に奉《つかえまつ》らずはあらじ」とまおしき。爰に、飲食を設《ま》けて、敬《いや》び拝《おろが》み祇《つつし》み承《つかえまつ》りき。是に、神祖《みおや》の尊《みこと》、歓然《よろこ》びて謌《うた》いたまいしく、

愛《は》しきかも我《あ》が胤《すえ》　巍《たか》きかも神宮《かむつみや》
天地《あめつち》と並斉《ひと》しく　日月《ひつき》と共同《とも》に
人民《たみぐさ》集《つど》い賀《ほ》ぎ　飲食《みけみき》富豊《ゆたけ》く
代代《よよ》に絶《た》ゆることなく　日《ひ》に日《ひ》に弥栄《いやさか》え

千秋万歳《ちあきよろずよ》に　遊楽窮《たのしみつき》じ
とのりたまいき。是をもちて　福慈《ふじ》の岳《やま》は、常《つね》に雪ふりて登臨《のぼ》ることを得ず。其の筑波の岳《やま》は、往集《ゆきつど》いて歌《うた》い舞《ま》い飲《さけの》み喫《ものくら》うこと、今に至るまで絶《た》えざるなり。……

この二つの説明説話は、等しく現象を説明するために、作為されたものであって、この点においては一致しておるが、その説話の根本的性質において大いに異っておる。夷服、浅井二山の競争説話は、単に説明説話である、というより外には解釈の仕方がない。すなわち、純粋の山岳説話、否、単純な山岳説話であって、もしこの説話から、夷服、浅井の山名を取去ったら、この説話は無意義のものと化し去るのである。要するに、単純な一個の説明説話であって『播磨風土記』に見ゆる、多くの説明説話と同じく『丹後国風土記』に見ゆる天梯立の説話と等しく、『古事記』に見ゆる海鼠の説話と同様、またなにゆえに蚯蚓は、炎天に焦げ死ぬのか、なにゆえに美しい声は持っておるが、目はもたぬのであるか、なにゆえに猿の顔は赤く、その尻には毛がないか、そしてまたなにゆえ蟹の足には毛が生えておるか、などの問に答えておる。日本童話の説明説話と同じく、単に説明説話として、存在の価値を持っておるものである。しかしながら『常陸風土記』の説話においては、問題が全くこの場合と異っておる。

筑波山の説話も、もとより一種の説明説話には相違ないのであるが、この説話から福慈や筑波の名を、取除いても、やはりこの説話は理解することが出来る。神がある時地上を巡回した。途中で日が暮れて、二人のところに一夜の宿を求めたが、一人は拒絶し、一人は快く承諾した。その報として拒絶した方は禍を招き、承諾した方は福を受けたというのが、この説話の骨子である。この説話が偶然にも、富慈と筑波と二つの山岳の人格化について、物語らるる様になったので、この場合においては一個の山岳説話となり、一個の説明説話となっておるが、その根本的性質からいえば、山岳説話でもなく、説明説話でもなく、むしろ一種の道徳説話である。この説話は、浦島説話や、羽衣説話の場合と同じく、日本古代における世界大拡布の一例であって、すなわち古代のヨーロッパ文学に見え、今日ではすべてキリスト教国民の間に物語られておる。その根元は多分インドか、ペルシヤか、アラビヤあたりである。あるいはインドがその最初の本国であるかもしれぬ。日本へ伝わったのはおそらくインドからである。

この説話は『釈日本紀』にも見え『前前太平記』にも見え、近頃では『東海道名所記』などにも見えて、日本でもずいぶん広く伝わった様である。『釈日本紀』の文がすでにそのインド根原説を暗暗の中に証明しておる様に見える。

備後国風土記曰、疫隅国社、昔北海坐志武塔神、南海神之女子乎与波比爾出坐爾、日暮多利彼所爾蘇民将来巨旦将来二人在支、兄蘇民将来甚貧窮、弟巨旦将来富饒、屋倉一百在支、爰爾武塔神借二宿処一、惜而不レ借、兄蘇民将来借奉留即以二粟柄一為レ座、以二粟飯等一饗奉留爰 畢出坐後爾、経レ年率二八柱子一還来天詔久、我将来之為報答、曰汝子孫其家爾在哉止問給、蘇民将来答申久、己女子与ニ斯婦一侍止申須、即詔久、以ニ茅輪一令レ着レ於ニ腰上一、随レ詔令レ着、即夜爾蘇民与ニ女人二人一乎置天、皆悉許呂志保呂保志天支即時仁詔久、吾者速須佐能雄神也、後世仁疫気在者、汝蘇民将来之子孫止云天、以ニ茅輪一着レ腰在人者将レ免止詔支、

訳註・備後《きびのみちのしり》の国の風土記《ふどき》に曰《い》わく、疫隅《えのくま》の国社《くにつやしろ》。昔、北の海に坐《いま》しし武塔《むとう》の神、南の海の神の女子《むすめ》をよばいに出《い》でまししに日暮れぬ。彼《そ》の所《ところ》に将来二人《しょうらいふたり》ありき。兄《あに》の蘇民将来《そみんしょうらい》は甚《いた》く貧窮《まず》しく、弟《おと》の巨旦将来《こたんしょうらい》は富《と》みて、屋倉《いえくら》一百《もも》ありき。爰《ここ》に、武塔《むとう》の神、宿処《やどり》を借《か》りたまうに、惜《おし》みて借《か》さず、兄《あに》の蘇民将来《そみんしょうらい》、借《か》し奉《まつ》りき。即《すなわ》ち、粟柄《あわがら》を以《も》ちて座《みまし》と為《な》し、粟飯等《あわいいども》を以《も》ちて饗《みあ》え奉《まつ》りき。爰《ここ》に畢えて出でませる後《のち》に、年を経《へ》て八柱のみ子を率て還り来て詔《の》りたまいしく、「我、将来に報答為《むくいせ》む。汝《いまし》が子孫《うみのこ》其の家《いえ》にありや」と問いたまいき。蘇民将来、答えて申ししく、「己《おの》が女子《むすめ》と斯《こ》の婦《め》と侍《さもら》う」と申しき。即ち詔《の》りたまいしく、「茅《ち》の輪を以ちて腰の上に着けしめよ」とのりたまいき。詔《みことのり》の随《まにま》に着《つ》けしむるに、即夜《そのよ》に蘇民《そみん》の女子一人を置きて、皆悉《ことごと》にころしほろぼしてき。即ち、詔《の》りたまいしく、「吾《あ》は（速須佐雄《はやすさのお》の）神なり、後《のち》の世に疫気《えやみ》あらば、汝《いまし》、蘇民将来《そみんしょうらい》の子孫《うみのこ》と云《い》いて、茅《ち》の輪《わ》を以《も》ちて腰《こし》に着《つ》けたる人は免《まぬが》れなむ」と詔《の》りたまいき。……

参照

最後にあげた、世界大拡布の説話については、いま少しく考証説明を与えねばならぬ。ヨーロッパでこれに最もよく類似しているのは、ドイツ・ヘスセン州のシュワルム地方において発見された一個の童話が、さしあたりその好適例である。これは『金持と貧乏人』と題して、グリムの童話集の第八十七番に収めてあって、今日では種々の読本類にも見え、あまねく世人の知るところである。いま主として、グリムによってこの説話を考証すれば、まずドイツ古代の詩の一つに、多少趣を異にしてはおるが、この説話が物語られておる。

これに関しては、

イ、『ハーゲン奇譚全集』第三十七番を参考すべきである。次に

ロ、キルヒホーフが、一五八一年にその「エンヅンムート」の第一巻に物語っておる一個の説話、これもその大体について、われわれの説話とほとんど一致しておる。その外、グリム説話のある一部分のみについて、類似の点を示すものは、

ハ、『千倍の報い』と題してチスカの第三番に収めてある一個のオーストリア説話、

ニ、マイエルの童話の第四十番と六十五番、

ホ、一六四〇年、レーマンの『花園』第三七一頁に見ゆる一節

ヘ、グリム童話の第八十二番、

ト、フランスのペローの『おかしき願』
チ、古代フランスの説話『サンマルチンの四つの願』
リ、ケルレルの『七賢人伝』の序文、
ヌ、ヘーベルの『宝の筥』の一節、などである。
ル、オヴィッドが、その『メタモルフォーセス』第八の六一七に物語る、フィレモンとバウチスの話は、グリム説話と同じく、広く世に知られておる。ことに注意すべきは、
ヲ、ポリーアがその『インド神話』の第二巻において、くわしく物語っておる、一人の婆羅門ゾーダムとその妻に関する一個のインド説話である。貧乏でしかも信心深い婆羅門、かりに人間に現われているクリスネン神、これらはおもな類似の点である。
ワ、ローベルト夫人が、その『民間説話』の第一巻に掲げた支那説話においては、人間の心の善悪を験すために、仏が地上に彷徨して、日暮に宿を求めたとある。仏を快く止めた一人の寡婦は、後に大いな幸福を得、貪欲心からその例に傚った隣家の婦人は、かえって大なる禍を招いた。その賞罰の方法はすこぶる、
カ、ヘスセン州で発見されたある一個の説話に類似しておる。要するにこの説話は、地上における神の遍歴と、これにともなう善悪の応報を主とするものであって、なお類似の例をあぐれば、

ヨ、「オデッセー」の十七の四八五、
タ、「エッダ」に見ゆるリグルの歌、
レ、グリム童話の第十三番「森の三人」、
ソ、同じく第二十四番「フラウホルレ」、
ツ、同じく第百三十五番「白い花嫁黒い花嫁」などである。

西行法師閉口歌

西行法師閉口歌の伝説について、市丸黙庵君からの投書に、同君の郷里佐賀県の西南部では、「あちくとき蕾みし花のこちくとき、いつぴらけけりわが縫う笠の辻どめの皮の木の花」、この歌の意は、あちらに行く時に蕾んでいた花が、こちらに来る時には打開いた、笠の辻どめの皮の木とは、竹の皮で作った笠の上部、すなわち辻のところを桜の皮で縫うからしていうのである云々。広島の人に聞いて見たけれども、広島在ヨシツという地名を知らなかった。歌ももちろん知らなかった。しかし、「秋長夜話」前編に、次の一節がある。

厳島道芝記に、今の長浜より越る仁王門の辺を西行戻という。西行法師厳島にもうでけるに、このところにて嫗に逢て、山路の案内を問けるに、彼嫗こたえざりければ、

空蟬のもぬけの殻に言問えば山路をだにも教えざりけり

かく口ずさみければ、嫗もとよりもぬけのからとしらばいかで案内を問うべきと難じ

ければ、西行辞なくしてこれより還りぬ。それよりして西行戻というとなん、このこと撰集抄にも見えず、いぶかしきことなり、本朝語園にいわく、西行奥州松島におもむき、里人に案内させて、浦々をめぐりけるが、笆《まがき》島やかた島末の松山沖の石などをはじめて、七日ばかりに、名所二百ばかりもめぐれば、興つきて、里人に向て、これより奥にも、さりぬべき所いかほどあるぞと問うに、今十日ばかりもめぐりたまわば、大かた見つくさるべしという、西行退屈して、これより還る、その所を西行戻といえり、このことをとりてかく附会せるにや、

附会したかどうかは知らぬけれど、伝説にあらわれている西行法師は、あちこちで閉口したと見える。したのではない、させられたのだ。さすがの西行も閉口したというのが、お国自慢の畑に成長したこの伝説の要点らしい。もっともお国自慢の犠牲になった詩人は、西行がはじめてではない。日本の伝説で申せば、白楽天が西行の祖先であろう。「広益俗説弁」に、住吉大明神白楽天青苔白雲の詩歌の説（巻二の四）の条に、

俗説にいわく、唐の白楽天日本の人の智恵をはからんとて渡りけるに、住吉大明神老翁と現し、釣をたれておわしければ、楽天船をよせて、青苔佩㆑衣懸㆓巌肩㆒、白雲似㆑帯廻㆓山腰㆒、と詠じけるに老翁歌をもって和していわく、「こけ衣きたるいわおはさむからできぬ著ぬ山の帯をするかな」、とありしかば、楽天おどろきて、いやしき漁翁だにかくあれば、なかなか日本の者におよぶまじといいてすぐに漕かえりしという、

いま按ずるに、白氏文集にこの詩および楽天が東行のことなし、本朝の正史実録諸神書にも見えず、ただし江談抄に、白雲似レ帯囲二山腰一、青苔如レ衣負二巌背一、こけごろもきたるいわおはまひろけむ衣著ぬ山の帯するはなぞ、とありて都在中が作と記せり、思うに好事の者この詩歌を所々あらためて、住吉楽天の贈答とするならん、なおまた仏典から「今昔物語」にとられている棄老国の話が、いつの間にか日本のことに翻案されて、しかもお国自慢の薬味を加えられて、蟻通明神《ありとおしみようじん》の伝説ができたのも、ある点においては右の話と比較すべきものではあるまいかと思う。

住居研究の三方面

衣食住の三つの中で法律上からは不動産とみなされ、実際においても消費品や使用品とは全然その性質を異にして、太古の時代と想像しがたい未来とはしばらくおき、すくなくとも今日の文化の下において、われわれの生活（すなわち生理的生存と異った意味においての生活）と最も密接な関係をもっている住居、わけていえば、家と屋敷の研究には種々の立場と方法とがあるであろうけれども、自分等の郷土研究的立脚地から観察すればこの研究には三つの方面がある、いや三つの方面しかないといってもよろしかろうと思う。その一つは実用、そのつぎは装飾、そしてその第三の方面は保護である。この三つは原則としての区別であるから、実際においては必ずしも別々になっていないで、二つあるいは三つはたがいに結合している事が少くない。

実用と装飾との二点は説明するまでもない。雨風を防ぐための屋根や壁、湿気を防ぐための床、空気を流通させるための窓、これらはすべて実用上の必要から生じたもの、各部分の体裁や着色や附加されている装飾物は第二の方面から説明さるべきものである。第三の方面はすこしく趣きがちがう。保護というのは第一の方面のうちに含まれている意味の保護ではなくて、この意味を超越した意味においての一種の宗教である。しかしてこの保護に住居そのものの保護と住居者の保護との二方面が、分離不分離の関係をもって区別される。火と風とは家屋に取っては最も恐ろしい敵であるから、なるべく堅固にかつ火に耐えるように家屋を建築するのは、実用上の要求であるけれども、そればかりではとうてい安心の出来るものではない。それでこの安心を求むるという一種の宗教的必要から、種々の風習が生じてくる。火除・風除の禁厭《まじない》がそれである。ある種の植物は屋敷に植えるものではないとか、必ず植えておくべきであるとか、椿を柱に使ってはよくないとか、逆柱は祟るとか、すべて家屋住宅に関する民間信仰と迷信的習俗とは、それが実用装飾の母であろうとも子であろうとも、ことごとくこの方面から解釈しつつ研究すべき事項である。実用から生じた屋根瓦に火災除の意味ある形や模様が与えられているのは、三つの方面の結合した顕著な例の一つである。経済上の方面は、むろん第一の方面に属すべきものである。

第三部　日本童話考

日本童話考

日本童話か世界童話か　この疑問は、材料の蒐集がある程度まで完成した後の比較研究によってはじめて解決される大問題であって、ここに最初からこの疑問を持出すのは、いささか当を失しているかもしれないけれど、表題の「日本童話考」の意味を明かにするために、少しくこの問題に触れねばならぬ。

自分は「日本童話」という語を、単に日本の文学に現われた童話、日本に伝わっている、あるいは語りつぎ語り伝えられている童話という意味に、日本固有という意味でなく、用いて見たい。誰でも知っているグリムの童話集に採られている童話は、これまで久しく「ドイツ」民族固有のもののように思われていたが、最近の研究の結果は、その七、八割までが外国伝来のもので、しかも十五、六世紀以後に輸入されたものが、すこぶる多数を占めていることを明かにした。「ドイツ」民族最古の文献よりも数世紀も古い日本最初の文献が、すでに若干の童話と童話的要素とを示し、八百年以前の日本がすでに多くの外国童話を輸入し、その中には世界最古のものとして一般に認識されているものまでも見えている点からいえば、童話国としての日本は、世界の文明国の中において、したがってまた日本の童話文学は、世界の童話文学の中において、名誉ある位置を当然しめることができるので、熱心なる文献学者グリムのおかげで名を揚げたドイツなどのとうてい及ぶところではないけれども、豊富なる日本の童話界は、果していくばくの固有のものを示し得るやと問えば、確かなことはまだいえぬけれど、ドイツに比して決してあまり勝るところはないように思われる。

日本童話の源泉　さて日本童話の源泉は、いうまでもなく文献と口誦とであるが、口誦伝承によるものは、全国を通じていまなおはなはだ豊富であるのにかかわらず、その蒐集は今日まだほとんどいうに足るべき成績を発表していないのみならず、従来の徴灯もはなはだ貧弱であるから、この方面はしばらく措いて、いまかりに文献伝承のものだけについて、自分のこれまでの不完全な調査の結果によって説を立てて見ると、日本童話の歴史は、大体において四期に区画することができる。

第一期は、神話時代とでもいうべき時代で、この時代に見える童話は、すべて神話と結びついている。平安朝以前の国史、神典、風土記、万葉集などがその源泉であり、かつ徴証である。この時代の童話は、日本固有のものと見ても、大したさしつかえはないので、厳密なる比較研究によって、この「固有」という語の意味を、もし制限し得られるならば、少しずつ制限していくのが、われわれの仕事である。

第二期は、輸入時代である。「竹取物語」をはじめとして、「今昔物語」、「宇治拾遺物語」その他の物語など、すべて貴族の手になる著述において、支那インドの話がさかんに輸入された時代である。朝鮮半島の方面からも、無論多く輸入されたに相違ない。この時代は平安朝から鎌倉時代を経て、室町時代のはじめまでわたっている。のちには僧侶が貴族に代って、この輸入と翻訳と翻案の仕事に従事した。仏教の臭味を帯びているのが、この時代の特色になっている。「百因縁集」や「三国伝記」などは、「日本霊異記」や「今昔物語」の系統を引くものとして、やはりこの輸入時代あるいは摸倣時代の産物と見るべきものである。もっとも単に輸入という点から見ると、すべての時代は輸入時代である。輸入の流れは、ときに盛衰の差こそあれ、太古から今日まで、しばらくも絶えたことはないのであるけれども、この第二期は外国物の輸入をその顕著なる特徴としているので、特に輸入時代と名づけておく。

第三期は、草子によって代表される時代で、室町時代から徳川時代の初期まで、すなわち徳川時代独特の文学の勃興するに至らざる前までの時代を含んでいる。この時代の文学は、貴族僧侶の手を離れて、平民の手に移らんとしている。草子類を外にしては、この時代は童話の源泉として見るべきものをほとんど持っていない。草子の内容は種々になっているけれども、純翻訳物でない童話がこの一部を占めて、しかもそれが童話として綴られているように見えるところに、この時代の特色は存している。いわゆるおとぎ草子は、この時代の代表者である。少しく無理であるかもしれないけれど、自分はこの時代を童話発達時代と名づけたい。文献の徴証は全く欠如しているけれども、のちの民間童話は多くこの時代において発達したようにも思われるのである。この時代の末には、インド・支那の方面以外において、西洋の方面からも種々の童話が輸入された形跡があるけれども、これらの外国的要素は、第二期におけるがごとく文学上に影響するには至らなかった。

第四期すなわち徳川時代は、日本童話文学の衰退時代である。「おとぎ草子」の結集以後において、徳川時代は、その文学において、なんらの見るに足るべき童話文学を示すことができなかった。イソホ物語の翻訳も前時代の童話文学も、この時代の文学者によって全く顧られなかったかのように思われる。仏教の衰退と、文学が全く僧侶の手を離れてしまったことは、少なくともこの時代の童話文学衰退の原因である。

ただしこの時代といえども、全く童話を閉却したのではない。前の時代のものがはなはだしく閉却された代りに、前時代以来民間に養成されて発達した純粋の民間童話というべきものが、この時代においてはじめて、いわゆる戯作者なるものの閑な筆にときどき上った。その数ははなはだ少くてほとんどいうに足らぬほどではあるけれど、この現象は少くとも、今日民間に伝えられている豊富な口誦伝承とともに、その当時においても日本の民間童話はずいぶん豊富であったこと、決してその時代の文学が示しているように貧弱ではなかったことを、証明するものであると思う。幸いにこの時代には、源泉がすこぶる貧弱である代りに、民間童話の徴証となるべきものが多少存している。われわれはこの徴証によって、この時代の童話文学と民間童話との一斑を想像することができるのである。以上は日本童話文学四大時期の特色の大略である。なお日本童話文学の源泉は、別に調査した上で、表に作って発表する機会があろうと思うから、ここにはただ少しくこの第四期の童話文学の徴証となるべきものを示して見よう。

徴証の中で最も有力なのは、馬琴の「燕石襍志」である。猿蟹合戦、桃太郎、舌切雀、花咲翁、兎大手柄の五つの童話を、「童話」と名づけて考証している。しかし「童話」の二字は、馬琴よりも早く京伝がその「骨董集」において用いている。猿蟹合戦の考証、打出小槌のこともこの書に見えている。「飛鳥川」（文化七年撰）に、「子供寄あつまり咄合など互にいたすに、おおかた爺は山へ柴かり、婆は川へ洗濯などと云う昔咄し専らなりしに、今は虫拳・狐拳・本の拳などするもおかし」。「くさ草紙は、昔は金平本《きんぴらほん》とて太平記など書いたる本なり。土佐節の浄るりにて、その後桃太郎また猿蟹合戦などと赤表紙の草紙也、今はよみ本同前に詞書多きを専一とす、そのうえ板行の手の込たる計りもよきなぐさみ也、中古八文字屋本とて、物話ものの様に娘形気・手代形気などと流行しが、流行おくれ下手談義と云本行われしも、それも世の風俗たがい、近年膝栗毛という読本はやる」。「神代余波」（弘化四年）には、幼遊びの草双紙といえる物は、はかなき子供すかしの物にて、或は頼光大江山入桃太郎が猿犬雉など随えぬるさま、或は朝夷島めぐり、又は狐の嫁入、舌切雀妖物尽しなどしどけなき物どものみなりしを云々。馬琴の崇拝者にしてかつ知己なりといわれたる木村黙翁の「国字小説通」にも、似たようなことが見える。「わすれのこり」にも草双紙と題して、「もとは黒表紙にて、頼光大江山入、金平物語、狐の嫁入、化物ばなしなどの類にて」、といっている。喜多村信節の「筠庭雑録」には、白痴の男が団子の馳走を受けて、帰途に団子の名を忘れて妻を撲るという童話について、その出処を説明した一節がある。その他、「梅園日記」には猫と鼠の童話、「歴世女装考」には松山鏡のこと、「松屋筆記」には鼠が弓の弦をかみきった話の考証が見え、三馬の「浮世床」には、猫にいろいろの名をつけて見ても、つまり「猫」とつけるにましたことはないという、インド伝来の童話が形を変えて現われている。以上は、徴証となるべきものの二、三に過ぎないので、右に洩れたるもの、その他地方的の材料などは、個々の童話または童話的要素もしくは童話の「モーチーフ」を論ずるときに別に詳細にあげるつもりである。なおここに一言添えておきたいのは、馬琴の「燕石襍志」に出ている五つの童話を日本の五大昔噺ということがあるのは、単に第四期の草子文学にのみ適用される名目で、決して日本童話の代表的のものを完全に示すものではない。日本童話はそれほどまでに、貧弱ではないのである。現にこの期の写本「雛《ひな》の宇計木《うけぎ》」には、右の五つに竹篦太郎《しっぺいたろう》を加えてある。この童話は、日本童話の中で最も重要なものの一つであるばかりでなく、早太郎、ヘイボウ太郎なども種々の名の下に、信濃遠江地方を中心として、すこぶる広い分布域を有し、世界童話界における日本童話の代表者の一つとして、非常に興味深い研究の対象である。

羽衣伝説の研究

いわゆる『羽衣天女』の説話は、日本説話の宝庫を飾れる貴重なる財宝の一にして、一たび謡曲作者の艶麗なる筆によりて詩化せられしより以来、あまねく民間に伝唱せられ、今日においては三尺の童子といえどもほとんどこれを知らざる者なかるべし、余はいま、日本説話研究の一端として、こころみにこの妖艶綺麗なる説話の研究におよばんと欲す。この説話は謡曲『羽衣』においてその最後の発達の階段に到達したりというべく、こころみに曲に見えたる所によりてこれを節約すれば、ほぼ次のごとくなるべし。三保の松原において漁夫美しき衣の樹梢に懸れるを発見す。ここに天女現われて彼の衣は天人の羽衣とてたやすく人間に与うべきものにあらず、悲しや羽衣なくては飛行のみちも絶え天上にかえらんことも叶うまじき由をいいて羽衣を返し与えむことを漁夫に求むれども漁夫にわかに応ずる色なし。両個の間にしばらく問答あり、憐なる天女の真実なる物語は、ついに頑固なる漁夫の同情を喚起し、天女羽衣を得て霓裳羽衣の舞をなしてふたたび昇天す。これを羽衣説話の大要とす。この複雑なる説話をそのはじめの簡単なる形に還元し、もろもろの異成分に分析し、つまびらかにその発達混合の跡を示すことの、いかのほどまで可能なりや。

謡曲の発端『われ三保の松原にあがり浦のけしきをながむる所に虚空に花ふり音楽きこえ霊香四方に薫ず、これただごとと思わぬ所にこれなる松にうつくしき衣かかれり、よりて見れば色香たえにしてつねの衣にあらず』の漁夫の語、ならびに天女の物語中の『しかるに月宮殿のありさま、ぎょくふのしゅりとこしなえにして白衣黒衣の天人の数を三五に分って一月夜々のあま少女奏仕をさだめ役をなす、われも数ある天少女月のかつらの身をわけて云々』の句は、インド支那神仙説を連想せしむ。けだしインド支那神仙説のわが国に伝わりしは王朝の昔にありて、かの『万葉集』中すでに淮南王劉安の故事を歌えるものあり。かの神仙説の感化を受けしことのもっとも著しき『竹取物語』の伝説もまたかの集中に見えたり。謡曲中にても役行者のことを作る『葛城』のごとき、『楊貴妃』のごとき、『西王母』のごとき、『東方朔』のごとき、いずれもこの例にして『吉野天人』『浦島』『富士山』等の曲においても、インド支那神仙説がいかに深く国民の間に浸潤せしかを察するに足るべし。羽衣説話の天女はすなわち『吉野天人』に見えたる天女にして『富士山』もしくは『竹取物語』における赫映姫と同じくインド支那神仙界より移植せられしものなり。霞の衣を纏える日の子佐保姫と羽衣を着けたる月の子赫映姫との間に根本的の差異あるを忘るべからず。

つまびらかにこれをいわむに、『起世経』にいわく、

仏告㆓比丘㆒。月天子宮殿。縦横正第四十九由旬。四面垣墻。七宝所㆑成。月天宮殿。純以㆓天銀天青瑠璃㆒而相間錯。二分天銀清浄無垢。光甚明曜。余一分天青瑠璃。亦甚清浄。表裏映徹。光明遠照云々。於㆓此月殿㆒。亦有㆓大輦㆒。青瑠璃成㆑輦。高十六由旬。広八旬。月天子。身与㆓諸天女㆒。住㆓此輦中㆒云々

訳註・仏、比丘に告ぐ、『月天子の宮殿は、縦横正第（正殿の意）四十九由旬あり。四面には垣墻あり、七宝にて成る所なり。月天の宮殿は、純《もっぱ》ら天の銀と天の青瑠璃を以て相い間錯す。二分は天の銀にして清浄無垢にして、光甚だ明らかに曜《かがや》けり。余の一分は天の青瑠璃にして、またはなはだ清浄なり。表と裏と映徹し、光明遠く照らす云々。此の月殿において、また大いなる輦あり、青瑠璃もて輦を成じ、高さ十六由旬、広さ八（由）旬なり。月天子は、身を諸の天女と与《とも》にし、此の輦の中に住めり云々。

……

こは月宮殿のありさまを記するもの、月宮天女の舞楽に関しては、支那神仙の事を録するもの『太平広記』神仙及女仙の部に引用せる書目の数のみにても、そのあまねく伝唱せられし一斑をうかがうにたるべく。こころみにその一、二を挙ぐれば、『集異記』ならびに『仙伝拾遺』に葉法善のことを録する中に、

又嘗因二八月望夜一。師与二玄宗一遊二月宮一。聆二月中天楽一。問二其曲名一。謂二紫雲曲一。帰伝二其音一。名レ之曰二霓裳羽衣一。

訳註・又嘗《かつ》て、八月望夜（十五日夜）に、師は玄宗と与《とも》に、月宮に遊び、月中の天楽を聆《き》く。その曲の名を問うに、『紫雲曲』と謂う。帰りてその音を伝え、之を名づけて『霓裳羽衣』（の曲）と曰う。……とあり。又『竜城録』に開元六年玄宗道士と月中に遊ぶことを記する中に、

見レ有二仙人道士一。乗レ雲駕レ鶴。往来若二遊戯一。少焉歩向レ前。覚二翠色冷光一。相射目眩一。極寒不レ可レ進。下見レ有二素娥十余人一。皆皓衣乗二白鶴一。往来舞二笑於広陵大桂樹之下一。又聴二楽音嘈雑一。亦甚清麗。次夜上皇欲二再求レ往一。天師但笑謝而不レ允。上皇恩想二素娥風中飛舞袖被一。編レ律成レ音。製二霓裳羽衣舞曲一。自レ古洎レ今、無三復加二於是一矣。

訳註・仙人、道士有りて雲に乗り鶴に駕せるを見る。往来すること遊戯するが若《ごと》し。少焉《しばらくしく》歩みて前に向いしに、翠色の冷たき光、相い射て目眩《くら》めくを覚え、極めて寒くして進むべからず。下に素娥十余人有るを見る。皆々皓《しろ》き衣にて白き鶴に乗り、往来して広陵の大いなる桂樹の下に舞い笑う。又、楽音の嘈雑《さわがしき》を聴く。またはなはだ清麗なり。次の夜、上皇は再び往くことを求めんと欲せるも、天師（道士の長）は但だ笑い謝《あや》まりて允《うべな》わず。上皇は素娥が風の中に袖被を飛ばせ舞えるを恩《おもいやり》想《おも》い、律（音

楽）を編みて音をなし、霓裳羽衣の舞曲を製せらる。古えより今に洎《およ》ぶまで、復《ま》た是れに加うる無し。……

と見えたり。黄帝の昇天、嫦娥の奔逃等太古の単純なる支那神仙説は後世に至りてインド的分子を合わせて非常に複雑せる形をなし、その多面的なる、つまびらかにこれを論ぜんこと狭少なる紙面にてはつくしがたし。ここにはただ、羽衣説話中の神仙説的分子は、その詩歌的一面に源を発することを明かにすれば足れり。また月の桂ということは、時珍の説に、

呉剛伐二月桂一之説。起二隋唐小説一。月桂落レ子之説。起二武后之時一。

訳註・呉剛が月桂を伐つの説は、隋唐の小説より起り、月桂が子を落すの説は、（則天）武后の時に起れり（注、呉剛は漢の西河の人。仙を学び、過失により謫せられて、月中の桂を伐る）。……

と見え、その本はけだし『酉陽雑俎』に、

月中有レ桂。高五百丈。下有二一人一。常斧斫レ之。樹創随合。乃仙人呉剛也。

訳註・月中に桂有りて、高さ五百丈なり。下に一人有り、常に斧にてこれを斫るも、樹の創は（斫るに）随って合す。乃ち仙人の呉剛なり。……

とあるより出でしなるべし。この説早くわが国に渡りて、『万葉集』第四に秦陽原王が娘子に贈る歌をはじめとし、後世これを証歌として月の桂とよみたる歌多く『詞林採葉

抄』に載せたり。

いま羽衣伝説より神仙説的分子をことごとく削除せば、残る所は次のごとくならむ。漁夫海中に浴せる天女の松の梢に懸け置きし羽衣を奪う。天女衣を奪われて帰るあたわず。哀求衣を得て飛去る。この説話はその形においてほとんど全く単純なるものなり。いまこれを他の伝と比較せんに、坂十仏が『大神宮参詣記』にいわく『むかし丹波国のある川辺に、天女八人降りて水を浴びて遊びけり。一人の老翁これを見て数多の天女の中に一人の衣を取りかくす。天女これに騒ぎて皆飛去る。衣を隠されたる天女嘆いて衣をこう。翁のいわく、われに子なし願はこの国に留りてわが子になり給えとて、さらに衣を返さず、天女力およばず翁が子となりぬ云々。』『東海道名所記』には『むかし天女天降りて遊びしに羽衣をかの松に掛けおきけるを猟師これをとりて返さず、力なく猟師の妻になりて賤が伏屋に月日を送りけるがある時夫の出でたる間に羽衣をとりて天上に飛去けりという。』と見ゆ。あるいは子となりといい、あるいは妻となりといい、あるいは羽衣を返せりといい、あるいは返さずといい、その伝たがいに異るも、天女の沐浴と衣なくては飛去るあたわずとの二点においてはたがいに相一致するを見るなり。デンニス氏の『支那俗説』The Folk-Lore of China, London & Hongkong, 1876 に千八百六十九年のアジア協会雑誌に出でたる琉球の説話を載す。この説話にては、天女ある農夫の井中に浴す。かたわらの松頭に懸れる衣赤色なり。天女農夫の妻となること十年にて一人の子をあぐ。これに至り夫の不在に乗じて松樹に攀上り子に告別して去る。この説話もまたかの二点においては以上の説話と一致するも、その他の点に関してはたがいに異同あり。しかれども天女がしばらく人間界に留まりしとの点において三個の説話が一致するを見るときは、天女の物語に感動してただちに羽衣を返せしとの謡曲『羽衣』の記事は、おそらく詩人の故意に加えし変更にして、この説話のはじめの形にはあらざるべし。何となれば、天女を人界に留めて賤しき漁夫の妻とする事は、神仙説と衝突するをまぬがれざればなり。天女の辱しむべからざるは、赫夜姫の帝の宮中に入るべからざりと同じ。しかれども神仙説の影響を受けざる説話においては天女と人間との接触結合は、はなはだ容易のことなりしなり。ただしこの天女はそもそも何者なるか。

神話学者のいわゆるSwan-maidenの説話は、ほとんど至る所に発見し得べしと信ぜらる。『支那俗説』の著者は、この説話と琉球の説話とを比較したるのち、支那本土にこの説話の存在せざるを怪しめり、しかれども現に古書中に存せり。『元中記』に曰く、

姑獲鳥夜飛昼蔵。盖鬼神類。衣レ毛為二飛鳥一。脱レ毛為二女人一。名曰二帝少女一。一名二夜遊一。一名二鉤星一。一名二隠飛鳥一。無レ子。喜取二人子一。養レ之以為レ子。人養二小児一不レ可レ露二其衣一。此鳥度即取レ児也。有二小児之家一。即以レ血点二其衣一。以為レ誌。故世人名為二鬼鳥一。荊州為レ多。昔予州男子、見三田中有二六七女人一。不レ知二是鳥一。匍匐往先得二其毛衣一。取蔵レ之。即往就二諸鳥一。鳥各走就二毛衣一。衣レ之飛去。独一鳥不レ得レ去。男子取以

為レ婦。生二三女一。其母後令二女問レ父。知三衣在二積稲下一。得レ之衣而飛去。後以レ衣迎二三女一。三女児得レ衣亦飛去。

訳註・姑獲鳥は夜は飛び昼は蔵《かく》る。蓋《けだ》し鬼神の類なり。毛を衣《き》ては飛鳥と為《な》り、毛を脱《ぬ》ぎては女人と為る。名づけて帝少女と曰い、一に夜遊と名づけ、一に鉤星と名づけ、一に隠飛鳥と名づく。子無ければ、人の子を取るを喜びとし、之を養いて以て子と為す。人、小児を養うにはその衣を露《あらわ》にすべからず、此の鳥、度々即児を取るなればな也。小児の家有れば、即ち血を以てその衣に点し、以て誌《しるし》と為す。故に世人は名づけて鬼鳥と為《な》し、荊州に多しと為す。昔、予州の男子、田の中に六七の女人有るを見るも、是の鳥なることを知らず。葡蔔（匍匐、腹ばい進む）して行き、先ずその毛衣を得、取りて之を蔵《かく》し、即往《ただちに》、諸鳥に就《おもむ》く。鳥各々走りて毛衣に就き之を衣《き》て飛び去りしも、独り一鳥のみ去ることを得ず、男子、取りて以て婦と為《な》し、三女を生めり。その母、後に女《むすめ》をして父に問わしめ、衣が積める稲の下に在ることを知り、之を得、衣《き》て飛び去れり。後に衣をもって三女を迎う。三女児も衣を得て亦た飛び去れり、と。

……

この説話は以上の天女説話よりさらに一歩を進めて、天女をもって鳥の変形せしものとなす。これによりて羽衣の『羽』の義は明なり。すなわち天女の羽衣は鳥の翼にしてその羽衣なくして飛去りあたわざるは鳥の翼なくして飛ぶあたわざるなり。『捜神記』に見えたる説話もこれとほぼ同一なり。もしこの形をもって羽衣伝説の最単純なる最初の形なりとせば、この説話が『羽衣』の曲に見えたる最後の形を取るに至るまでには、少くとも二個の階段を経過せざるべからず。下界の怪鳥が上界の天女となる一変なり。天女が神仙界に入りて月宮の侍女となる二変なり。しかれどもこの説話はいかにして生ずるに至りしや、またこの説話は何事を意味するや。この説話に両様の解釈法あり。余はいま仮りにその一を人類学的解釈と名づけ、他の一を心理学的解釈と名づけ、この両個の解釈がいかほどまでこの説話を説明し得るやを見むと欲す。

いわゆる人類学的解釈は、ラングの取れる方法なり。その著『風習と神話』Custom and Myth においてつまびらかにその説を述べたり。彼はまず Yajur Veda に見えたるウルヴァシとプルラヴァスの説話に関して言語学派の試みし解釈を非難して、すべてこの種の説話は未開時代において配偶者間に存する厳重なる風習の結果として生ぜしものなることを主張し、ある条件の下に結合したる配偶者の一方がその条件を履行せざるより、両者の分離を来すものなりと説明し、その証として現今の未開人種の間に存する配偶者間の種々の厳重なる風習を挙げ、しばしば争論の点となりたるサンスクリット中の有名なる蛙の説話ならびに Ojibway 人の間に存する海狸の説話をもこの説明によりて十分に解釈せらざるべしと述べ、最後に印欧諸民族間の Swan-maiden におよびこの種の説話がひとり印欧民族のみならず、ファルレルがその著『太古の風習』Farrer, Primitive Manners and

Costoms中に示せるごとくアルゴンキンまたはボルネオ等にも存するのは、言語学的解釈の不能を示すものなりと論ぜり、この説明はギリシヤ神話の愛神と智神との説話の解釈としては、あるいは許容すべからむも、一般に羽衣説話の解釈としては、はなはだ不十分なり。要するに言語学派の解釈を難ずるに急にして自己の解釈の欠点に注意せざるものなり。なにゆえに配偶者の一方はつねに人間にして、一方は動物ならざるべからざるか、彼はこれを説明していわく、思想単純なる未開の人民は、人間と動物とを平等に見たりと。しからばなにゆえに動物中にても、蛙もしくは海狸のごときは少なくしてひとり鳥に関してのみ、これらの説話は多く存するや。しこうしてこれらの鳥がすべての場合において超自然の性質を有し、天上界の存在のごとき観あるはいかに。さらにいずれの場合においても、海または水に関係あるはなにゆえなるか。

いわゆる人類学的解釈は、これらの点に関してついに満足なる説明を与うることあたわず。ただし第一未開人民は人間と動物とを同一の水平線上に観したること。第二未開人民は人間と動物との間に変形Metamorphosisの可能を信じたること。この二点は羽衣説話の説明にさきだってこれを予想しおかざるべからず。

いわゆる心理学的解釈は、未開人民の単純なる心的状態を考え、その想像力に自然の与えし強大なる感化を認む。その説にいわく、太古人民は天空の蒼々として際涯なきを見て、滄海の宏闊なるを想い、白雲の浮游するを見て、あるいは白帆の往来すと想像し、あるいは白鳥の遊泳すと想像せりと。『万葉集』巻七天を詠ずる歌に『天海丹雲之波立月船星之林丹榜隠所見』また『海原之道遠鴨月読明少夜者更下乍』とあり。しこうしてことに月夜の天が人間の想像力を刺戟するを見ば、月球をもって宮殿とし、白雲をもって天女とするは、きわめて自然のことなるを知るべし。白雲をもって優美なる天乙女とするは、黒雲をもって恐ろしき悪魔とすると等しく、色彩の想像力におよぼす影響として毫も怪しむにたらず。素娥といい皓衣といい、白鶴という、いずれもこの理による。フィスクはその著『神話の形成』Jh. Fiske, Myths and Mythmakers において『ヴェダ』のウルヴァシの天然的基礎をもって白雲なりとし、ひとり印欧民族のみならず、マレー民族も、白雲をもって海中に浮游する白鳥なりと想像したりと論じ、これによりて一般に羽衣伝説を説明せんと試みたり。この点に関しては、『中古の綺譚』の著者 Baring-Gould, Curious Myths of the Middle Ages も一致するもののごとし。それやこれらの説話中の天女が、超自然の性質を帯ぶることについては、フィスクはこれを印欧民族のこの種の説話の特色より推論して、天女をもって一種の霊魂引導者 Psychopompos なりとせり。ゲルマン神話の Valkyrja のごときすなわちこれなり。ただしこは印欧の羽衣説話の天女の説明としては適切なるべきも、わが羽衣天女には毫もこの性質見えざるがゆえに、わが羽衣説話がかのものと全く同一の基礎を有することの証明せられざる間は、にわかにもって、わが羽衣天女の説明となすべからず。要するに未開人民が、天上界に超自然的住者を想像し、時としてはある目的のためにもしくはある条件の下に、人間との接触結合の可能を信じたりとの説は、一般に許容すべきものとす。『ヴェダ』のウルヴァシも琉球の説話に見えたる天女もかかる事情により一時人界に下降せしものなり。

天女の下降ならびに淹留は、支那神仙説にもその例あり。あるいは天上にて罪を犯せしがゆえに、あるいは人間界に恩恵を施さんがため。いまここにその一例をあげんに『仙伝拾遺』に、

於東海之上蓬莱之頂。南宮西廡。有二群仙所一レ居。上元女仙太真者即貴妃也。謂二什伍一曰。我太上侍女。穎上元宮聖上太陽朱宮真人。以二宿縁一世念二其願一頗重。聖上降居二於世一。我謫二人間一。以為二侍衛一耳。此後一紀自当二相見一。願善保二聖体一。無三復意念二也。

訳註・東海の上《ほとり》、蓬莱の頂にある南宮の西の廡において、群仙の居る所あり。上元女仙の太真は即ち貴妃也。什伍（十、五、まわりの者）に謂って曰く、「我れは太上（真君）の侍女にして、穎《すぐ》れたる上元宮の聖上たる太陽朱宮の真人なり。宿縁をもって世にその願を念うこと頗《すこぶ》る重し。聖上が降りて世に居りしとき、我れは人の間に謫せられてもって侍衛と為《な》りし耳。この後一紀（百年）自ら当《まさ》に相い見《まみ》ゆべし。願わくば善く聖体を保ちたまわんことを。復《ま》た意《こころ》に念《おも》うこと無き也。……

とあり。『竹取物語』の赫映姫も天女のしばらく人界に下りしものなり。謡曲『富士山』

に『昔し鶯の卵化して少女となりしを、時の帝の皇女に召されしに、時至りたるか天にあがり給いし時云々』と作り、『富士浅間縁起』に赫映姫がやや生長して帝に召されんとせしとき翁媼に語りてわれ久しくここに住むべき身にあらずといいしをもあわせ考うべし。

日本における羽衣説話については、別にいうべきことなし。ただし前にも述べしがごとく、この説話はひとり日本に存在するのみならず、今日までの探求によりてその分布の拡大無限なることを発見せられ、軽躁なる神話学者のごときはいかなる国民の間にもこの説話を発見し得べしと信ずる程なれば、もし勤勉と歳月とをもってこれらの説話を蒐集しその各部について精細の覈究比較を遂げなば、またいかなる新事実を発見し得んも知るべからざれども、このごときは余輩今日の境遇にては、ほとんどいうべくして行うべからざることなれば、ここにはただ羽衣説話の一面には怪鳥に関する信仰の結果として観察し得べき点あることを述べて、その他のことはしばらくこれを他日に譲らむ。『元中記』に見えたる説話のごとき、タイロルの『人類学史』に引ける White doves の説話のごとき、前に引きし『中古の綺譚』の中に見えたるシベリア地方の説話のごとき、いずれもこの信仰の形跡を示すものなり。同書に見えたるダッタン民族間の説話のごときは、支那の怪鳥の信仰と印欧民族の Psychopompos との間を連結する一条の連鎖として観察すべきものなりと信ず。

浦島伝説の研究

その一

いわゆる浦島物語は、羽衣物語の姉妹説話とも称すべきものにして、羽衣物語とともに日本説話界の最尊重すべき珍宝なり。余はさきに、日本説話研究の一端として、羽衣物語についていささか述ぶる所あり。羽衣物語が、インド、支那神仙説の影響を蒙りしこと、ならびにそが世界的分布の跡については、すでに世の注意を促しつ。浦島物語もまた支那神仙説と非常なる類似の関係を有すること、ならびにその分布の世界的大なる点において羽衣物語に相似たり。羽衣物語は謡曲『羽衣』においてその発達の最後の階級に達しぬ。浦島物語もまた謡曲作者の優艶なる筆になりて、多少その古代のおもかげを変化せり。いま前例になぞらえてこの物語について、ここにすこしく述ぶる所あるべし。

浦島物語は『日本書紀』ならびに『丹後国風土記』に見えしを始めとして、歴代の文書に多く記載せられ、最後に謡曲作者の筆になりて詩化せられたり。謡曲『浦島』は、いわゆる神事能もしくは祝言能と称すべきものにして、漁夫浦島に代うるに浦島明神をもってし、別に下界の竜神を拉し来りて、かの玉手箱に籠むるに、不死の霊薬をもってせり。試みにその大略を述べんに、亀山院の勅使『丹州水の江に、浦島の明神とて、霊神おわします。急ぎ参詣申せとの勅諚により』丹後の国水の江の浦に下向す。時に蓬萊の神女姿を変じて海士少女となりて釣舟の中に現われ、勅使を明神の社頭に導き、ここに自ら蓬萊の仙女なる由を明かし、『この君を守りつつ不死の薬を与えん。しばらく待たせ給えや』といいつつ消失す。勅使の夢中に、海竜王と浦島の明神と現われ、波の上に蓬萊山を浮べ、不死の薬を与えて去る。海士少女の物語に『ことわりや、さて仙女の計らいにて、行くや月日をこの箱に、たたみかくして年なみの老いせず死せぬ薬を籠めて、あさまになさじとさしもげに、あくなと教え給いける、言葉を変て云々』。かくのごとくして、謡曲の作者は玉手箱と不死の霊薬とを連結し、浦島伝説と支那神仙伝説とを巧みに結合せり。しかれどもこの両伝説の結合は別になお強固なる原因あり。支那神仙中の蓬萊山が、日本に移動し固定せしこと、これその原因なり。けだし蓬萊の神女云々のことは最古の浦島物語に見え、しこうして富士と不死と国音相通ずるより、自ら富士山に関して、『竹取物語』『詞林採葉抄』『富士山縁起』等に見えたる説話を生ずるに至りしなり。富士のごとき秀麗無双の高峰に関して、かかる説話の生ずるははなはだ自然の現象にして、いずれの国民にありてもその例数うるにいとまあらざるべし。

蓬萊を日本とするに至りし最初の起りは、秦の徐福の故事にはじまる。近世においては曲亭馬琴、その著『弓張月』において女護島のことを記する条にこのことを記せり。富士神仙説に関しては、『詞林採葉抄』にいうところ最詳なり。いわく、

古老伝曰。此山麓垂馬里有二老翁一。愛レ鷹、嬢飼レ太。後作レ箕為レ業。竹節間得二少女一。容貌端厳光明照耀。爰桓武天皇御宇。延暦之比。諸国下二宣旨一。被レ撰二美女一。坂上田村麿。為二東国勅使一。富士裾老翁宅宿終夜不レ絶二火光一。問二子細一。是養女光明也云。田村麿即上洛奏レ之。於レ是少女。登二般若山一。入二巌崛一畢。帝幸二老翁宅一。翁奏二由緒一。帝悲泣。脱二帝玉冠一。留二此処一。登二頂上一。臨二金崛一。少女出向微笑曰願帝留レ此。帝即入レ崛訖、玉冠成レ石在レ于レ今。彼翁者。愛鷹明神也。嬢飼、犬明神也。已上。

訳註・古老、伝えて曰く、「この山の麓の垂馬里に老いたる翁《おきな》ありて、鷹を愛し、嬢《おうな》は犬を飼いおれり。後には箕を作るを業と為せり。竹節の間に少女を得たり。〔少女は〕容貌端厳にして光明照り耀やけり。爰《ここ》に桓武天皇の御宇、延暦のころ、諸国に宣旨を下して、美女を撰ばる。〔そのとき〕坂上田村麿は東国の勅使と為《な》り、富士の裾の老翁の宅に宿せるに、終夜《よもすがら》火光絶えず。子細《ママ》を問うに、是れ養える女《むすめ》の光明也という。田村麿、即ち上洛してこれを奏す。是《ここ》において少女は、般若山に登り、巌崛に

入り畢《おわ》れり。帝、老翁の宅に幸《みゆき》せらる。翁は由緒を奏す。帝は悲泣し、帝の玉冠を脱し、この処に留め、頂上に登りて金崛に臨みしに、少女は出で向い、微笑して曰く、『願わくば帝よ。此《ここ》に留《とど》まれ』と。帝、即ち崛に入り訖《おわ》れり。玉冠は石と成《な》りて、今に在り。彼の翁は、愛鷹《あたか》明神也。嬢の飼いしは犬明神也。」已上。……

今これを考うるに、当山の縁起の上にいえるなれば、仰ぎてこれを信用すべしと雖も、時代、はなはだ不審也。疑うらくは、天智天皇の若きか。彼の帝は近江宮にて崩じたまうといえども、実は然らず白地に御馬に召して出でまして、隠れたまう所をしらず。宇治山の麓に御鞋片《ひとつ》落ちてありければ、これを取りて山陵に籠たてまつる。鞋石として長三尺ばかりこれあり。富士の金崛へ入たまうは此の帝か。詳しくすべし。

鴨長明巡歴記に云く、(取要)此の山の傍らに採竹翁という者あり。宅の後の竹林にして、鶯の卵子を得たり。養いて子とす云々。帝、叡聞におよびて、御狩遊の由にて、姫の竹亭に幸ありて、鴛の契をむすび、松の齢をひきたまう。竹姫、後日を契り申しければ、帝、空しく返りたまう。かたえの天、是をしりて、飛車を出して迎えて天に昇りぬ。鶯姫帝の御契のさすがに覚えて、不死の薬に歌を書きそえて留めてけり。その歌に云く、今はとてあまの羽衣きる時ぞ、君をあわれとおもいいでぬる。帝の御返歌、逢うことの泪にうかぶ我身にはしなぬ薬もなにかはせん。勅使、智計をめぐらして、富士の嶮に上りて、此薬を焼あげけりと。仍て此山を不死山といいけるを郡の名に付けて富士と申しけるなり。

しこうしてこれらの諸説を合わせて巧みにこれを融合し、これを醇化し、これに仏教的趣味を加えて一部の詩曲となせしもの、すなわち謡曲『富士山』なり。これは浦島伝説には直接の関係なけれども、さきに羽衣説話を論ぜしとき、このことについて詳細にわたるのいとまなかりしかばここにこれを補う。

万葉の詩人の水の江の浦島の子を詠める歌にいわく、

春日之。霞時爾。墨吉之。岸爾出居而。釣船之。得乎良布見者。古之事曾所念。水江之。浦島児之。堅魚釣。鯛釣矜。及七日。家爾毛不来而。海界乎。過而榜行爾。海若。神之女爾。邂爾。伊許芸趍。相誂良比。言成之賀婆。加吉結。常代爾至。海若。神之宮乃。内隔之。細有殿爾。携。二人入居而。老目不為。死不為而。永世爾。有家留物乎。世間之。愚人之。吾妹爾。告而語久。須臾者。家帰而。父母爾。事毛告良比。如明日。吾者来南登。言家礼婆。妹之答久。常世辺爾。復変来而。如今。将相跡奈良婆。此篋。開勿勤常。曾己良久爾。堅目師事乎。墨吉爾。還来而。家見跡。宅毛見金手。里見跡。里見金乎。恠常。所許爾念久。従家出而。三歳之間爾。墻毛無。家滅目八跡。此筥乎。開而見手歯。如本来。家者将有登。玉篋。小披爾。白雲之。自箱出而。常世辺。棚引去者。立走。叫袖振。反側。足受利四管。頓。情消失奴。若有之。皮毛皺奴。墨有之。髪毛白斑奴。由奈由奈波。気左倍絶而。後遂。寿死祈流。水江之。浦島子之。家地見。

訳註・春の日の、霞める時に、墨の吉《え》の、岸に出でいて、釣船の、とおろう見れば、いにしえの、事ぞ念《おも》おゆる、水の江の、浦島の児《こ》が、堅魚《かつお》釣り、鯛釣りほこり、七日まで、家にも来《こ》ずて、海界《うなさか》を、過ぎてこぎ行くに、海若《わだつみ》の、神の女《むすめ》に、たまさかに、い漕ぎ向い、あいとぶらい、こと成りしかば、かき結び、常代《とこよ》に至り、海若の、神の宮の、内のへの、妙なる〔細有〕殿に、たずさわり、二人入りいて、老いもせず、死にもせずして、永き世に、在《あ》りけるものを、世間《よのなか》の、おろか人の、吾妹児《わぎもこ》に、告《の》りて語らく、須臾《しましく》は、家に帰りて、父母に、事も告《の》らい、明日の如《ごと》、我は来《こ》なむと、言いければ、妹《いも》が答《い》えらく、常世《とこよ》べに、また帰り来て、今のごと、相《あ》わむとならば、この篋《くしげ》、開くなゆめと、そこらくに、堅めし言《こと》を、墨の吉《え》に、還り来りて、家見れど、家も見かねて、里見れど、里も見かねて、恠《あや》しと、そこに念《おも》わく、家ゆ出でて、三とせのほどに、墻《かき》もなく、家滅《う》せめやと、此の筥《はこ》を、開きて見てば、もとのごと、家はあらむと、玉くしげ、少し開くに、白雲の箱より出でて、常世《とこよ》べに、棚引きぬれば、立走り、叫ぶ袖ふり、反側《こいまろ》び、足ずりしつつ、たちまちに、心消《け》うせぬ、若かりし、はだも皺《しわ》みぬ、里かりし、髪も白《しら》けぬ、ゆなゆなは、いきさえ絶えて、後ついに、寿《いのち》死にける、水の江の、浦島の子が、家どころ見ゆ。……

この物語のはじめてわが国史に見えしは、『日本書紀』なるべし。雄略天皇の条にいわ

く、

大泊瀬天皇二十二年秋七月。丹波国余佐郡。管川人。水江浦島子。乗レ舟而釣。遂得二大亀一。便化為レ女。於レ是浦島子感以為レ婦。相逐入レ海。到二蓬萊山一。歴二観仙衆一。語在二別巻一。

訳註・大泊瀬天皇二十二年、秋七月。丹波の国余佐郡、管川《つつがわ》の人たる。水の江の浦島子は、舟に乗りて釣《つり》し、遂に大いなる亀を得たるに、便ち化して女《むすめ》と為る。是《ここ》において浦島子は感じて以て婦と為し、相い逐いて海に入り、蓬萊山に到りて、仙衆を歴観せり。語は別の巻に在り。……

つぎに『続後記』巻十九に、仁明天皇の嘉祥二年三月庚辰、興福寺の大法師ら天皇の宝算四十に満ち給うを賀せんために、天人の下降して芥子を拾いし故事、

浦島子暫昇二雲漢一而得二長生一

訳註・浦島子、暫らく雲漢に昇りて、長生するを得たり……

等の像を作り、これに長歌を副えて奉献せしということ見えたり。その長歌の詞にいわく、

大海乃。白浪開弖。常世島。国成建天。到住美。聞見人波。万世能。寿遠延倍津。故事爾。云語来。澄江能。淵爾釣世志。皇之民。浦島子加。天女。鉤良礼来弖。紫雲泛引。片時爾飛往天。是曾此乃。常世之国度語良比弖七日経志加良。无限久。命有志

波。此島爾許曾。有介良志。云々。

訳註・大海《おおうみ》の白浪開《わけ》て、常世《とこよ》島《じま》、国成建《なしたて》て、到住《いたり》み、聞き見る人は、万世《よろずよ》の、寿《いのち》を延《の》べつ、故事《ふるごと》に、いい語《つ》ぎ来《きた》る、澄の江の、淵《ふち》に釣《つり》せし皇《きみ》の民《たみ》、浦島の子が、天女《あまつめ》に、釣られ来りて、紫の、雲泛引《たなびき》て、片時《ときのま》に飛び往きて、是《これ》ぞ此の、常世の国と語《から》いて、七日経しから、限り無く、命有りしは、此の嶋にこそ有りけらし云々。……

あるいは常世之国といい、あるいは蓬莱山といい、あるいは亀化為女といい、あるいは天女釣良礼来弖と歌い、一方には海神の宮殿に二人入り居て、老いもせず、死にもせずして云々と伝え、他方には暫らく雲漢に昇りて、長生するを得たりと記す、そのいうところ、精細異同にしていずれが原始の説話を最もよく伝うるやをしるべからず。いまその比較研究をなすにさきだって、なお一個の参考すべき古伝あり、『釈日本記』に引用せる『丹後国風土記』これなり。

『丹後国風土記』の記するところ、上に引きし諸伝に比してすこぶる詳なり。今その前後を省略してこれを引かんに、その伝に曰く、

云々。為レ人姿容秀美風流無レ比。中略。長谷朝倉宮御宇天皇御世。嶼子独乗二小船一。汎出二海中一。為レ釣経二三日三夜一。不レ得二一魚一。乃得二五色亀一。心思二奇異一置二于船中一即寐。忽為二婦人一。其容美麗更不レ可レ比。嶼子問曰。人宅遥遠。海庭人乏。詎人忽来。女娘微笑対曰。風流之士独汎二蒼海一。不レ勝二近談一。就二風雲一来。嶼子復問曰。風雲何

処来。女娘答曰。天上仙家之人也。請君勿レ疑。垂二相談之愛一。爰嶼子知二神女一。慎懼疑レ心。女娘語曰。賤妾之意。共二天地一畢。倶二日月一極。但君奈何早先二許不之意一。嶼子答曰。更無レ所レ言何懈乎。女娘曰君宜三廻レ棹赴二于蓬山一。嶼子従往。女娘教令レ眠レ目。即不意之間。至二海中博太之島一。其地如レ敷レ玉。闕台晻映。楼堂玲瓏。目所レ不レ見。耳所レ不レ聞。中略。于レ時嶼子。遺二旧俗一遊二仙都一。既経二三歳一。忽起二懐土之心一。独恋二二親一。故吟哀繁発。嗟嘆日益。女娘問曰。比来観二君夫之貌一。異二於常時一。願聞二其志一。中略。女娘取二玉匣一。授二嶼子一謂曰。君終不レ遺二賤妾一。有二眷尋一者。堅握レ匣慎莫二開見一。即相分乗レ船。仍教令レ眠レ目。忽到二本土筒川郷一。即瞻二眺村里一。人物遷易。更無レ所レ由。爰問二郷人一由。水江浦嶼子之家人。今在二何処一。郷人答曰。君何処人問二旧遠人一乎。吾聞古老等相伝。曰先世有二水江浦嶼子一。独遊二蒼海一。復不二還来一。今経二三百余歳一者。何忽問レ此乎。即啣二棄心一雖レ廻二郷里一。不レ会二一親一。既逕二旬日一。乃撫二玉匣一而感二思神女一。於レ是嶼子忘二前日期一。忽開二玉匣一。即未レ瞻之間。芳蘭之体。率二于風雲一。翩二飛蒼天一。嶼子即乖二違期要一。還知二復難レ会。廻レ首踟躕。咽レ涙徘徊。于レ斯拭レ涙。歌曰。云々。神女遥飛二芳音一歌曰。云々。下略

訳註・云々。為人《ひととなり》、姿容《すがたうるわ》秀美しく、風流《みやび》なること比《たぐ》いなかりき。…（中略）…長谷《はつせ》の朝倉の宮に御宇《あめのしたしろ》しめしし天皇《すめらみこと》の御世《みよ》、嶼子《しまこ》、独り小船に乗りて海中《うみなか》に汎《うか》び出でて釣《つり》するに、三日三夜を経るも、一つの魚だに得ず、乃ち五色《いついろ》の亀を得たり。心に

奇異《あやし》と思いて、船の中《うち》に置きて、即《やが》て寝《ね》るに、忽ち婦人《おみな》と為《な》りぬ。その容美麗《かたちうるわ》しく、更比《またたぐ》うべきものなかりき。嶼子《しまこ》、問いけらく、「人宅遙遠《ひとざとはるか》にして、海庭《うみにわ》に人乏《な》し。詎《いずれ》の人か忽《たちま》ちに来つる」といえば、女娘《おとめ》、微笑みて対《こた》えけらく、「風流之士《みやびお》、独り蒼海《うみ》に汎《うか》べり。近《した》しく談《かた》らわむおもいに勝《た》えず。風雲《かぜくも》の就来《むたき》つ（神仙境を風雲の彼方とし、風雲に乗って飛行するというによる詞）」といいき、嶼子、復《また》問いけらく、「風雲は何《いずれ》の処よりか来つる」といえば、女娘答えけらく、「天上《あめ》の仙《ひじり》の家の人なり。請うらくは、君、な疑いそ。相い談《かた》らいて愛《うつく》しみたまえ」といいき。ここに、嶼子、神女《かむおとめ》なることを知りて、慎み懼《お》じて心に疑いき。女娘、語りけらく、「賤妾《やっこ》が意は、天地《あめつち》と畢《お》え、日月と極まらむとおもう。但《ただ》、君は奈何《いかに》か、早《すむや》けく許不《いなせ》の意《こころ》を先《し》らむ」といいき。嶼子、答えけらく、「更に言うところなし。何ぞ懈《おこた》らむや」といいき。女娘《おとめ》曰いけらく、「君、棹を廻らして蓬山《とこよのくに》に赴《ゆ》かさね」といいければ、嶼子、従《つ》きて往かむとするに、女娘《おとめ》、教えて目を眠らしめき。即ち不意《とき》の間《ま》に海中《うみなか》の博く太きなる島に至りき。その地《つち》は玉を敷けるが如し。闕台《うてな》は晻映《かげくら》く、楼堂《たかどの》は玲瓏《てりかがや》きて、目に見ざりしところ、耳に聞かざりしところなり。…中略…時に嶼子、旧俗《もとつくに》を遺《わす》れて仙都《とこよ》に遊ぶこと、即に三歳《みとせ》に経《な》りぬ。忽ちに土《くに》を懐《おも》う心を起し、独り、二親《かぞいろ》を恋う。故《かれ》、吟哀《かなしび》繁《しげ》く発《おこ》り、嗟嘆《なげき》日に益《ま》しき。女娘《おとめ》問いけらく、「比来《このごろ》、君夫《きみ》が貌《かおばせ》を見《み》るに、常時《つね》に異なり。願わくばその志《こころばえ》を聞かむ」といえば…（中略）…女娘、玉匣《たまくしげ》を取りて嶼子に授けて謂いけらく、「君、終《つい》に賤妾《やっこ》を遺《わす》れずして眷尋《かえりみたず》ねむとならば、堅く匣を握《と》りて、慎《ゆめ》、な開きたまいそ」といいき。即《やが》て相《あい》分れて船に乗る。仍《すなわ》ち教えて目を眠らしめき。忽ちに本土《もとつくに》の筒川の郷《さと》に到りき。即ち村里を瞻眺《ながむ》るに、人と物と遷《うつ》り易《かわ》りて、更に由るところなし。爰《ここ》に郷人《さとびと》に問いけらく、「水の江の浦嶼《うらしま》の子の家人《いえびと》は、今何処《いずく》にかある」というに、郷人答えけらく、「君は何処の人なればか、旧遠《むかし》の人を問うぞ。吾《あ》が聞きつらくは古老等《ふるきおきなたち》の相伝えて曰《い》えらく、先世《さきつよ》に水の江の浦嶼の子というものありき。独り蒼海《うみ》に遊びて、復《また》還り来ず。今、三百余歳《みももとせあまり》を経《へ》つといえり。何ぞ忽ちに此を問うや」といいき。即ち棄てし心を銜《いだ》きて（放心の様子で）（啣《なげ》きては訛）郷里《さと》を廻れども、一《ひとり》の親しきものにも会わずして、既に旬日《とおか》を逕《す》ぎき。乃ち、玉匣を撫でて神女《かむおとめ》を感思《した》いき。ここに、嶼子、前《さき》の日の期《ちぎり》を忘れ、忽ちに玉匣を開きたれば、即ち瞻《めにみ》ざる間に、芳蘭《かぐわ》しき体《すがた》、風雲《かぜくも》に率《したが》いて、蒼天《あめ》に翩飛《とびか》けりき。嶼子、即ち期要《ちぎり》に乖違《たが》いて、還復《またふたた》び会い難きことを知り、首《かしら》を廻らして踟蹰《たたず》み、涙に咽びて徘徊《たちもとお》りき。ここに涙を拭いて歌いしく。云々（この歌、常世べに、雲たちわたる、水の江の、浦島の子が、言持ちわたる）。神女《かむおとめ》、遥かに芳《かぐわ》しき音《こえ》を飛ばして歌いしく云々。……

以上は浦島物語に関する最古の徴証にして、かの『群書類従』に載せたる『浦島子伝』もしくは『続浦島子伝』の如きは、これらを元にして潤色して作為せしものなり。『浦島子伝』には七世の孫に値わずといい、写本の『日本後記』には『淳和天皇天長二年。今歳、浦島子帰《ル》レ郷《ニ》。雄略天皇《ノ》御宇入《リ》レ海《ニ》、至《ル》レ今《ニ》三百四十七年《ナリ》』と記せり。諸伝のいうところ、精細異同一致し難しといえども、要するにその大体において異ることなし。

いまこの説話においてまず決定すべきことは、島子の赴きしところなるべし。あるいは常世の国といい、あるいは蓬萊山という。そのいずれをもって正しとすべきか。浦島が釣せしこと、海上にて少女に遇いしことについて、諸伝相一致す。海中にて現われし少女をもって海神の娘とし、その棲処をもって海底の宮殿とする説話は、その結構において最も自然にして、したがって最も信ずべきものなり。この点において万葉の長歌は、その叙説の順序きわめて自然に近く毫も彫琢を加えたる痕跡を見ず。その説話の全体において理解すべからざる点なし。『続後紀』に載せたる長歌においても、少女を天女とせし点は異なれども、常世国といえる点においては右の伝と一致するを見る。天女の義を神女とせばこの説も解すべからざることなし。天女の釣られしということは、いかにしても不自然なるをまぬがれず。蓬萊山の仙女云々は、支那神仙説の常套なり。しかれども仙女が海中に入りて五色の亀と化せしということはすこしく疑うべく、いわんや霞を吸い水を飲み、清浄高潔、無為括淡を旨とする蓬萊仙郷の神女が、老荘の教を奉ずる支那の道士に現われずして、いかに浦島の美目秀眉に神魂を奪われしとするも、渇仰する数多の道士を棄て、亀と化して遥々と海中を潜り、丹波なる与謝の入江に出現し、猥褻にも秋波を湛えて漁夫の歓心を哀求するがごとき、とうてい了解すべからざることに属す。これすでにその根柢において疑うべし。加うるに風土記の記事は、その前後において矛盾せるところあり。女娘もし天上仙家の人ならばこれ天仙なり。その居所が海上の島なること、これ解すべからざる一つ。箱より出でし白雲の蒼天に向いて飛去りしは、その居所が海中の島なるにかなわず。これ解すべからざる二つ。神女遥飛芳香歌事、空中を翔あるく天仙としてはさることなれども、遥遠の海島に棲む仙女としては、すこしく当を失す。これ解すべからざる三つ。よって思うに、かの少女をもって蓬萊の神仙とし、あるいは天上の仙女とし、あるいは浦島子暫昇雲漢而得長生などというは、いずれも支那神仙譚より藉り来たりて附会せし記事にして、おそらく純粋の浦島説話にはあらざるべし、

余は以上の理由によりて、万葉の長歌に見えたる説話をもって、原始の説話に最も近きものなりと信ず。一般に潤色修飾にふけるは支那文人の特色にして、漢文をもって記すものは、ややもすればかえって事相の真面目を晦渋ならしむるのに弊なしとせず。いわんや支那神仙譚のごとき、その日本に伝わるや、多数の崇拝者を生じたるべければ、当時の文人者流がこれに模倣せんことをつとめしこと、すこぶる自然の勢なり。けだし支那神仙説のわが国に伝わりしことはなはだ久しく、すでに万葉中その証跡あり。万葉巻五に、

和我佐可理。伊多久久多知奴。久毛爾得夫。久須利波武等母。麻多遠知米也母

訳註・吾が盛り、いたく降《くた》ちぬ、雲に飛ぶ、薬食《は》むとも、またおちめやも、〔おちは若返るをいう〕……

これ、八公安短去時。余薬器置庭中。雞犬舐啄之。尽得昇天。故雞鳴天上。犬吠雲中也。

訳註・八公安短去れる時、余《われ》、薬器を庭中に置きしに、雞と犬と舐めて之を啄《ついば》みければ、尽《ことごと》く天に昇るを得たり。故に雞は天上に鳴き、犬は雲中に吠ゆる也。……

と『神仙伝』にいえる淮南王劉安の故事をいえるなり。同じく巻三

此暮。柘之佐枝乃。流来者。梁者不打而。不取香聞将有。……

（仙柘枝《つみのえ》歌三首の二）

訳註・此の夕べ、柘のさ枝の、流れこば、梁《やな》は打たずて、取らずかもあらむ。……

および

（仙柘枝歌第三首）

『古爾。梁打人云々』の歌に題して、『仙柘枝歌』といい、

訳註・古えに、簗打つ人の（無かりせば、ここもあらまし、柘の枝はも。……）

これに註して『柘枝仙媛云々』といえるは、吉野神女を仙に取なりししなり。

訳註・仙柘枝歌第一首「霰ふり、きしみが嶽を、さがしみと、草取りかなわ、妹が手を取る」について、右一首、「或はいう。吉野の人、味稲《うましいね》、柘枝仙媛に与えし歌也。但柘枝《つみのえ》伝を見るに、この歌有ること無し」とあるをいう。……

はなはだしきに至りては、松浦佐用姫を仙媛といえり。巻五、吉田連宜が歌にいわく。

伎弥乎麻都。麻都良乃于良能。越等売良波。等己与能久爾能。阿麻越等売可忘。

訳註・君を待つ、松浦の浦のおとめらは、常世《とこよ》の国の、あま少女《おとめ》かも。……

しこうして『雄略紀』に蓬萊山をとこよと訓せしを見れば、この歌もまた佐用姫をば蓬萊の仙女に取なりしこと明なり。しかれども常世国は蓬萊山にあらず、蓬萊山をとこよと訓ずべき理由なければ、蓬萊仙女云々のことは、後人の附会説たるや疑うべからず。

その二

ある条件の下に天女の人間に降りしということ、支那神仙説にもその例なきにあらざることは、羽衣説話を説明せしおりいいしがごとし。しかれども浦島説話に見ゆるごとき神人の結合は、全然支那神仙説と相いれず、この点において、両者の間に根本的の差異あり。余輩は別に日本説話界に浦島説話に比較すべき好個の説話を有す。『古事記』に見えたる天津日高日子穂手見命、海宮行幸の説話すなわちこれなり。日子穂々出見命、その兄火照命の鉤を海に失いしによりて、兄神に責められて海辺に泣患い給うに、塩椎の神出で来つ、『われ、汝命のために、善議せんといいて、すなわち無間勝間の小船を造りて、その船に載せ奉りて教していわく、われその船を押流さば、ややしばし往ませ。味御路あらむ。すなわちその道に来て往者、魚鱗のごとく造れる宮室、その綿津見神の宮なり。云々と教えまつりき。』かくて教のままに海神の宮の御門に到りましき。『その海神の女、豊玉毘売命、奇しと思して、出見て。すなわち見感て、目合して、その父にわが門に麗しき人ありといい給いき。その海神自ら出見て、この人は天津日高之御子虚空日高にませりといいて、すなわち内に率て入れ奉りて、美智の皮の畳八重を敷、また絁畳八重をその上に敷きて、その上に坐せ奉て、百取の机代の物を具えて、御饗して、すなわちその御女豊玉毘売を婚せ奉りき、故三年というまで、その国に住給いき。於レ是火遠理命、その初の事を思して、大なる歎一つし給いき。故豊玉毘売命、その御歎を聞かして、その父に白し給わく、三年住給えども、恒は歎かむこともなかりしに、今夜大なる歎ひとつし給いつるは、若何の由故あるにかと白給えば云々。』かくて海神の計にて鉤を得、鰐に乗りてたちまちの間に帰給う。『是において海神の女、豊玉毘売命、自ら参出て白給わく、妾已妊身を、今臨産時になりぬ。此を思うに、天神の御子を、海原に生み奉るべきにあらず。故参出到つと白し給いき。…（中略）…その子産まさんとする時に、その日子に白して言わく。凡て佗国の人は、臨産になれば、本つ国の形になりてなも産生なる故、妾も今本の身になりて産なむとす。妾をな見給いそと白し給いき。是においてその言を奇しと思ほして、その方に産給うを竊伺い給えば云々。かの豊玉毘売命、その伺い見給いし事を知ろしめして、心恥かしとおもいして云々、即ち海阪を塞ぎて返り入ましき。…（中略）…然れども後は、その伺い給いし情を恨みつつも、恋しきに忍び給ずで、その御子を治養し奉る縁によりて、その弟玉依毘売に附て、歌をなも献り給いける。その歌に曰く、云々。しかりその比古遅答給いける歌曰、云々。』

今この説と浦島説話とを比較するに、その説話の根本的性質においては、のちにつまびらかにこれを論ぜんごとく、解釈法のいかんによりてははなはだしき相違あるも、その解釈法を等しくするときは、この両説話はその性質において同一なるのみならず、その形式においても類似の点ははなはだ多し。けだし一個の説話は、その性質において必ずしもつねに単純なるものにあらず。その歴史的発達の間において、幾多の変遷を経、種々異様の成分を混化すること少なからず。されば同一の説話にして、両様の解釈を施し得べきことあるも、あえて怪しむにたらざるなり。海神の女来りて漁夫を海宮にともない、漁夫と相婚す。これ浦島説話の骨子なり。海幸山幸の段においては、火遠理命海宮に到り、海神の女と婚す。ともに神人の結合なり。この点においては両個の説話全くその軌を同一にす。余はこの両個の説話を名づけて、古来の呼法に従いて、日本古代の説話界における両個の海宮説話といわん。

けだし神人結合の説話にはなお他にその類例あり。『古事記』白檮原宮《かしはらのみや》段にいわく、

更に大后《おおきさき》と為《せ》む美人《おとめ》を求《ま》ぎたまう時に、大久米命《おおくめの》曰く、「此に神の御子なりと謂す媛女有り。其《そ》の神の御子と謂す所以は、三島湟咋《みしまのみぞくい》の女《むすめ》、名は勢夜陀多良比売《せやだたらひめ》、其の容姿麗美《かたちうるわ》しければ、美和《みわ》の大物主神《おおものぬしの》、見感《みめ》でて、其の美人の大便為《ま》れる時、丹塗《にぬり》矢に

化《な》りて、其の大便為《ま》れる溝《みぞ》より流れ下《くだ》りて、其の美人の富登《ほと》を突《つ》き給いき、爾に其の美人驚きて、立ち走り、伊須須岐伎《いすすきき》。乃ち其の矢を将《も》ち来て、床の辺《べ》に置きしかば、忽ちに麗《うるわ》しき壮夫《おとこ》に成りて、即ち其の美人を娶りて云々

同じく水垣宮段にいわく、

此意富多々泥古《このおおたたねこ》と謂う人を神の子と知る所以《ゆえ》は、上《かみ》にいえる活玉依毘売《いくたまよりひめ》、其容姿端正なりき。是に壮夫《おとこ》有りて、その形姿威儀《すがたよそおい》時に比《たぐ》いなきが、夜半《よなか》の時に儵忽《たちまち》に到来《き》つ。故《かれ》、相感《めで》て共婚《まぐわ》いして共住《すめ》る間に、未だ幾時《いくだ》もあらねば、其美人《おとめ》妊身《はらみ》ぬ云々。

次に又応神天皇の条に、

昔新羅国主、名は天之日矛と謂あり云々。然共猶赦さざりければ、其腰の玉を解て、其国主の子に幣しつ、故其賤夫を赦して、其玉を将来て、床辺に置りしかば、即美麗嬢子に化りぬ、仍婚して嫡妻と為たりき。爾其嬢子常に種々の珍味を設て、恒々其夫に食めき。故其国主の子、心奢て妻を詈れば、其女人凡吾は汝の妻に為べき女に非ず。吾祖の国に行むとすと言て。即竊て小船に乗て、逃遁渡来て、難波になも留ける。倭迹々姫命、大物主神の妻になる。神夜のみ来て昼見えず。ついに姫の乞うままにその形を現わせしに蛇なりしかば、姫驚て陰を撞て死せしということ、『日本書紀』崇神天皇の条に見ゆ。前にいいし吉野の仙女、柘枝と化して、味稲という男の梁にかかる、男これを取りしに美人となりしかば、感じて相住けるということは、『懐風藻』の詩に作れり。これらの神人結合の説

話は、未開人民が、神人の間に恋愛の成立ならびに結婚の可能を信ぜしより成立せしものとして、その一部分を解釈するを得べし。

さらに説話の形式の側より、かの両説話を比較せむ。両説話ともに、釣魚のことをもってはじまる、これ類似の第一点なり。ともに舟に乗りて海宮に赴くこと、これ類似の第二点なり。その赴きしありさまの不可思議なること、これ類似の第三点なり。その道途の遥遠なることこれ類似の第四点なり。神人ともに容姿の美麗なること、これ類似の第五点なり。恋愛の情まず神女の胸中に発すること、これ類似の第六点なり。海宮の壮麗にして人界に比すべからざること、これ類似の第七点なり。海宮に留まる三年ということ、これ類似の第八点なり。ここに至りて往事を回想して、心楽しまず一方には吟哀繁発といい、一方には大なる嘆一つし給いきという、これ類似の第九点なり。しこうして神女に怪まれ、その中心の秘密を問わるるに至るということ、これ類似の第十点なり。浦島は期に背きて玉篋を開き、火遠命は豊玉姫の言に背きて、鵜葺草の産殿を竊かに伺い給い、それがために永久離別せざるべからざるに至る、これ類似の第十一点なり。最後に相慕い悲しみて歌を作るということ、これ類似の第十二点なり。

かの第十一点、すなわち契約の違反が永久離別の原因となるの点は、人類学的神話学者の最も興味を感ずる所なり。ラングはその著『風習と神話』において、この点に関してつまびらかにその説を述べたり。彼はまず Yajur Veda に見えたるウルヴァシとプルラヴァスの説話に関して、言語学派の試みし解釈を非難して、すべてこの種の説話は未開時代において、配偶者間に存する厳重なる風習の結果として生ぜしものなることを主張し、ある条件の下に結合したる配偶者の一方が、その条件を履行せざるより両者の分離を来すものなりと説明し、その証として現今の未開人種の間に存する配偶者間の種々の厳重なる風習をあげ、しばしば争論の点となりたるサンスクリット中の有名なる蛙の説話ならびにOjibway人の間に存する海狸の説話をも、この説明によりて十分に解釈せらるべしと述べ、最後に印欧諸民族間の羽衣説話におよび、この種の説話がひとり印欧民族のみならず、ファルレルがその著『太古の風習』に示せるごとく、アルゴンキンまたはボルネオ等にも存するは、言語学的解釈の不能を示すものなりと論ぜり。この説明は、ギリシヤ神話の智神と愛神との説話の解釈にはじまる。いわく『ここに一の風習あり、現在これを有する国民は、すでに開化して、その現在の思想をもって、この風習を解釈すべからざることあり。これこの風習はこの国民がなお幼稚にして迷信にふけりし時代に生ぜしことを示すものにして、この風習の起原をたずぬるには同じ慣習を有する他の未開人種を求むべし。かくして神話の意義を発見するを得べし。同じ開化の程度は、同じき慣習を生ずるものなればなり。』またこれらの説話において、配偶者の一方が常に動物なるゆえんにつきてはいわく、『野蛮の口碑は人類と動物とを同じ水平におきて、人類は動物より出でたりとすることあり。ゆえに人と動物との交合または結婚のこと、しばしば説話中に見ゆ。』この説明はいかなる程度まで、これらの説話を解釈し得るや。

右の非難に対する、言語学派の老将マクス・ミュラーの答弁にいわく、『論者は余輩に教えていわく、智神と愛神との説話ならびにウルヴァシとプルラヴァスとの説話のごときは、「タブー」taboo の違反として説明せらるべきものなりと。しかれども、この「タブー」という用語は、これを禁制のおのおのの場合に応用して、果して正当なるを得るや。禁制にも種々の場合あり。Bluebeard がその妻妾に加えし禁制のごとき、これを「タブー」と名づく、そのあたるゆえんをしらず。かのウルヴァシがその夫の裸体の状を見て、ただちに消え失せて行く処をしらずというがごときは、朝陽東天の雲霧を払いて、曙光自ら消滅すという、自然の理に出ずるものにして、「ヴェダ」に見えたる一の譬喩に太陽の呼吸をはじむるや、曙光たちまち死すとあるに等し。かかる条件は不可避的因果関係の知識よりしてはなはだしばしば生ずるものにして、これを「タブー」と称するは適当ならず。ただしかの智神と愛神との説話は、その成立クロノスならびにツォイスの説話よりはなはだ新しくむしろ哲学的説話と称すべきものにして、その所属全く一般神話の範囲以外にあり。「タブー」のごときも、必ずその中になんらかの道理を有すべければ、人類学派神話学者 Hottentotic scholars たるもの、決してその名目のみをもって、満足することなく、少くともこれを発見せんことを勉めざるべからず。』その言はなはだ理あり。ラングの説、一面の真理なきにあらざるも、要するに言語学派の説を非難するに急にして自己の欠点に注意せざるものなり。もしラングの言えりしごとく、未開時代において配偶者の間に厳密なる風習存在せしこと、ならびにこの風習の違反が離別の原因となりしこと、明かに証明せられたりとすれば、彼の説明はこれらの説話の一面を解釈せりというべし。しかれどもなお足らざるところあり。

ラングの説明には、二個の難点あり。第一なにゆえにこれらの説話において、配偶者の一方は常に人間にして、一方は常に動物ならざるべからざるか。これに関するラングの説明は、いわゆるTotemismあるいはOtemismの学説なり。しかれどもこの学説はその根柢薄弱にして、いまだ確固たる存立を保ち得ずと称せらる。ただ未開人民が人類と動物とを同一の水平におきて、その間に交接結婚の可能を信じたりとの説は一般に許容せらるべければ、これらの説話はこの信仰を示すものとして解するを得べし。しこうしてこれらの説話がすべての場合において、両方の離別にその局を結ぶは、これその説話の結構上、自然の順序にして、別に問題となるほどの価値あるにあらず、いわゆる条件の違反は、種々の説話において有無一定せず、決して説話の根本的成分ということを得ず。次にこれらの説話において、動物中にても、蛙もしくは海狸のごときは少なくして、ひとり鳥に関してのみ、世界各地にこの種の説話の存するはいかに。しこうしてこれらの鳥がすべての場合において、超自然の性質を有し、天上界の存在のごとき観あるはいかに。さらにいずれの場合においても、海または水に関係あるは、なにゆえなるや。いわゆる人類学的解釈は、これらの点に関してついに満足なる説明を与うることあたわず。これその第二の難点なり。この点に関してはすでに羽衣説話を説明せし時につまびらかにこれを述べたればここにまたいわず。

ゆえにもし浦島説話の神女すなわち『丹後国風土記』のいわゆる亀比売をもって亀なりとし、あるいは『続後記』仁明天皇の条に見えし『浦島子、暫昇雲漢云々』の語、およびその長歌の『紫雲泛引片時爾将弖飛往天云々』の句に縁りて、その天女を鳥なりとし、海神の女豊玉毘売をもって蛇なりとし、この両個の説話をもって、人間と水に関係ある動物との結合の説話なりと見るときは、かの心理学的解釈によりてこれを説明するを得べし。しかれども、余はこの観察法をもって誤れるものとし、次の理由によりて、これを神人結合の説話なりとすることの正当なるを主張す。人間と動物との結合をもって骨子とする説話と浦島説話とは、その外形ははなはだ類似するにかかわらず、その性質において根本的の差異あり。前者においてはその舞台常に人界にあり。この説話においてはその舞台たいてい超自然界にあるを常とす。前者にありては、人間と動物との結合をもって説話の骨子とし、この説話においては、人間の神界に到るということならびに彼処における神人の結合をもって、その骨子とす。さらに一個の根本的差異というべきは、前者においてはその配偶者の一方を動物とするも、はた天女もしくは神女とするも、その人界に出現せしは出現者の自由意思に基づくにあらずして、ある原因のためにその出現を余儀なくせられ、もしくはある条件の下に一時人界に淹留するに過ぎず。これに反してこの説話においては、神女の方に恋愛の情まず生じ、これがために人間が神界に赴くに至ることあり。あるいは神界に赴きてのち、かの情想を生ずることあり。あるいは一方の愛のみに止まり、あるいは相互の愛となるも、要するに神人結合の原因が神女の方に存するに至りては即一なり。

　富士の麓の竹林に生れ出でし赫夜姫は、時の帝の召されんとすという由を聞きて、その父母に語りていわく、『吾久しくここに住むべき身にあらず』。丹波国の川辺に降りし天女は、老翁に羽衣を奪われて力およばず翁が子となりぬ。三保の松原に浴せし乙女も、その猟師の妻となりて賤が伏屋に悲しき月日を送りしは、衣を取られて飛行の自由を失いしがためのみ。『ヴェダ』のウルヴァシも、デンニスの『支那俗説』に見えし琉球説話の天女も、その他ラングがあげし、種々の説話に見えたる動物も、みなある事情のために束縛せられ、あるいはある条件の下に一時人間界に留まりしものなり。支那神仙説にも、かかる例あることはすでにさきにいいしがごとし。両者の結合は、ある原因より来りし束縛に基づき、女性の配偶者に恋愛の形迹を認むることあたわず。浦島説話においては、その面目大に異なり。浦島は『姿容秀美風流無類』の男子にして、海神の女これを知りて恋々の情禁ずるあたわず、亀と化してその船中に現われき、神女もまた、『其容美麗更不可比』。豊玉毘売命は、門前の湯津香木の上に座せし火遠理命の容姿に感じ、『すなわち見感でて目合して』その父にわが門に麗わしき人ありといい給いき。『チューリンゲン風土記』

Thüringen Chronicle に見えたる精霊洞 Hörselloch 奥の下界に棲む恋の美神ヴェヌス女神は、フランスの勲爵士、恋と女を題目とせし有名なる恋愛詩人タンホイゼル Tannhäuser を誘いてその宮殿に伴いぬ。スエーデン国のある説話には、結髪の女の家へ向う途中、美しき女神のために山中に誘われ、四十年間帰らざりし男のこと見えたり。またギリシヤの古伝記には、オディソイスが女神カリプソー Nymph Calypso のためにオギギア島に八年間、妖術者シルツェ Circe のために一年間止められしという見ゆ。チェンバーレンの『アイヌ俗説』にいわく、『昔獣を射るに巧なる、美しき壮者あり。ある日山に入りて大なる熊を逐って、熊の疾く走るままに嶮しき山を攀じゆくに、頂に達せしと思うおり、その熊ある穴より地中に入りて、その姿を失いぬ。なお逐いゆくに、暗黒なる洞穴の遥なるかなたに、少しばかり明り見ゆ。進みて穴を出ずれば、身はただちに下界の人となりぬ。そのありさま上界と少しも異ることなし。かくてなお熊を尋ねゆくうちに、その身たちまち一の蛇と化しぬ。ここにある神この男に告げ給わく、云々せば復元の身になりて上界に帰るを得む。されど汝すでに下界の菓実を食いたれば、汝は終に上界の人にあらず。ここに一の女神あり。その神、汝に婚せんとて熊に化して汝をここに誘い給うなりと給う。すなわち、その言のまにまにせしに、その言のごとくなりき。されど久しからずして、病みつきてふたたび下界の人となりき』

皮相的に観察せば、浦島説話も人間と動物との結合の説話と見ゆることなきにあらず。

されどそは一種の謬見に過ぎざるべし。第一、この種の説話に見えたる離別の条件というがごときものは、ラングの言に従えば、一種の習慣ならざるべからず。しかるに浦島の玉手箱は、長生不老の咒力を籠めたる一種の咒符にして、これを開きしがゆえに再会を不可能ならしめしは、離別の条件というべき点なきにあらざるがごとく見ゆるも、毫も習慣の違反と見るべき点なし。こは単に、不死の国の住者たるべき担保として見るを妥当なりとす。ただし海幸山幸の説話の後段は、ラングの説明法によりて解釈しがたきにあらず。この説話はその前段と後段とにおいて、いささかその性質を異にするものというべし。第二、彼の動物説話においてはラングは Totemism の学説を取れり。余は浦島説話において動物神性の信仰をもってこれを論ぜんと欲す。思うにわが古語においては、迦微《かみ》という語はきわめて複雑なる意義を有す。鳥獣草木海山なども、不可思議の観念を与えしものは、皆これを神といえり。『枕詞燭明抄』大口真神原の註に、『是は昔明日香地に老狼ありて、多く人を喰う。土民恐れて大口神という云々』と見え『万葉集』にも、

大口能。真神之原爾。零雪者。甚莫零。家母不有国。

訳註・おおぐちの。まがみの原に。ふる雪は。いたくなふりそ。家もあらなくに。

……

の歌いでたり。古えかかる類を神といいしは、『欽明紀』に秦大津父の語に、

山逢二狼相闘汙血。云々。汝是貴神而楽麤行。

訳註・山に二つの狼の相闘《くいあ》いて血の汙《ぬ》れたるに逢えりき。云々。汝《いまし》は是貴《これかしこ》き神にして麤《あら》き行《わざ》を楽《この》む云々。……

と見え、又同じ紀に巴提便《はすひ》、虎に向っていわく、

汝威神。愛子一也。

訳註・汝威《いましかしこ》き神、子を愛《めぐ》むこと一《ひとくさ》なり。……

これを万葉詩人は『韓国にては、乃ち虎を神と云うか云々』とよめり。素戔嗚尊は蛇をば可畏之神とのたまいぬ。かくのごとく未開人民が、あるいは可畏とし、あるいは霊異なりとし、あるいは神怪なりとして神視せし諸動物と、かの動物説話に見えたる水禽のごとき、蛙のごとき、海狸のごとき、それ自身においても毫も霊異、神怪、可畏等の性質を具えざる諸動物とを比較して、その未開人民の想像力に与えたる感化の、いかばかり異るかを察するものは、またこれらの動物説話とかの似而非的動物説話が、その外見上多少類似するところありとするも、説話としてのその根本的性質においては、両者の間に渡すべからざる大なる海湾の存することを知るべし。

その三

以上論ぜしところによりて、浦島伝説の性質は、たいていこれを明かにし得たりと信ず。

次に余はかかる伝説の発生するに至りし原因をば、国民の思想上あるいは信仰上に求めんと欲す。さきに羽衣伝説を説明せし時、余は次のごとくいいぬ。『いわゆる心理学的説明とは、未開人民の単純なる心的状態を考え、その想像力に自然の与えし強大なる感化を認む。その説にいわく、太古人民は天空の蒼々として際涯なきを見て、滄海の宏闊なるを思い白雲の浮遊するを見て、あるいは白帆の往来すと想像し、あるいは白鳥の遊泳すと想像せり』と。かくのごとくして、未開人民は天上界に超自然的住者を想像し、時としてはある目的のために、もしくはある条件の下に、人間との接触結合を信じたり。これすなわち、いわゆる「アントロポモルフィズム」の結果にして、神話発生の必須的条件なり。未開人民が上界に超自然的住者を想像せしゆえんはまた彼等が下界の超自然的住者を想像するに至りしゆえんにして、その上下の区別はすなわちこれあるも、その天然的基礎を有する信仰たるに至りては即一なり。けだし人智いまだ進まず科学いまだ起らざりし未開の時代にありて、激浪の鞺鞳澎湃なるを見て海神の憤怒によると思い、火山の激烈なる作用を見て、地下に火神あるを思う。高山に登りて深谷を下瞰すれば、地の厚さはかり知るべからず。深山の叢林は鬱乎として、そのつきるところを知らず、人跡の至らざるところ、幽谷断崖巌嵎洞門、その広狭深浅誰かよくこれを知らむ。一葉の孤舟に乗じて滄海に棹さきんか、烟波渺茫としてその際涯を見ず。颶風一たび起れば、潮水天に連り、千尋の海底その秘密を示さんとす。ここにおいてか、深山の奥下界に通ずる洞門ありとし、滄海の底海神の都する宮殿ありと想像す。交通の便いまだ開けず、山に入りて帰らざるものあり。異様の人物海上より来ることあり。地球の形状国土の地理知られざりし当時において、他界との交渉の信ぜられし偶然にあらず。

デンニス氏その著『支那俗説』において論じていわく、『いずれの国民の間においても、下界に通ずる門戸の話あらざるはなし。ことに深山大沢に存する地方にありては文明の空気容易にここに達せざるがゆえに、これらの説話はいよいよその地方に固着するに至る。かくて、アイゼンナッハとゴータの間なるヘルゼル山中のヘルゼル洞門は、下界に通ずる門戸なりと信ぜられ、旧時はその洞門より夜々呻吟号哭の声洩れ聞こゆと想像せられ、ついには、ヘルゼル Hörsel の義をもって Hore すなわち精霊となすに至れり云々。』前に引ける『アイヌ俗説』に見えたる洞門もこの例なり。『出雲国風土記』にいわく、

出雲郡宇賀郷。自礒西方有窟戸。高広各六尺許。窟内有穴。人不得入。不知深浅也。夢至此礒窟之辺者必死。故俗人自古至今。号云黄泉之坂。黄泉之穴也。

訳註・出雲郡宇賀郷《うがのさと》の、礒《いそ》より西の方に窟戸《いわやど》有り。高さと広さと各々六尺許《さかばかり》なり。窟《いわや》の内《うち》に穴有れども、人は入ることを得ず。深きや浅きやを知られざる也。夢にてもこの礒の窟の辺《ほとり》に至るときは、必ず死す。故《かれ》、俗人《くにびと》は古より今に至るまで、号《なづ》けて黄《よ》泉《み》の坂、黄泉《よみ》の穴と言う也。……

ふたたび『アイヌ俗説』にいわく、『昔一人のアイヌ人、下界に関する説話の真偽をた

しかめんとて、サルブツ河口の大なる洞門に至りぬ。暗黒なる中を探り行くに、終に一点の光明を認めつ、進みて下界に出でぬ云々』。以上の諸説たいてい下界の通路を山中あるいは海浜の岩窟におくに反して、浦島説話がその通路を海中におくを見れば、かのいわゆる常世国は、死後の世界の意味においての下界にあらずして、一種の別世界なるをしるべし。かのタンホイゼルの説話と、浦島説話と、大いにその面目を等しうするにかかわらず、なお同一視しがたきは、宗教的嗅味の存否、これをしからしむるのみ。浦島説話は、その毫も宗教的影響を蒙らざる点においては、支那神仙説にすこぶる類似し、タンホイゼル説話もその根本においては毫も宗教的の性質を具えず、その下界というも同じく一種の別世界にして、死後の世界にあらず、ただその説話の外面にキリスト教的宗教趣味の衣裳を蒙りしがために、本然の快活なる性質を失うに至りしなり。

別世界の存在に関する信仰の発生は前に述べしところのごとし。この信仰の社会の進歩とともにますますその力を増長し、ついに一種の現在教的信仰の形を取るに至りしもの、すなわち支那神仙説なり。この信仰の根底には、現在世界すなわち空間的存在においての人間界に対する倦厭の情と他界すなわち空間的存在においての別世界をもって、現世における極楽世界なりとする迷信との横たわるを見る。現在を棄てて来世をねがう宗教的信仰にあらずしてあくまでも現世に執着しながら、人間界を棄てて神仙の別世界を求めんとの渇仰に外ならず。こはかぎりなき人間の欲望が現在の束縛多き世界に満足するあたわずして、別に一種の楽天地を想像して自ら楽しとせるより起りしものにて、いずれの国民の間においても、多少その傾向なきにあらず。ただ支那の歴史的事情とその国民の性情より、ことに著しく支那において現われしのみ。はじめて支那国の存在、ヨーロッパに知らるるや、支那極楽説起り、マルコポーロによりて、日本インドのこと伝えらるるや、東洋の貧弱国は、黄金国のごとくに信ぜられたり。支那神仙譚が誇張の筆をもって、仙郷の快楽を記するはさらにもいわず。『丹後国風土記』の記事もまた、その仙郷なるを説く。いわく、

其地如レ敷レ玉。闕台映晻。楼堂玲瓏。目所レ不レ見。耳所レ不レ聞。携レ手徐行。到二大宅之門一。女娘曰君且立二此処一。開レ門入レ内。即七豎子来相語曰。是亀比売之夫也。亦八豎子来相語曰。是亀比売之夫也。茲知二女娘之名亀比売一。乃女娘出来、嶼子語二豎子等事一。女娘曰。其七豎子者昂星也。其八豎子者畢星也。君莫レ恠焉。即立レ前引導進入二于内一。女娘父母共相迎。揖而定レ坐。于レ斯称二説人間仙都之別一。談二議人神偶会之喜一。乃薦二百品之芳味一。兄弟姉妹等。挙レ杯献酬。隣里幼女等。紅顔戯接。仙歌寥亮。神儛透迤。其為二歓宴一。万二倍人間一。於レ茲不レ知二日暮一。但黄昏之時。群仙侶等。漸々退散。即女郎独留、双眉接レ袖。成二夫婦之理一。云々。

訳註・其の地は玉を敷けるが如くにして、闕台〔官門の両側にもうけた二つの台門〕映晻〔明るく映え、またくらくなる〕し、楼堂玲瓏として、目に見ざる所、耳に聞かざる所なり。手を携えて徐行し、大宅の門に到れば、女娘曰く、「君且《しば》らく此の

処に立て」と。門を開きて内に入る。即ち七〔人〕の豎子来り相い語りて曰く、「是れは亀比売《ひめ》の夫也」と。亦た八の豎子来り相い語りて曰く、「是れ亀比売の夫也」と。玆《ここ》に女娘の名が、亀比売なることを知りぬ。乃わち女娘出で来る。嶼子は豎子等の事を語れるに、女娘曰く、「其れ七の豎子は昴星也、其れ八の豎子は畢星也、君恠《あや》しむこと莫れ」と。即ち前に立ち引導し進みて内に入るに、女娘の父母も共に相い迎え、揖して坐を定む。斯《ここ》において人間と仙都との別を称説し、人と神とが偶ま会えるの喜びを談議し、乃ち百品の芳味を薦《すす》む。兄弟姉妹等は、杯を挙げて献酬し、隣里の幼女等は、紅顔もて戯れ接《まじ》わり、仙歌寥亮として神仙透《きわ》まり迤《つつ》き、其の歓宴を為すこと、人間に万倍せり。玆において日の暮れるを知らず。但《た》だ黄昏《たそがれ》の時に、群がれる仙侶等は、漸々に退散し、即ち女と郎と独り留まり、双《ふた》つの眉袖に接《まじわ》り、夫婦の理《ことわり》を成せり。云々。……

万葉の長歌にも、

云々。海若。神之宮乃。内隔之。細有殿爾。携。二人入居而。老目不為。死不為而。永世爾。有家留物乎。世間之。愚人之。云々

訳註・海若《わだつみ》の、神の宮の、内のえの、妙なる殿に、たずさわり、二人入りいて、老いもせず、死にもせずして、永き世に、在りけるものを、世間《よのなか》の、おろか人の云々。

……

と見え、『浦島子伝』ならびに『続浦島子伝』のごときは、その筆法全く、漢土文人の模倣なればいうにおよばず、『古事記』は海神の宮殿を形容して魚鱗のごとく作れる宮といい、次に二神結婚の状を叙して、『美智の皮の畳八重を敷、亦絁畳八重を其上に敷て其上に坐せ奉りて、百取の机代の物を具えて、御饗して云々。』という。『チューリンゲン風土記』はいわく、『すなわち命のままに従い行くに、土より花咲き出で、一条の光残りて、行くべき途を示しぬ、洞に入りてヴェヌス神の宮に到り、七年の間、限りなき歓楽を尽せしが云々。』ここに一つつまびらかにしおくべきは常世国ということなり。高天原天岩戸の条に常世の長鳴鳥のこと見え、垂仁帝多遅摩毛理《たじまもり》を常世国に遣して、非時香果を求めしめ給いしこと国史に見ゆ。そもこの常世国はこれをいかに解すべきか。思うに霊異の鳥の棲息し珍奇の菓実の生ずるごとき、すぐれたる国を指して一般に常世国と称したるにて、一定の国を指していえるにはあらざるべし。かくのごとく解するときは浦島の往きし海宮を常世という意も明瞭なり。しこうしてこの解釈の正当なるを示すものは、『常陸国風土記』なり。『釈日本紀』にいわく、

常陸国風土記曰。夫常陸国者。堺是広大。地亦緬邈。土壌沃墳。原野肥衍。墾発之処。海山之利。人々自得。家々足饒。設有二身労耕耘。力竭紡蚕一者。立即可レ取二富豊一。自然応レ免二貧窮一。況復求二塩魚味一。左レ山右レ海。植レ桑種レ麻。後レ野前レ原。所謂水陸之府蔵。物産之膏腴。古人云二常世之国一。蓋疑此地。

訳註・常陸《ひたちの》国風土記に曰く。「夫《そ》れ常陸の国は、堺《さかい》は是れ広大《ひろ》く、地《くに》も亦緬邈《またはるか》にして、土壌《たはたけ》も沃墳《つちこ》え、原野《はらの》も肥衍《つちこ》えて、墾《ひら》発く処なり。海山の利《さち》ありて、人々自得《やすらか》に、家々足饒《にぎわ》えり。もし、身を耕耘《たつく》るわざに労《いたつ》き、力を紡蚕《いとつむ》ぐわざに竭《つく》す者あらば、立即《たちどころ》に富豊《とみ》を取るべく、自然《おのずから》に貧窮《まずしき》を免るべし。況んや復《また》、塩と漁の味《あじわい》を求めむには、左は山にして右は海なり。桑を植え、麻を種《ま》かむには、後《しりえ》は野にして前は原なり。いわゆる水陸《うみくが》の府蔵《くら》、物産《くにつもの》の膏腴《ゆたか》なるところなり。古の人、常世《とこよ》の国といえるは、蓋し疑うらくは、此の地《くに》ならむか。……

即ち常世国の義、楽土なること疑うべからず。

いま浦島説話とタンホイゼル説話を比較するに、楽土の淹留という点において、楽土の女神が淹留者に懸想して彼を迎えしという点において、数年の間留りしという点において、ならびに後に至りて往事を回想して故土をおもうの情起りしという点において、両個の説話は全く一致す。ただその異るところは、かの楽土は人界と日月の長短を異にする長生不老の国なりということの有無のみ。この長生不老云々は、支那神仙説の根本的特色にして、浦島説話は支那神仙説とタンホイゼル説話とをあわせ兼ねたるものなり。ただしここにいう支那神仙説は、単に長生不老の楽土に関する自然純朴なる信仰を指すものとして、かの仙術に関する後世の迷信を含むものにあらず。

『杜陽雑篇』に見えたる元蔵幾が仙界淹留の記事にいわく、

上略。風浪壊レ船。黒霧四合。同済者皆不レ免。而蔵幾独為二破木所一レ載。殆経二半月一。忽達二於洲島一。中略。洲人曰。此滄洲去二中国一。已数万里。乃出二菖蒲花桃花酒一飲レ之云々。蔵幾淹留既久。忽念二中国一。洲人遂製二凌風舸一以送焉。激水如レ矢。不レ旬即達二于東萊一。又略。自二隋大業元年一。至二貞元年末一。已二百年矣。

訳註・〔上略〕……風と浪と、船を壊《こぼ》ち、黒き霧、四《よも》に合《と》じ、同じく済《めた》れる者は皆免れず。而るに〔元〕蔵幾のみ独り破木に載せられ、殆んど半月を経て、忽ちにして洲島に達せり。……〔中略〕……洲の人曰く、「此の滄洲は中国を去ること已《すで》に数万里なり」と。乃ち菖蒲花や桃花の酒を出して之を飲ましむ云々。蔵幾は淹留することと既に久しかりしかば、忽ち中国を念《おも》えり。洲の人は遂に〝凌《グ》レ風舸《ヲフネ》〟を製《つく》り、以て焉《これ》を送れり。激水は矢の如く、旬〔十日〕ならずして即ち東萊〔洲〕に達せり、と。〔又略〕隋の大業元年より貞元年の末に至るまでは、已に二百年なり矣」と。……

これ支那神仙説の一般形式を、最も簡単に示せるもの。火遠理命は初のことを思いて嘆息し給い、浦島子は三歳を経てたちまち懐土之心を起す。蔵幾が淹留すでに久しくして、たちまち中国を念うと、何ぞよく似たる。一尋《ひとひろ》和邇《わに》は一日にして命を送り奉り、蔵幾は旬ならずして、東萊に達し、浦島子の船は瞑目の間、たちまちに本土に到る。また何ぞたがいによく似たる。ただし『丹後国風土記』の文は模倣多くことごとく、信ずべからず。その海中博太之島のごとき、おそらく支那神仙譚の模倣なり。ことにかの七昻星と八畢星とは、明らかに模倣なること、ほとんどこれをいうの要なかるべし、『原仙記』に『玉皇前立七人、北斗七星也』と見え、『神仙感遇伝』に玆宗帝の夢を記する条『二十七仙の云く。我等は二十八宿也。』とあり。同じ書に文広通の事を記していわく、

宋元嘉二十六年。見有二野猪一食二其稼一。因挙レ弩射中レ之。流血而走。尋二血蹤一越二十余里一。入二一穴中一。行三百許歩。豁然明暁。忽見二数百家一。居止莫レ側二其由来一云々。

訳註・宋の元嘉二十六年、見《あきらか》に野猪ありて、其の稼を食《くら》う。因って弩《いしゆみ》を挙げて射るに之に中《あた》り、血を流して走る。血の蹤《あと》を尋ねて十余里を越え、一つの穴の中に入る。行くこと三百許歩《ぽばかり》にして、豁然として明暁《あきらか》となり、忽ちにして数百の家あるを見る。居り止まりしも其の由来を測《はか》る莫《な》し云々。……

その記事何ぞ『アイヌ俗説』に見えたる熊狩と酷似するや。最後に記していわく、

見二所レ用弩一。皆已朽断。初《ハ》謂《ウモ》二少頃《しばらくト》一。巳十二年矣。…中略。…明日与《と》二村人一尋《ルモ》二其穴口一。唯見二巨石塞一。焼鑿不レ可レ為レ攻焉。

このこと何ぞ北米のリップ Rip van Winkle のことと相類するのははなはだしきや。劉阮の故事のごときは、皆人の知るところなれば、これをいわず。なお『博異記』に一個の特例あれば、ここにあげてこの比較の記事を終らむ。この書に陰隠客のことを記していわく、

穿レ井二年。已濬一千尺余。工人忽聞二地中鶏犬鳥雀之声一。則別一天地。中略。門人曰。此皆諸仙初得レ仙者。関送二此国一。修業七十万日。然後得レ至二諸天一。或玉京蓬莱崑

閬姑射。然方得二仙宮職位主籙主印一。飛行自在。又略。此国是下界之上仙国也。汝国之上還有二仙国一。如二吾国一。亦曰二梯仙国一。一無レ所レ異。言畢云々。又略。時人云已三四世矣。開井之由皆不レ能レ知。

訳註・井を穿つこと二年、已《すで》に一千尺余を濬《さら》うに、工人、忽ちに地中に鶏犬鳥雀の声あるを聞く。則ち別の一天地なり。……〔中略〕……門人曰く、此れ皆、諸仙が初めて仙を得たるときは、関して此の国に送り、修業すること七十万日、然る後に諸天に至ることを得と。或は玉京・蓬莱・崑閬〔崑崙山の閬苑〕・姑射〔山名、上の四はすべて仙人の居る処〕などなり。然れば方《まさ》に仙官の職たる位主籙主の印を得て、飛行自在となると。〔又略〕此の国は是れ下界の上仙国也。汝の国の上に還《ま》た仙国有りて、吾が国の如し。亦《ま》た梯仙国と曰い、一として異る所無し、と、言い畢りて云々。〔又略〕時の人云く、已《すで》に三四世なり矣。井を開けるの由は皆、知ること能わず、と。

……

インド、ゲルマン仙郷淹留の説話同時に神人配遇の説話、すなわちタンホイゼルの説話と支那国民の自然純朴なる神仙すなわち仙郷淹留の説話はその一点において相通ずるも、他の一点において相異なり、要するに同一の範疇に属するものにあらず。しこうしてこの両者を一つにあわせ兼ねたるものは、すなわちわが国民が古えより伝えたる最古日本説話の一にして、同時に日本国民の説話宝庫を飾る、最も貴重なる宝珠の一に数うべき瑰麗優美なるわが浦島説話なり。これ浦島説話の解釈なり。

常世の義をもって楽土と解すること、もし許すべからんか、長生不老の国もまた常世国と称すべく、万葉の詩人が、かの海神の宮を称して常世の国といいしこと、まことにその理あり。ただしここに一個の疑問あり。かの長生不死云々の一条は、始めよりわが浦島説話に存せしものなるか。あるいは浦島説話の原始の状態においては、この一条なくして、のちにこの説話に付着せしものなるか。この疑問に答えんことは、おそらくとうてい不可能のことならん。さらに問わむ、かの一条は、日本固有のものなるか、もしくは、支那神仙譚よりかかり来りしものなるか。この疑問に答えんことも、また決して容易の業にあらず、しかれども仙術に関する信仰ならびに不老不死の楽土の説話は前にこれを論ぜしごとく国民思想の発達上自然の現象にして、支那国民の専有にあらざれば、確実なる憑拠あるにあらざれば、輸入の説は成立せざるべし。この点に関して、なおいうべきことあり。『神仙感遇伝』に載せたる文広通の故事の末段と、リップの説話とが、ほとんど同一と見らるべきまで著しく類似するよしは前にいいぬ。しかれども文広通は覚めていながら十二年を過ごし、リップは眠りて二十年を過しぬ、支那神仙説においては、睡眠は必ずしも長日月の経過を覚らざらしむる条件にはあらず。リップの説話においては、睡眠がその必須条件なること、これ両者の重要なる相違点なり。

オランダの移住人が大西洋の浪を横ぎりて、遠き北欧の天地より、ハドソンのはじまるところ、人跡まれなる山間に移植せしかのリップの説話は、単独のものにあらずして、その類例すこぶる多し。しこうしてそのもっとも有名なるものをジャク・ド・ヴォラジーヌ Jacques de Voragine がものせる Legenda Aurea に見えたる『エフェススの七眠者』とす。七眠者はその名をば Maxiwan といい、Malchus といい、Marcian といい、Dionysius といい、John といい、Serapion といい、Constantine という。すべてキリスト教徒にしてエフェススの生れなり。デシウス帝の迫害を蒙り、ことごとく家財を捨てて、セリオン山に隠る。その一人食を求めんとて微行して出で、迫害のいよいよ急なるを聞き、帰りてこれを山中に語る。七人相ともに涕泣せしが、神の恩恵によりて自ら眠りぬ。その後三百六十年を経て、はじめて覚しに、この間ただ一夜の如く覚えき、これその大要なり。思うにこの説話は、そのはじめ東方より来りしもののごとし。第五世紀あるいは六世紀のころ、メソポタミアの一僧正、はじめてこれを文に載せたり。はじめてこれをヨーロッパに伝えしものは、グレゴリー G. of Tours なりしがごとし。その後九世紀のころ、ディオニソス D. of Antioch これをシリヤに物語り、次にこれを伝えしフォーチウス Ph. of Constantinople は、マホメットが、これをその経典にとりし由をいいぬ。十世紀のころ、アラビヤの記録にこれを加えしは、ユウティチウスなり。一方にこの説話がかく分布せし際に、他の一方にはまた別にこれに似たる説話あり。プリニーは叙事詩人エピメニデスが、ある夏の日に洞窟中に眠りしまま五十七年覚めざりしという説話を録せり、こはツォイス神の恩恵によりて、童顔鶴髪のまま永眠を続けしという羊牧者 Endymion の説話を変形せしものなり。いずれにしても、睡眠を主とするに至りては即一なり。要するにこれらの説話は、睡眠そのものの不可思議なる力に重きをおくものにして、浦島伝説ならびに支那神仙説においては、不老長生の神仙界は、人間界と日月の長短を異にすとの信仰に基づくものなり。その間自ら混同すべからざるものあり。みだりに皮相の見をもってこれを判断すべからず。

附言七則

その一 『七眠者』の説話については、これを説明する者あり。いわく、かの七人の者が、三百六十年の間眠れりという、その三百六十という数は、一年の日数に当り、七という数は、一年の時を夏と冬との両期に分つときは、夏期七個月の月数に当る。これは、そのはじめこの七個月間の冬期の中断を種とせる古代の神話より出でて、現在の説話となりしものなりと。ギリシヤ神話に有名なるプロセルピナの説話のごとき、あるいはかの耶蘇復活祭のごとき、その起原を歳時の交代に有するより見るときは、この説もまたその理なきにあらざるに似たり。さて浦島説話に関する種々の伝を見るに、その淹留の年数、おのおの異なれども、その中に于値于七世之孫ということあり、又三百四十七年と記せしものあり。この数は当時の支那暦によれば、同じく一年の日数に当る。ここにおいて疑問生ず。

これらの数は、かの『七眠者』の説話における数と同一の意味を有するや。この疑問はこれを明確に答えんこと、今日の場合においては、ほとんど不可能のことなり。ただ一個の疑問としてここに掲げ、研究者の注意を促し、あわせてこれに関する説明の出でんことを待つのみ。

その二　仙郷が人間界と日月の長短を異にすとの信仰に関しては、支那古書中幾多の徴証あり。諸子中にて荘子列子は好んでこれらのことを説けり。東方朔の『十州記』にいわく、

扶桑云々。又有椹樹云々。仙人食其実。而一体皆作金光色。飛翔玄虚。其樹雖大。其葉及椹。如中夏之桑。但椹希而色赤。九千歳而生実耳。

訳註・扶桑云々。又、椹《くわのみ》の樹有りて云々。仙人其の実を食い、而して一体皆金光の色と作《な》り、玄虚に飛翔す。其の樹は大なりと雖も、其の葉及び椹は、中夏の桑の如し。但だ椹は希にして色は赤し。九千歳にして実を生ずる耳《のみ》なり、と。……

次に『拾遺記』には千年にして一度花咲く石渠見え、万年にして一度実る孤桑樹の事見えたり。『漢武内伝』に西王母、仙桃について武帝に告て曰く、

此桃三千年一生実、中夏地薄、種之不生。

訳註・此の桃は三千年に一たび実を生ず。中夏は地に薄《あれくさ》あるなれば、之を種《ま》くとも生ぜず、と。……

これらは単に植物のことなれども、植物にしてすでに数千歳をもって一歳とせば、その国の住者もまたしたがって自らしかるべき理なり。『呂氏春秋』に見えたる羽人裸民之処、不死の郷のごとき、この類なるべし。老荘の学派は好んでかかることを説き、人間がその原始の自然的状態を遠りて、自らその天寿を短縮するを非難せり。かつ無上の快楽は自ら日月の過ぐるを忘却せしむ。老荘の影響を受けしこと少なからぬ支那神仙説において、かの信仰をいよいよ助長してついにかの淹留説話を生ずるに至りしははなはだ自然のことなりとす。

その三　支那神仙説の淹留説話において、仙界の女性との結合ははなはだ異例なり。これは神仙説の全部に貫通する精神に違反するもののごとし。いまこれらの淹留説話を通観するに、元蔵幾は淹留久しきにおよびその間洲人の斜ならざる歓待を受けしも、ついにこのことなし。文広通は鹿を射しがゆえに老翁に咎められ、ついに老翁に退去を命ぜらる。『博異記』は陰隠客の下界の仙国に赴きしことを記するも、仙国の女性については一言これにおよぶことなし。『原仙記』また採薬民の淹留久しきを記するもこのことにおよばず。『霊異記』の李清淹留の記事また同じ。伐木者蓬球は、仙界に赴きて端妙絶世の四個の女性を見たり。しかれどもただ敬すべくして近づくべからず。ついに懼れて逃れかえりぬ。かくのごときはすなわち支那神仙説の精神を示すゆえんにして、清浄恬淡を旨とし、肉欲をさりて神界に遊ぶ神女たるもの、賤しき人間にその身を汚さしむること、けだし考うべからざるのことたり。ひとり怪しむかの天台の二女、果していかなる者なれば、道に迷える劉阮を誘惑し、単に邀えてわが家にいるるのみならず、これに羊脯を与え、これに牛肉を食しめ、これを閨房に導き、これと春霄の戯をなし、もって神仙の名を損わんとするか。『神仙記』の記するところ、『チューリンゲン風土記』の記事とははなはだ類するものあり。いわく、

劉晨阮肇入二天台一採レ薬。不レ得レ返。経二十三日一饑。遥望三山上有二桃樹一云々。噉二数枝一饑止体充。欲二下レ山以レ杯取上レ水。見二燕菁葉流下一。甚鮮妍。復有二一杯一流下。有二胡麻飯一焉。乃相謂曰。此近レ人矣。遂渡レ山出二一大渓一。渓辺有二二女子一。色甚美。見二二人持上レ杯笑曰。劉阮二郎。捉二向杯一求。劉阮驚。二女遂忻然如二旧相識一。曰来何晩耶。因邀還レ家。西壁東壁。各有二絳羅帳一。帳角懸レ鈴。上有二金銀一交錯。各有二数侍婢一。使レ令。其饌有二胡麻飯一。山羊脯。牛肉。甚美。食畢行レ酒。俄有二群女一。持二桃子一笑曰。賀二汝婿来一。酒酣作レ楽。夜後各就二一帳一宿。婉態殊絶。至二十日一求レ還。苦留二半年一。気候、草木、常是春時。百鳥啼鳴。更懐レ郷。帰思甚苦。女遂相送示二帰路一。郷邑零落。已十世矣。

訳註・「劉晨と阮肇とは天台〔山〕に入りて薬〔草〕を採り、返ることを得ず。十三日を経て饑《う》ゆ。遥かに山上に桃の樹有るを望めり云々。数枝を噉《くら》いしに饑え止まり体は充つ。山を下り杯を以て水を取らんと欲せるに、燕菁の葉の流れ下るを見る。甚

だ蘇妍なり。復《また》一つの杯ありて流れ下る。〔杯の中に〕胡麻の飯有りき。乃ち相い謂って曰く、此れ人に近し矣」と。遂に山を渡りて一つの大いなる渓に出でしに、渓の辺に二りの女子有りて、〔容〕色甚だ美なり。二人が杯を持てるを見て笑って曰く、「劉と阮との二郎、向《さき》の杯を捉えて求む」と。劉と阮とは驚けり。二女は遂に忻然として旧《もと》より相い識れるものの如し。曰く、「来ること何ぞ晩《おそ》き耶《や》」と。因って邀《むか》えて家に還りしに、西壁と東壁とには、各々縫羅《とばり》の帳有り。帳の角《かど》には鈴を懸け、上には金と銀と有りて交錯す。各々数々の侍婢有りて〔命〕令せしむ。其の饌は胡麻の飯有り。山羊の脯や牛の肉は甚だ美〔味〕なり。食畢《おわ》るや酒を行《や》る。俄かにして群女有り。桃子を持ちて笑って曰く、「汝の婿《むこ》の来れるを賀す」と。酒酣《たけなわ》にして〔音〕楽を作《な》す。夜後には各々一つの帳に就きて宿〔泊〕するに、婉なる態《すがた》殊に絶〔佳〕なり。十日に至りたれば還らんことを求めしも、苦《ねんごろ》なりしかば留まること半年。気候も草木も、常に是れ春の時にして、百鳥は啼鳴す。〔然れども〕更に〔故〕郷を懐《おも》い、帰らんと思うこと甚だ苦《ねんごろ》なりしかば、女は遂に相い送りて帰る路を示せり。〔帰りたれば〕郷《さと》も邑《むら》も零落して、已《すで》に十世なりき矣。……

あるいは燕菁を用い、あるいは胡麻飯を用いて、二人を誘いしところ、ヴェヌス女神の所業に似たり。この説話よりその神仙説的の潤色を除けば、浦島説話とほとんど異るところなし。これは一の異例なり。

その四　浦島の玉手箱は、長生不老の呪力を籠めたるものにして、これは呪力信仰の説話に見えたる一例として観察すべきものなり。呪力の信仰はその発生はなはだ早く、『古事記』一部を通観するも、その例証ほとんど枚挙にいとまあらず。ヨーロッパにおいても、その信仰盛んなりしことは、一部の『グリム童話』を見ても明なり。くわしき事は略していわず。

その五　神人結合の説話の中にても、すでに廃れたる古代の宗教の神が今日の宗教のために邪神となりし場合においては、その説話自ら幽暗の色を帯び来り、結合の結果必ず災禍に終る。エルフ説話すなわちこれなり。タンホイゼルは、その半途にあり。右二条の精細なる説明はここに要なければこれを略す。

その六　『酉陽雑俎』に蓬球仙郷に入りて四婦人の共弾棊於堂上を見しことを記す。リップが見し遊戯と全くその軌を一にするものは、いわゆる爛柯の故事なりとす。朝川善庵その著『善庵随筆』においてつまびらかにこれを考証せり。

その七　蓬萊をもって日本とするは、徐福の故事にはじまるよしを前にいいぬ。こは単に富士神仙説の説明としていいたるにて、深くこれを研究するときは、この説を生ぜしはそのよって来るところ、その久しきを知る。支那の古書に、東海の国土に関して荒唐不経の説多く見えたり。しこうして後の神仙説が神仙の棲処を東海中におきしこと、これ日本神仙説の発生を促したる最初の動因というべし。

英雄伝説桃太郎新論

日本五大昔噺ということは、誰がいい出したことか知らぬけれど、多分馬琴の随筆あたりから出たことだろう。「燕石襍志」巻四に、七つの民間説話（猿蟹合戦、桃太郎、舌切雀、花咲翁、兎大手柄、獼猴《おおざる》生胆、浦島之子）の考証が見える。この中から最後の二個を除いた残りが、いわゆる五大昔噺ということになっている。誰がいい出したか知らぬけれど、とにかくおかしなことをいい出したものだと思う。

もっとも最初にいい出した者には、相当の理窟がある。この五個の昔噺は、日本童話文学史上の第四期（日本童話考参照）に至ってはじめて発達したもので、この期のいわゆる絵草紙に現われた民間童話のうちで最もおもなるものであることは、すべての徴証がわれわれに示している。しかしただそれは、その当時刊行された絵草紙を土台としての議論であって、一般には通じない。この五つの他にもこれに比較してみてずいぶん劣らぬ民間童話が、民間に物語られてもいたし、またちょいちょい文学に現われた形跡がある。だから単に日本童話文学史上の議論として、第四期の絵草紙ばかりを標準として五大昔噺という語を使うのは、別にさしつかえはないけれども、いまの学者や教育家の一部の人たちが、一般に日本の童話と外国の童話とを比較して、日本童話の代表者という意味においてくだんの語を使うのは、少しくおかしい。いわんやそれらの人達が物識顔《ものしり》に、日本の童話はその数においては、とても外国にくらべものにはならぬけれども、日本には五大昔噺がある、しかしてその中には桃太郎といって、世界第一の教育的童話といってもあえて不当でないくらいのものがある、などと論ずるに至っては、歴史上、学問上の事実と真理を無視しているばかりでなく、天下に向って日本の文献学の進歩のいかに幼稚であるかを示すようなもので、実に沙汰の限りである。

まず第一に、日本の童話界は、この種の物識の想像しているように、量において貧弱ではない。第二に日本の童話は、右の五大昔噺によって完全に代表され得るように、そんなに種類と形式とにおいて貧弱ではない。最後に、「桃太郎」はかれらが信じているような性質の話ではない。第一の点と、第二の点とは、別に説明をするまでもなく、都会の地を一歩踏出して見たらすぐにわかる。それができぬ者は、文部省へ行って、行政権の力でもって各府県から蒐集された材料を見せてもらうがよい。どうせいつかの方言の調査みたように、よほどの手加減を要するものに相違あるまいけれども、数量と種類と形式が決して貧弱でないということだけは、容易に悟られるだろうと思っている。

第三の点は、ちょっと様子が異っているから、少しく議論をさせてもらいたい。普通の順序を逆にして、結論の方から述べると、「桃太郎」は童話ではない、少くともいわゆる五大昔噺の他の四個と同様の意味においての純粋民間童話ではない。この昔噺を他の四個と全く同じように取扱って、民間童話《フォルクスメールヒエン》の一つとしていろいろに議論をしている一部の世間は、とんだ見当ちがいをしているのである。自分が特に、英雄伝説の文字をこの研究の表題に冠したのは、少しく意味のあることで、必ずしも「桃太郎」をもって純粋なる英雄伝説なりというのではない。俗説と少しく異った新説である、ということを示すために、特に目先を変えてみたので、精密にいえば「英雄伝説的童話」とするのが本当であろう。いかにも「桃太郎」は神話的伝説でもなければ、史的伝説でもない。国民伝説でもなく、また地方的伝説でもない。それかといって、また普通一般の民間童話でもない。つまり民間童話の衣を被った史的国民伝説であって、その中には神話的要素、伝説的要素、童話的要素、その他いろいろの要素が含まれている。これらの要素の研究は、この昔噺の説明の予定である。話の内容は大体において今も昔と大した相違はない。

童話に昔夫婦ありけり、夫《おとこ》は薪を山に折《おり》、婦《つま》は流レに沿て衣を洗うに桃実一ツ流れて来つ、携かえりて夫に示すにその桃おのずから破《われ》て中に男児《おのこご》ありけり、この老夫婦元来子なし、この桃ノ中なる児《ちご》を見て喜でこれを養育《はぐく》み、その名を桃太郎と呼ぶ程に（或云、老婆桃実二ツを得て家に携かえりて夫婦これを食うに忽地《たちまち》わかやぎつ。かくて一夜に孕ことありて男子を生めり、因て桃太郎と名づくといえり。）その児《ちご》忽地大きになりつつ膂力《ちから》人に勝れて一郷に敵なし、一日《あるひ》その母に黍《きび》団子というもの夥《あまた》とと のえて玉われという。母その故を問ば鬼ヵ島に赴きて宝を得ん為也と答う、父聞ていと勇《たけし》と誉《ほめ》てそのいうままにす。団子既にととのえしかば桃太郎これを腰間《こし》に著《つけ》父母に辞し別れてゆくゆく途に犬あり、その腰間なる黍団子を見てこれ一ツ玉わらば従者《ずさ》たらんというにとらしつ、又猿と雉子とにあえり、みな黍団子を与て従者《ずさ》とし遂に鬼ヵ島に至りその窟を責て鬼王を擒にす。鬼どもその敵しがたきを見て三ツの宝物隠蓑隠笠打出ノ小槌を献《たてまつ》りて主の命乞せり、斯て桃太郎その宝を受て鬼王を放《ゆる》し犬猿雉子を将《も》て故郷に帰り思うままに富さかえて父母を安楽《やすら》に養いしという事。（燕石襍志巻四の第五桃太郎の条）

今日各地方の民間の伝承するところも、右と大差はない。ただし右の記には、「日本一の黍団子云々」の一節が欠けている。それから桃太郎の出生に関しては、今では右の記本文の通りの伝承が一般に行われているけれども、以前は必ずしもそうばかりではなくて、註の「或云」の説もならび行われていたことは、当時の文献と徴証とが示している。中井履軒の「昔々春秋」は、五月婆氏濯ス二于河ニ一、……婆氏将ニレ還ント、河上有リレ物、絳絳而円ナリ、使ムレ取ヲレ之ヲ桃也、啗フレ之ヲ美ナリ、乃チ筐シテ二一片ヲ一而帰リ、献ス二諸ヲ公ニ一、……公喜テ啖フレ之フ、忽然トシテ化ナル二為美丈夫ト一、入テ視ル二婦人ヲ一、亦タ既ニ為ル二美少婦ト一、相与ニ驚キ且ツ喜ブ、而又有リ二羞ル色一、遂ニ寝ス、夫人如シレ有ルガレ震《みごメル》（爺公二年の伝）といって、全くのちの伝承に従っている。思うにこの二つの伝承は、早くから相ならんで行われたとはいうものの、のちの伝承の方があるいは古いのではあるまいか。どちらが伝説的で、どちらが童話的だということは全くないけれども、前の伝承の方が人気を占領するようになったのは、ことの性質から見て当然の結果だと思う。

この昔噺についての解説は、いままでずいぶんたくさん出ているようであるが、「フォルクロール」の立脚地を離れない限りで論ずれば、いまだ一つとして、馬琴の所説以外に出たものがない。だから馬琴の説を評するのは、この昔噺の解釈に関しての今日までのすべての説を評することとやや同じことになる。

まず第一に、桃のことからいうと、馬琴はその解説の初行に、「按ずるに桃ノ実の中より児の生れし由は所見なし」の一句を置いて、竹の節の中から児の生れた和漢の故事の例として、「述異記」と「竹取物語」の文を引き、さらに「竹取物語」の註釈本の中によく引かれる種々の書目をならべている。気の毒ではあるが、これは少しく見当ちがいである。もっとも流れて来た桃の中から赤坊が飛出したという方の伝承が、人気を得るようになった点、ただこの点だけの動機の説明としては、換言すれば単に民間童話の一個の「モーチーフ」としてのこの点の説明だけが目的である限りでは、右の考証で十分である。しかしながらこの話の中に出ている桃は、なお他の意味を持っていなくてはならぬ。少くともこの話を作りだした無名の民間詩人の心に立入って見ると、まだまだずっと深い意味があるはずである。

橘の中に二人の仙人が坐って象戯《しょうぎ》をやっていたという「幽冥録」の話をひっぱって、紀州蜜柑までもひきあいに出しているのは、よけいな事をならべて博識を衒いたがる考証家の例の癖で、ひとり馬琴ばかりを責めるわけには行かぬけれども、この引証もやはりお門ちがいである。もし樹実から児の生れた話に似た例を引くならば、「桂苑叢談」の王梵志の話を引かねばならぬ。

王梵志衛州黍陽人也、黍陽城東十五里、有二王徳祖者一、当二隋之時一、家有二林檎樹一、生レ癭、大如レ斗、経二三年一其癭朽爛、徳祖見レ之乃撤二其皮一、遂見二一孩児抱レ胎而出一、因収養レ之、至二七歳一能語、問曰、誰人育レ我、及問二姓名一、徳祖具以レ実告、因二林木一而生、曰二梵天一、後改曰レ志、我家長育、可レ姓レ王也、作レ詩諷レ人、甚有二義言一、蓋菩薩示レ化也、（唐代叢書初集三）

訳註・王梵志は衛州の黍陽（正しくは黎陽、河南省濬県の東北）の人也。黍陽城の東十五里に、王徳祖という者有り。隋の時に当り、家に林檎の樹有りて、癭を生ず。大きさ斗の如し、三年を経て其の癭朽爛す。徳祖之を見て乃ち其の皮を撤するに、遂に一りの孩児の胎を抱きて出ずるを見る。因って収めて之を養えり。七歳に至りて能く語る。問うて曰く、「誰人が我れを育てたるや」と。及《ま》た姓名を問う。徳祖は具さに実《まこと》を以て告ぐ。「林木に因りて生れたれば、「梵天」と曰い、後改めて「〔梵〕志」

と曰う。我が家に長く育つ。〔よって〕「王」を姓とすべき也」と。詩を作り人を諷するに、甚だ義言有り。蓋《けだ》し、菩薩〔梵志とは菩薩の漢訳語〕化を示せる也。……

癭《えい》は瘤《こぶ》で、果実ではない。しかしながらこの瘤が林檎の樹に生じたということが、自分には何か意味がありそうに思われてならぬ。見当ちがいといわれるかもしれぬけれど、林檎は生殖または生殖器の「シムボル」である。林檎を生命の樹といい、その実を長生不老の珍果とすることは、ひとりキリスト教神話や西洋の伝説や童話の専有ではない。林檎や柘榴や無花果などを生殖もしくは女性生殖器の「シムボル」とする思想は、ずいぶん広く行きわたっている。その形状がその動機であるか、ただしは種子を多く包容している点がそれであるか、無学の自分にはよく判らないけれども、とにかく事実がそうである。近い話は鬼子母神の神木が、柘榴であることである。インドにおいては、吉祥果がこの女神の付属物《アットリブート》である。今の日本の民間伝説は、この関係を知らないで、鬼子母神が人間の児を食うのを止めるために、帝釈天が柘榴を与えたとか、柘榴の実の味は人間の肉のそれに近いとか、種々なことをいっているけれども、それは何かの誤解であろう。鬼子母神は子安観音みたような、子供を授ける神である。子をほしい婦人の願を聞く、豊満増殖の女神である。柘榴がこの女神の神木になったのは、決して偶然ではあるまい。柘榴の実が人間の肉の味に近いということも解釈次第では面白くないことはない。

支那では桃がそれにあたる。馬琴が桃太郎の任務と桃との関係を説明して、「桃は仙木にして百鬼精物を殺すの功あれば也」といい、「古事記」、「述異記」、「風俗通」などを引用しているのは、昔からの説の請け売りではあるけれども、動かぬ議論である。「亦桃の鬼を退治するよしは本草綱目云々」と長い引用文があって、その註に、

潜確類書云神農経云梟桃在レ樹不レ落、殺二百鬼一、桃王、服レ之長生不老。

訳註・潜確類書に云く、『神農経に云う、梟桃樹に在りて落ちず、百鬼を殺す、桃王あり。之を服〔用〕すれば、長生不老なり』と。……

この説によりて老夫婦桃ノ果を食うて忽地老を退け復弱《わかかえ》りしといえり

とあるのも、やはりあたっている。しかしながら自分は、さらに一歩を進めて、鬼退治と長生不老との間に、ある関係をつけて説明してみたい。

長生不老といえば、すぐに支那神仙説を想起するのであるが、支那神仙説には二個のちがった流れがあることを忘れてはならぬ。話は少し横路へ外れるようだが、しばらく許してもらいたい。霞を吸い、水を飲み、食物としてはわずかに淡泊な樹果を取るくらいが関の山で、遠く人間の汚濁を避けて長生不老の楽しみをうける仙人の話を読むときは、われわれはいつも童顔鶴髪の老翁を想像する。これに反して、仙桃甘露の珍味に舌打しつつ、極楽の別世界に逍遥する仙人の話を聞くときは、われわれの胸に浮ぶのは騎士タンホイザーの招かれたヴェヌスの山か、劉阮《りゅうげん》の遊んだ仙郷か、浦島の訪うた常世の島などである。前者は東王公の虚淡を学ぶ不平家で、後者は西王母の濃艶に随喜するハイカラ者流の理想

郷である。あくまで現世に未練がある点においては、両者その揆を一にしているけれども、その趣味が全然ちがっている。松かさが前者の「シムボル」であるならば、桃果は後者の「シムボル」である。桃は邪鬼を攘《はら》う霊物であると同時に、長生不老の仙果であるが、それと同時にまた女性の「シムボル」である。西王母に桃が付物であるのも、楊貴妃が死んで仙郷から玄宗帝を招んだのも、すべてこの意味で解釈すべきである。女性の「シムボル」で同時に生殖力の「シムボル」である桃が、悪鬼邪鬼を退治するということは、別に高遠な哲学的説明を待つまでもなく、純朴な民間信仰がそれを説明している。生殖はすべてのものの根本である。およそ世の中に何が強いといっても、この生殖よりもさらに猛烈強盛なる原理は決してない。いかなる悪鬼妖魔も、この力には辟易せねばならぬ。生殖器崇拝の現象も、春画に関する迷信も、経水の呪力に関する民間信仰も、その他直接もしくは間接にこれと関連する種々雑多の風習なども、すべてこの点から説明される。平田胤篤の「古史伝」その他の書に見えるこの学説の適用は、賛成の出来にくいところがずいぶんあるけれども、先生が従来の国学者の伝承を破って、この学説に帰依されたのは、当時にあっては達見であった。

勇士桃太郎が桃実から飛出したとしても、あるいは他の伝承に従って老人夫婦が桃を食って若返って昔のことを思い出して、ついに婆さんが孕んだとしてみても、桃太郎の出生が桃果による点は同じである。のちの伝承をもし桃による受胎伝説と見ることができるならば、自分はこの場合にエーレンライヒが掲げた二個の伝説を想い出さずにはいられない。

シャム伝説――悪瘡だらけのある癩病患者が、果樹栽培によって衣食している。ある林檎樹の幹にこの男がふだん放尿していると、その精液が樹の液に混入吸収されて、果実が自ずと男の種を含むようになる。国王の女がこの果実を食して、ついに懐胎する。生れた児が十二カ月を経た頃に、国王がこの児の父を知りたいと思って、国中のすべての男子をことごとく召集して幼児を抱いてその間を通らせて見ると、幼児が癩病者を見て、ただちにその頸にすがりついて、患者の手から飯を食った。国王は怒って親子三人とも筏に載せて流し棄てる。神の助によって三人ともに救われ、癩病の男は美男子に変ずる。

ペルー伝説――造物主コニラヤは常に粗衣を身にまとうていたので、貧民と間違えられた。コニラヤは美女コビルラカに懸想して、いかにもしてコビルラカを得んと欲し、コビルラカがある樹（Lucma とあるが、植物学に見放された自分には見当がつかぬ）の下にいる時を見計らい、自分の精を果実に変じ自ら鳥と化してこの果実を樹の上からコビルラカの膝に堕す。コビルラカはこの果実を食ってついに懐胎して一児を生む。一年の後コビルラカは児の父を知りたいと思って、すべての神を召集する。コニラヤはじめすべての神は集ったが、誰一人として父と名乗って出る者がない。そこで児を這わせて見ると、コニラヤの足元へ這って行く。コビルラカは愧《は》じて逃れようとすると、コニラヤはいつの間にか黄金の衣に身を包んでいる。母と児はともに石に変ぜられる。(エーレンライヒ南米土人の神話伝説、ベルリン一九〇五年九四—五頁)

この二つの伝説は、「今昔物語」の天竺の部に採られている波羅奈国《はらなこく》の仙人の尿によって鹿が懐妊して女子を産んだ話や、同書巻二十六の知らぬ男の精のついた蕪を食って懐妊して子を生んだ女の話などと全く同一の形式に属すべき受胎伝説である。

インド、アメリカ系統の受胎伝説は、単に果実の中から、将来の勇士の卵たるべき児が飛出したという話とは、少しくその性質がちがっている。性質が同じでないのはもちろんであるけれども、果実を食ったのが懐胎の原因になっている点においては、右の受胎伝説と桃太郎の話の第二の伝承との間に一致がある。しかもその果実が、生殖の「シムボル」たる林檎またはこれに近い果実(少しく臆断に過ぎているかもしれないけれども、「ルクマ」樹の果実もやはりそんなものだと仮定して)である、ということが非常に面白いと思う。婆さんが桃太郎を生んだのは、若返って若い時分のことを思出したばかりではなく、主として桃を食ったからである。換言すれば懐胎の主なる原因は夫婦の交りでなく、桃であるといわねばならぬ。しからば爺さん婆さんを出してきたのは、何の必要があるかというに、それはただ昔からの昔噺のきまった定型(異制庭訓参照)を襲用しただけのことで、形式の完備整頓ということの外には、何等の目的もない。単に桃を食って勇士を生んだというのが主意のあるところで、それがのちに桃から生れたとなったのであろう。果してそうだとしてみれば、どちらにしても同じ事は同じ事である。

桃の枝はいまでも民間生活において、いろいろの「マジック」に用いられている。桃の節句が女子の節句となったのは、けだし偶然ではないのである。寺島良安の「和漢三才図会」巻八十六、五果類の桃の条に、「古今医統云、社日《ニ》令レ人椿二桃樹《ノ》下《ニ》一、則結レ実牢不レ墜、凡果《ナベテコノミ》皆然《リ》矣、女子艶粧《ケワイシテ》種《レバ》レ之《ヲ》、他日花艶色《ニシテ》而桃離《ル》レ枝《ヲ》」とあるのを見ても、その一斑を想像することができる。フレーザーの大著から徴証を引いてくるまでもあるまい。

桃太郎が桃から生れたというのは、股《もも》から生れたということを洒落たまでのことで、別に何の意味もあったものではない。股はすなわち股間である。と洒落のつもりでいったものがあるが、自分はかえって、それだからこそ深い意味があるのだといってやりたかった。なおまた真面目な研究者の中にも、桃と股の国音の類似を軽々しく見ることを欲せぬ人がある。文学士吉丸一昌君のごときはすなわちその一人である。

「私《ひそか》に思うに、桃は股と同音相通ずるより（唯発音強弱の箇処相違あるのみ）起りたるには無レ之か、すなわち桃実二つに割れたる形状の類似と、同音語なる桃股の懸詞とより来れる例の道化た民話の型には無レ之かと存じ候云々」（五月十日吉丸一昌君書翰）といって来た。英雄伝説の主人公の出生については、多くの場合において異常のことがいってある。

親の頭から抜出したとか、腋の下から這出したとか、種々のことがいってある。桃太郎君も鬼を退治する勇士である以上は、あたりまえに生れたとあっては面白くない、威厳に関する、ありがたくない。それかといって、純国民伝説的典型の筋書そのままを踏襲したのでは、児童相手の昔噺にはチト堅すぎる。母の股から飛出したと説くのは、中々味があって面白いけれども、家庭の物語としては迷惑させられる。そこで伝説と童話との両方からの要求を等しく尊重して、換言すれば折衷して、桃を食ったとかあるいは桃から生れたとかいうようになったのであろう。自分もかつて右の解釈に従って、母の股に生じた桃のような腫物が破れてその中から児が生れたという風に、この話を綴ってみた。しかしながら桃と股との国音の一致は、要するに偶然の一致であって、それを股間の義に通わせて説くのは、少しく穿《うが》ち過ぎた気味がある。この点も説話構成の一個の動機になっていることは勿論であるけれども、桃その物の「シムボル」的意義を度外視しては、この動機は動機にならぬのであるから、この点ばかりでは十分でない。

結局は同じことになってしまうかもしれぬけれども、国音の類似は第二位において、やはり民間信仰の方面から説いて来る方が、この話の解釈としては穏当であろうと思う。ただしこの話の最初の作者の頭の中に桃と股との国音の一致ということも浮んでいたことは、争われない事実と見ておいてよかろう。

桃太郎の話はいろいろ理解しがたい分子を含んでいる。この点から見ても、この話が他の民間童話と同一の壺へ投げこまるべき性質の者でないということが知られる。無名の作者が誰であったか判らないけれども、よほど頭脳の発達した物識であったことだけは想像される。世界の童話にはずいぶんわけのわからぬようになったものもあるけれども、桃太郎の話のように、新しい話でありながら、話す親爺も聞く児童も十分にわけが判らずにいて、それで面白い面白いといって話したり聞いたりする話はあまり多くは例があるまい。小学校の教材にも採用されているが、当局者はじめ直接の担任者はこの話をどういう意味に解釈して、どういう風に説明しているのやら、自分はまだ要領を得た説明に接したことがない。まず第一に判らないのは、いわゆる日本一の黍団子である。備前の岡山では、今でも日本一の黍団子というものを製造販売する家がある。吉備を黍と洒落ただけのことで、一度食ってみたけれどもいわゆる名物の例に洩れなかった。馬琴の説明はやはり馬琴的である。

又桃太郎が母に請て黍の団子を造らし糧につつみて首途したる事も又本拠あり、

孔子家語（子路初見篇）云、孔子侍二坐於魯哀公一、設レ桃具レ黍、哀公曰、請用、仲尼先飯レ黍而後噉レ桃、左右皆掩レ口失レ笑、公曰黍者非レ飯レ之也、以雪レ桃也、仲尼対曰。丘知レ之矣、夫黍者五穀之長也、祭二先王一以為レ上、盛草有レ六、而桃為レ下、祭二先王二不レ得レ入二於廟一、丘聞レ之、君子以レ賤雪レ貴、不レ聞二以レ貴雪一レ賤、今以二五穀之長一雪二果蓏之下一、是侵レ上忽レ下也、訳註・孔子家語（子路初見篇）に云く、「孔子魯の哀公に侍坐せるとき、桃を設《しつら》え、黍を具《そな》う。哀公曰く、「請う、用いよ〔食べなさい〕」と。仲尼は先ず黍を飯して後に桃を啗《くら》う。左右皆な口を掩いて失笑す。公曰く、「黍は之を飯するに非ざる也、以て桃を雪《ぬぐ》う也」と。仲尼対《こた》えて曰く、「丘は之を知れり。夫《そ》れ黍は五穀の長也。先王を祭るにも以て上と為す。盛草に六有りて、桃を下と為す。先王を祭るときにも〔桃は〕廟〔墓〕に入ることを得ず。丘、之を聞けり。君子は賤を以て貴を雪《ぬぐ》い、貴を以て賤を雪うを聞かず。今、五穀の長を以て果蓏の下を雪《ぬぐ》わば、是れ上を侵し、下を忽《ないがしろ》にする也」と。……

かかれば桃太郎が首途するに黍を先にしたるもその義かなえり。又按ずるに、拾芥抄下巻の末に八種唐菓子と題して梅枝、桃子、餲餬、桂心、枯膌、饆饠、団子等の目あり。かかれば団子の名目よって来たること久し。又桃太郎が団子を齎して粮としたるは桃子団子の名に称えり。（燕石襍志巻四桃太郎の条）

桃に犬も亦縁故あり。李至が、桃花犬歌云宮中有レ犬桃花名、絳絵円レ頭懸二金鈴二云々

訳註・李至が桃花犬の歌に云く、「宮中に犬なるものあり桃花の名、絳絵、頭を円かにして金鈴を懸く」云々……

と云えり（同上）

考証家という者が博識を衒いたいばかりに、いかほど無用の弁を弄するかということが

これで知られる。鬼が島征伐の勇士はなにゆえにその首途《かどで》に黍団子を腰につけるかの問題は、右の考証では一歩もその解決の点に向って近づかないではないか。話の筋では、腰の団子は単に羽の生えた従者一人と四本脚の奴二人を釣る餌に用いられたかのようにも見える。してみるとただ甘味の食物というだけで、黍でも何でもかまうことはない。黍団子が長途の旅行に適当であるとか、成功無事安全の「マジック」であるとか、あるいは単に風習から来ているとか、右の考証以外に何か理由がありそうなものだと思われるけれども、無識の悲しさには、まだ何とも鑑定がつきかねる。

　馬琴は次に「犬をもて敵の城を抜きたるは畑時能《はたときよし》が事を擬したり」といって、「太平記」（巻二十二）の記事を引き、雉のことについては「旧事本紀《くじほんき》」の無名雉の話を例に取り、おまけに易の句をひっぱって雉の瑞鳥たることを証明し、さらに「潜確類書」の「雉《ノ》雄《ナル》者有《ハリ》レ冠、長尾文采《ニシテ》　善闘《クフ》」の文字を引き、最後に猿の事について、猿の人に従ったのは和漢に例多くてとても一々挙げられないといっているが、この説明は説明にはならぬ。馬琴自身が同じ場所でこの説明を無用にするようなことをいっている。その説にいわく、「鬼ヶ島は鬼門を表せり。之に逆《むかわ》するに西の方申酉戌をもてす、これを四時に配するに酉は秋にして金気殺伐を主《つかさど》ればなりとの意いと深し、且鬼ヶ島は南島の総名なり、この故に雉の鬼ヶ島へ到て功あるよしをいえり。」もし猪早太《いのはやた》が鵺《ぬえ》を刺したという伝説を、先人が陰陽説で説明したように（明治四十四年一月「読売」紙上の久米博士の「猪早太と源三位」は此説明を更に布衍したものである）同一の説明でもってこの一条を説明するのが正当であるとすれば、「太平記」その他の引証は無用である。猿雉犬と申酉戌の国音の類似からして、誰にもすぐに感づくことであるけれども、桃太郎がこの三種の動物を従者にしたということは、この説明より他には適当な説明がないように思われる。この説明はいまにも信者がある。古臭いようではあるが、古臭いというだけの理由は、排棄の理由とはならぬ。最初の作者が桃太郎の話を作るときには、必ずこの十二支の陰陽説に左右されたに相違ない。

桃太郎の話が、源三位頼政の鵺退治、頼光大江山打入、為朝鬼島渡り、御曹司島めぐりなどと同一の部類に属すべき英雄伝説の童話化したもので、しかもその童話化がはなはだ不十分であるために、通常の民間童話と同一視すべきものでないという理由は、この点においても求め得られるのである。桃太郎の従者たる猿と雉と犬とは、ただ一種の「シムボル」として鬼族退治の勇士たる桃太郎の性質を表示する「アットリブート」たるに過ぎざるがごとく見えるのは、最初の作者が桃太郎を従来の典型通りの英雄伝説の主人公として考えたからである。英雄伝説の主人公としての桃太郎の性質を示すのが目的である間は、それでさしつかえはないけれども、この伝説が昔噺として物語られて、十分に理解されるためには、三個の従者は桃太郎の「アットリブート」たる性質を変じて、説話の副人物とならねばならぬ。換言すれば、犬と雉と猿とは単に桃太郎について行ったというばかりでなく、何か仕事をせねばならぬ。桃太郎とともに何か仕事をして、鬼族征服の大事業に貢献するところがなくてはならぬ。またこの三者が桃太郎に随行した動機も、いま少し明白になってこねばならぬ。

桃太郎の話が爺々婆々の話となって、他の童話とともに物語られるようになってから、ずいぶん長い年月が経っているのにかかわらず、右の変化がほとんど全く生じなかったのは、日本民間の童話形成能力の欠乏に基づくのではなくて、むしろ英雄伝説を愛好する国民の性格にその原因を求むべきであろうと思う。児童の方で特にこの説話を要求するのではなくて、物語る養育者の方で特にこの説話を尊重し愛玩し児童のために面白く物語っていたので、遺伝性の作用で児童も特にこの物語を愛好するようになったのであろう。さもなければ理解せぬ話を聞いて、面白がるということはあり得べからざることである。

桃太郎が鬼が島へ到て宝貨を得たりしよしは為朝の事を擬していうなり。保元物語為朝鬼が島渡りの段に、御曹司は西国にて船には能調練せられたり、船をも損せず押上て見給えば長一丈余ある大童の髪は空様に取あげたるが身には毛ひしと生て色黒く牛の如くなるが刀を右に指て多く出たり云々。亦云、実にも見れば鳥穴多しその鳥の勢は鶤程なり。為朝これを見たまいて件の大鏑にて木に有るを射落し空を翔るを射殺しなどしたまえば島のものども舌を振ておじ恐る。汝等も我に従わずばかくの如く射殺すべしと宣えば皆平伏して従いけり。身に着る物は網の如くなる太布なり。この布を面々の家より多く持出て前に積置けり。島の名を問たまえば鬼が島と申す。然れば汝等は鬼の子孫かさん候。さては聞ゆる宝あらば取出せよ見んと宣えば昔正しく鬼神なりし時は隠蓑隠笠浮履剣などいう宝ありけり。その頃は船なけれども他国へも渡りて日々食人のいけ贄をも取けり。今は果報尽て宝も失せ形も人になりて他国へ行ことも叶わずという。さらば島の名を改んとて太き葦多く生たれば葦島とぞ名付ける。この島倶して七島知行す。これを八丈島のわき島とす云々。これは永万元年三月の事なりといえり。桃太郎が鬼が島渡りは全くこれより出たり。御曹司島めぐりという絵巻物世に行れしころこれに擬してかかる物語さえ出来しならん。(同上)

この想像はたしかである。御曹司島めぐり(あるいは島渡り)もやはり英雄伝説に属すべきものであるけれども童話の性質をよほど多くそなえていて、少しも理解しがたいところはない。かつ動作に富んでいるので、物語の体裁を完備している。これに反して桃太郎の話は、その後半において動作の叙述を欠いている。いかにして鬼が島へ渡ったのか、いかに鬼と戦ったのであるか、というような多くの「いかに」の疑問に対して何等の説明を与えないで、ただその結果を報告している。これでは報告であって、物語だとはいわれない。

桃太郎の話を民間童話として観察して見ると、いまいったようないろいろの不都合が生じて来るので、いわゆる五大昔噺の中でも桃太郎だけは一種特別なへんてこなものだということは、この点からもいわれる。昔むかしの発端から桃太郎が生れるところまでは、いかにも童話的に出来ているが、さていよいよ鬼が島征伐の志を起すところから結末までの後半は、どうしても童話ではない。だからこの話に限っては、よほどの物識が種々の苦心をして作ったということになる。あまり苦心をしすぎて、かえって変なものになったのではあるまいか。

鬼が島の宝貨《たから》のことについては、別に如意宝珠のことを論ずるときに述べる機会があろうと思うが、もし和漢の例を挙げるつもりなら、ぜひともインドの例をあげねばならぬ。馬琴が打出小槌の徴証として「酉陽雑俎」の名だけを挙げているのは、不深切きわまった仕方である。日本の例を引くなら、「宝物集」の名だけでも示しておいてもらいたかったのに、「夫木集」の歌だけしか引くことが出来なかったのは、馬琴としては迂闊千万である。ことに神典の素盞鳴尊のことや、「日本紀」の文などを引くに至っては、物識の無学をいかんなく表白しているといっても酷評ではあるまい。浮履《うきくつ》や剣のことから考えてみても、仏典の出所を求めるということに想い着きそうなものだのに、考証家に似合わぬ粗漏である。

似而非《にてひ》なる者には欺され易い道理で、桃太郎の話がその根本的性質においては英雄伝説でありながら、童話の衣裳を着けて昔噺の仲間に入っているだけに、世間の学者が迷わされる。自分も最初はその一人であって、世界各国民の童話の比較から帰納して得た、自分勝手の標準に従って、桃太郎の話を研究してみた。自分はまず桃太郎の話は最初から純粋なる民間童話であったと仮定して、この話を研究してみた。この仮定に従えば、話の中に見える種々の理解しがたい点は、この話の起原の遠い昔にあるということを証明するものでなくてはならぬ。最初には誰にも容易に理解されていたものが、長い時の間口誦にばかり依頼していたがために、滅茶苦茶に破壊されてづいに理解しがたくなったのであろう。桃太郎が鬼が島征伐を思い立った動機、犬と猿と雉を従者とするに至った動機、それから鬼が島への途中の困難に打勝つ方法、鬼を征服する手段やらその際における従者の助力、すべてこれらの事柄が仔細に物語られていたのが、時の経つ中に忘れられて、馬琴の頃にはもう当時の双紙に見えるような不完全な形になったのだろうと想像してみた。発達の中途で止っているものを、退化したものだと見て、復旧工事に着手してみた。この工事にはいろいろの案があったが、そのうちで自分が採用したものは次のようになっていた。

△発端——老人夫婦子なきを悲しんで神に祈る。どんな馬鹿でも愚物でも構わぬからといって神に祈る。老婆の股に桃のような腫物が生じて、それが破れてその中から桃太郎が生れる、老人夫婦の丹誠保育にかかわらず桃太郎は生来の愚物で十三になっても白痴同様である。老人夫婦は将来を悲観して桃太郎を追出す、老婆は愛情にひかされて団子を作って桃太郎に与える。

△遠征——桃太郎が途方にくれて泣いていると、遊仲間の犬が同情して桃太郎を助け

んために鬼が島遠征を計画する。桃太郎は万事を犬に一任する。犬が黍団子を糧にして桃太郎に随行し、途中で猿と雉を説きつける。ある時は犬に乗って海を渡り、ある時は雉に乗って空中を飛行して鬼が島に着く。

△鬼族退治――猿の敏捷なのを利用して鬼の屋敷に忍込み、鬼の眠っているのを窺って犬の掘った穴から雉が飛込んで灯を消す。犬と猿と鬼の大将に嚙みつく。雉が鬼の眼をつき出す。他の鬼共は桃太郎の投ぐる団子に驚かされてたがいに喧嘩をはじめる。大将驚いて降参する。そこで宝を取って降参を許す。

△凱旋――宝を得て帰る途中は出征の時と同じく、帰ってから老人夫婦を喜ばせる（老人夫婦が最初に桃太郎を追出す時に、鬼が島へ行って宝を取って来たら又もとの通りにしてやるという。そこで桃太郎が途方にくれるのを、親友の犬が助けるのであるから、すべての功労は犬にある。ちょうど西洋の猫に当るのである）。

自分はかつてこの案を実行してみて、心窃かに得意になっていたことがあったが、あとでよく考えて見たらこの案の実行は復旧工事でも何でもなく、全く新しい創作であった。この案の前提たる仮定がすでに全然間違っているのであるから、お話にならぬのはむろんであった。その次には桃太郎の話を今日のままにしておいて、童話としての解釈をほどこしてみたいと思って、今度は日本童話史上の事実から帰納して、桃太郎の話はその一部分において動物報恩の話である、という断案を下して見た。

動物報恩ということは、日本の童話伝説において最も古くから見えている「モーチーフ」であって、神代史では大国主命の話の中に出る素兎《しろうさぎ》、彦火々出見命《ひこほほでみのみこと》の話の中に出る雁（古史成文）、物語文学でいえば、「日本霊異記」巻中の蟹満寺《かにまてら》の縁起の話（元亨釈書その他参照）、「今昔物語」の全部に散見する多くの類似の話をはじめとして、すこぶる多くの例がある。ただしこの報恩説話の中にも、やや明かに二つの形式を区別することができる。単に放生の冥加ということを説くのを主意とする宗教臭いものと、動物の報恩の顚末を物語るものとの区別があって、のちの者はたいてい純粋の童話らしく、これに反して前の方は時として童話の約束に背いていることがある。朝鮮半島から伝わったらしい「宇治拾遺物語」の雀の話のごときは、のちの舌切雀の母であるといわれるだけに、純粋の童話であるけれども、蟹満寺の縁起や、「捜神記」の黄雀の話（三国伝記巻八採録）のごときは、そのままでは童話とは見られぬ。蟹満寺の縁起は宗教くさい部分だけを取去るだけで、すぐに童話になり得るけれども、黄雀の話は秦大津父《はだのおおつち》が狼を助けた報で出世した話と同じく、童話でも何でもない。慈悲善行の報を天から受けるということと、動物その物が動物として人間に対して恩を報ずるということとは、大いに様子がちがう。前者が宗教的であるならば、後者は道徳的である。童話としてはぜひとも後者の約束を満足せねばならぬ。

さてしからば猿と犬と雉とが桃太郎に助力したのは、この点から見てどう解釈すべきかというに、もちろん動物報恩の道徳的説話と見るべきである。宗教的説話としての観察を容るる余地は少しもない。しからばその報恩の動機は何であるかというに、黍団子を恵まれたお礼というより他に説明がない。もし彼等が餓死の運命に陥らんとしていたところを、桃太郎の黍団子一個で救われたとでもいうたら知らぬこと、別にその辺の事情がない以上は、ドンキホーテの親類ででもなくては冒険的遠征の供をするということは、あり得べきことではない。つまり動物報恩説はこの場合において、成り立たぬことになる。よし又無理に成り立たせてみたところで、報恩の内容が全く欠けている。内容の欠けた話は、物語としてはいつでも落第である。桃太郎の話を民間童話として観察する人たちは、当然この報恩説を取っているようであるけれども、その前提の誤謬であることは、右の議論で得心がゆくことと信ずる。神話には動物の助力ということが往々あるけれども、この場合にもやはり助力の内容が物語られているのが普通である。桃太郎の話にはこの点が欠けているばかりでなく、神話としての観察も無理であるから、助力説もやはり成立することができぬ。

童話としての解釈が、右に論じたように、すべて不可能である以上は、桃太郎の話は伝説と見るより他はない。英雄伝説として見れば、犬や雉や猿などがドンキホーテの親類らしい性質を示していても一向さしつかえはない。彼等も日本の土に生れたありがたさには、自ら尚武の精神に感化されて、桃太郎の遠征を聞いて雀躍したのであろう。この伝説的童話桃太郎の話に限っては、ありふれた道徳的説明は必ず見当ちがいである。

高木敏雄と人身御供論

山田野理夫

高木敏雄の「伝説の史的評価」

高木敏雄の死没後二十一年目の昭和十八年に柳田國男は次のようにしるしている。「高木君とは一年半ほどの間、殆ど毎日のように往来していたことがあった。その頃はまだ同君の学問が、現今の如く盛んに行われぬ時節であって、書物や資料の蒐集に色々の不自由があったのみで無く、一般に外部の事情には慷慨せねばならぬようなことが多かった」その外部の事情とは高木が本来ドイツ語教師なので神話伝説の研究が異端視されたものであったという。さらに柳田は「研究の興味が頂点に達したと思う頃に、内からか又外からか、新たな原因が現われて、その為めに学問を中絶するといった。そうして又自らその天分を理解していたのだから、恐らくは煩悶の生活であったろうと思う」ともらしている。柳田としげく交際のあった頃には多くの論文を発表しているが、それが僅かの間に途絶えてしまった。後で触れるがそのときの論文の多くを本書に収めたのである。

話を前に戻すと、高木は当時の歴史地理学者（この場合、沼田頼輔の「日本民俗の起源」、中川泉三の「胆吹山の荒神と玉倉部の泉」に対して）の神話伝説の解釈に大いなる不満をもっていたものである。これは前記二者に対してのみならず高木の平生主張しつづけている考えでもあった。で、高木は「歴史地理」（二十三巻一号）に「伝説の史的評価を論じて所謂合理的解釈の妄を弁ず」（単行本未収録）を発表している。その論文から抄録して高木敏雄の論考の参照にして頂こう。

「伝説は勿論歴史から出たものである。しかしながら、歴史は伝説の母であるというのは、単に伝説そのものの性質の上から見た学理上の議論である。実際上の適用に際しては、この議論は或程度までモヂファイされなければならぬ場合が多い。何故かといえば、伝説は歴史から生れたものであると同時に、また伝説を生み得るものである。歴史上の事実が基礎と成って、直接にそれから生まれた伝説がたしかにあると同時に、この伝説が母となってそれから生まれたものも、実際あり得るのである。而してこの第二の伝説が第三の伝説を生み、第三の者が第四の者を生み、それから第五第六第七と無限に続いて行くのであるから、或一個の伝説の研究に際しては、この伝説の母は直接に歴史上の事実であるか、或は間接に他の伝説であるか、ということを第一に考究せねばならぬ」

これは伝説の伝播ということにもなる。その風土と環境とに拠って伝説が伝説を生むことをいっているのか。

さらに高木敏雄は具体的な例をあげて自説を述べている。

「酒顚童子の話は、純然たる史的伝説である。歴史上の研究が大江山に凶賊が籠っていて近郷の良民を苦しめたということを証拠立てた暁においては、この歴史的事実が基礎となり種々の民間信仰や他の伝説が縁となって、かの伝説を生んだということができる。併しながら、歴史上の研究によってこの事実が証拠立てられない間は、かの伝説のみを根拠として、逆にその史的事実の存在を推断するのは危険である。要するに伝説そのものは、歴史的事実の歴史的証明に対して、単に一個の傍証たるに止まるもので、それ自身においては何等の歴史的証明となるものでもない。史的事実と正反対の伝説が、この事実を否定する力を少しも持たないと同じく、史的事実と一致する伝説も、そればかりでは史的事実の存在を証明し得る効力は少しも無い。換言すれば、歴史の方面から、或史的事実の存在が或程度まで確実に証明された時に限って、之と一致する伝説はその傍証となり得るのがある」

高木はこうした立場で新井白石以来の比喩文論について次のように触れている。これは中川泉三のエッセイに反撥してである。中川は「帝王編年記」の山と山との争いについてしるしている。

「帝王編年記に、夷服岳浅井岳と高さを競うとあるは字類抄に浅井姫命と気吹雄命と勢を争い、力を争うとあるの意にして、山嶽の高さを争いたるに非ず。浅井姫命一夜高さを増すというは、勢力の長大になりて、伯父神に勝るの喩えなり、故に伯父の多々美比古命(気吹雄命)怒りて浅井比売を斬殺せり、これは骨肉の間に起りたる勢力争いを山嶽に比喩したる神話なり」

これは中川が伝説を比喩文としての記述である。これに対して高木はこういっている。

「二者の争という史的事実の存在は、姑《シバラ》く別問題としても、この話は一箇の純然たる伝説として、その意義を具えている。似た話は、日本にも多く例がある。また山が高さを増すということも、一個の民間伝承であったのである。その証拠は処々にある。故に若し、浅井姫命気吹雄命の二者が実在の史的人物であり、その両者の間に争が起って、一方が急に勢力を増したために、他の一方に殺されたという事実が歴史上から明証された暁には、風土記の伝説はこの事実を基礎として生じたものだということもいえるけれども、それが証明されない間は、この伝説は伝説学上の比較研究によって説明するまでのことである。仮令史実と伝説とが一致しているとしても、比喩文説は成立せぬ。何となれば比喩文というのは、歴史的事実を比喩の文字を用いて書いたものであるから、必らず裏面に史的事実の存在を必要条件とせねばならないので、若しこの事実の存在が否定せられると、比喩文は全然その存在を失わねばならぬ。然るに右の風土記の文の如きは、史的事実の存在の有無に拘わらず、伝説として立派に意義を具えている」

以上高木の伝説に関する考えを彼の論文から抄録してみたのである。

「人身御供論」について

1　その編集

高木敏雄の生前発表されたエッセイのうち、もっとも長篇と目される人身御供論を主軸として収録したものである。単行本未収録は魔除の酒（「郷土研究」一―八）西行法師閉口歌（「郷土研究」一―三）住居研究の三方面（「郷土研究」一―五）三篇である。収録に当って原文を侵さぬ範囲において改めるとともに、ルビを附し、さらに高木が本文中に引用してある漢文には、立正大学野村耀昌教授の協力を得て和訳してある。これに拠って読者は非常な便宜を得る筈である。

訳註としたのが和訳した文章で、各項目のそのおわりには……として本文との区別を判にしてある。

引用原書で解るように高木の学識の深さにおどろかされるが「法苑珠林」は抄録ではあるが、和訳されたのはこれが最初である。

2　その解説

この稿は表題の「人身御供論」のみに触れる。本稿は大正二年刊の柳田國男との共同編集「郷土研究」第一巻六号に「序論」、七号に「本論の一」、八号に「本論の二」、九号に「本論の三」、十号に「本論の四・完」として発表されたものがある。サブタイトルには「日本童話考早太郎解説余論」とあることから解るように二号に「日本童話考」（本書収録）、三号・四号に「英雄伝説桃太郎新論」を既に発表してあとのことである。本文一四頁九行に、早太郎童話の内容は既に紹介されてあるとしるされているが、これは「郷土研究」三号に「今昔物語の研究」として発表されたものをさす。すなわち犬を用いて邪神のいけにえを求めるのを退治し、民を救うという話をあつめたものである。そのうちからこの例をあげておく。筆者は乗合船とあるが、柳田國男（赤峰太郎）が主として執筆している。

「昔一人の猟師《リョウシ》二疋の犬を連れて奥山に入り、怖しき古猿の化《バ》けているとも知らず、この小屋《コヤ》に宿を求める。主人の猿が粟《アワ》の飯を炊く間に、猟師は暫く横に成りて一睡を貪《ムサボ》ると、夢の中で神様の御告がある。そこで神様から教えられた通りに、潜《ヒソ》かに二ツのタライを戸の外に伏せ、二疋の犬を其の下に隠して置く。主人の猿は何故とも知れず、夜に成りて非常に悩み出す。そこが牛鬼《ギュウ》の医者を呼んで見て貰うと、生命があぶないという。鬼の巫《ミコ》を呼んで祈って見ても、トテも効験《キキメ》が無いという。今度は栗鼠《リス》の山伏を呼んで占わせて見るとその占の文句に、〈チンとガン大タライ覆えせば親猿に祟り、小タライ覆えせば児猿に祟る〉とある。その時に神様が出て来て、イロリに釣るしてある鍋をチンと扣く。その音を聴くと直ぐに、猟師は外へ飛出して、大小二つのタライを覆えすと、二疋の犬が親子の猿に飛掛る、猟師も鉄砲を打放って、終に猿共を退治して了う。その時から山小屋では、鍋の縁を扣くのを、甚く忌むように成ったと、紀州熊野の安堵峰《アンドガミネ》に伝わる伝説的童話である」

この報告者は南方熊楠である。もう一例を引用する。

「信濃国上伊那郡赤穂村字上穂《ワブ》に光前寺という寺がある。駒ヶ嶽を距《サ》ること、東南二里ばかり、寺の境内に、「早太郎之碑」と刻した、有名な義犬塚がある。むかし駒ヶ嶽の山犬が光前寺の縁の下で子を産んで、山へ帰るときに子を一疋だけ寺の和尚に置土産にして置いた。「早太郎」（或はヘイボー太郎）と名をつけて、和尚が可愛がっている。頗ぶる忠実な猛犬である。美濃国の伏見の庄屋の家に火柱が立って、庄屋の娘が鎮守の社の人身御供に上げられんとする時に、通りがかった六部が身代りに成って、女装して唐《カラ》ビツに入って行く。その夜唐ビツのフタの上で、〈この事ばかりは信州信濃の光前寺、ヘイボー太郎に知らせて呉れるな、スッテン〳〵〉と歌って踊る。六部はそれを聞いて、ヒツの中で騒ぐ。怪物が箱を開き得ぬ中に、夜が明けたので六部は助かる。そこで六部は〈ヘイボー太郎〉という男を尋ねて廻国すると、信濃国光前寺で和尚から山犬の子の話を聞き出す。早速その犬を和尚に借りて美濃へ行き、翌年の鎮守祭の日に、この犬を唐ヒツに入れて供える。光前寺の和尚がその夜犬の為に経を読んでいると、夜明け頃になって早太郎が血だらけになって帰って来て、そのままタオレて了う。遠い路を一晩の中に戻って来たのである。美濃の方では、鎖守の社に年経た狒々《ヒヒ》が殺されていた。そこで村の者が、大般若経を手写して寺へ持って来て納めた。金が欲しけりゃ、般若経かいて光前寺へ詣れ、という俚諺は、これから起ったのである」

これは原慈郎の報告分である。

本書二七頁一行目に「尚人柱の事に就いては人類学雑誌一九四号三〇三を看よ」とあるので、ここでその全文を収録しておくことにする。発表誌は明治三十五年五月二十日である。布施は宮城県黒川郡大衡《オオヒラ》村生れの民俗学者で、明治三十九年三十一歳で亡くなっている。

人柱に関する研究

布施千造

目次

第六　人柱の宗教との関係

第一　人柱の名称、現今俗間に人柱なる名称の伝わるあり、一種不可思議の感なき能わず、その由来を聞かざればほとんど解すべからず、言海にいわく

ひとーばしら（名）人柱昔し、橋柱を立てむとしてならぬ時などに、人を生けながらに水底に埋むること、河伯へ生贄とすと云。（摂津の名柄橋の故事などあり）

けだし人柱の名称ある事明かにして、そのいかなるものなるや、大体右に依りて見れば始めて察知せらる。

第二　人柱の方法、その方法諸種ありて一様ならず、しかるに人柱は橋もしくは堰、塔、等の工事ある場合において執行したる点は皆同一徹なるがごとし、ただ方法の異なるもの二三を左に掲ぐべし、

㈠例、（長柄橋）「前略」又古老伝、人柱たてられたりともみゆ、最初の事とも見えず。密勘の註には、子負たる女をとらえて人柱に立たりといえり、今ほど猿楽などの能には、男を人柱に立られけりとも見ゆ、云々（中略）その後嵯峨天皇の御時、弘仁三年夏六月、再び長柄橋を造らしむ、人柱はこの時也、（中略）諺云、むかし長柄川に橋をつくるには、人ばしらなくてはなりがたしとて、その人をえらみけるに、継したる袴をきるものをとらえて、人柱にしずむべしと、官家よりおおせあれば、新関を立て

これを改む、ここに岩氏長者という者あり、これをしらず、袴の継したるを着て通るに、関守とらえてゆるさず、ついに水底にしずむ、これによって橋なりにけり（略）右橋柱の説は、信ずべきことにはあらねど、ふるくいい伝うる所なれば、ちなみに記すのみ、（社会事彙）

和漢三才図会に記する所もまた同様なり、また平清盛が島を兵庫に築くに際し、名月と称する女を捉えて人柱となしたる事も同書に見ゆ。

㈡例、鳥居左京亮殿人柱を立つる事女子と思召しけるが、この堀なくしては要害も悪しく、殊に城内にも水不自由なるべしと御思案なされ御領分の村々へ急廻状を出し八十八歳以上の男を御尋ねなされける、ここに菅波村に丹後と申して年九十五歳になる者ありしが、役人どもこれを召し寄せて左京亮殿へ御目見え仰付けらるる。丹後仰せに従い御前へ罷り出ければ、左京亮殿御直に丹後へ仰出され候は、このたび後沢普請につき我等領内にて年寄に普請頭取させよと夢中の御告あるが、汝大儀ながら、普請所頭取を仕り築立させよと仰せける、丹後畏り奉り、さて思うよう、定めて我を人柱に立たせたく思召すならん、かかる上はとても遁れぬ我命なり、潔よく人柱となり名を末代に残すべしと覚悟を極めこたえて申上げるは御意の趣き有難く冥加に叶い候、しかしこのたびの普請頭取はいよいよ人柱に御立なさるべしと推察仕り候、我年九十五歳にて娑婆の望も御座なく候間、人柱になり御普請御成就致し候えなばこの所を丹後沢と名を附け、拙者が名を末代に御残し下さるべく候。（中略）丹後御杯をいただき数杯飲みけるが一刻も早く人柱に御なされたく、（中略）数多の人足一度に土を落しほどなく丹後を埋めける、傍にありあう人々は何れも不便に思わぬはなかりけり

（磐城古代記）

㈢例、巫女御前社。在下号二松本一宅地上、伝云往古作二用水堰一而不レ成、是以下捕中所二偶来一之巫女上、為二堰柱一、堰已成、建レ社、祭二彼巫女一、（封内風土記）

㈣例、一堰上明神社。（中略）明神の儀往古堰下と申所堰有之候処いか様に茂押而成就仕兼候付人柱相立それよりひさしく無二別条一候処有時大水在レ之一切押切候節骨此所に上り候を年寄共申候は人柱を相立候骨可レ有レ之候間明神に祝可レ然由申候而社を相立堰神明神祝来候と古老共申伝候事、（黒川古風土記）

㈤例、（前略）このかいわい二千余町歩の水には境松の下にて浅瀬石川をせき留めしか山近き荒瀬なれば堰根破るることあまたたびにして官吏心を用い工人手を尽せども全からず彼の堰口を見継する堰八太郎左衛門思うよう（中略）むしろ一命を水神に捧げて永く用水の自在を得ば上は国恩を報し下は衆人の患難を救うに至るべしとここにおいて人柱にならん発願の筋を訟えしを（中略）漸く許容あらせられ渠れか末期のありさまを見認んため検使を下されしは慶長十四年己巳四月十四日なりとかや、時に太郎左衛門沐浴浄衣して手に幣を持堰口に出て唱うるよう（中略）水理の為に只一命を

水底に抛ち身体は忽朽果るとも魂魄は永くここに止り水神の末社となりこの水口の留末代まで成就の守りをなさん。（中略）又諸人に向い申すよう吾今杭の下に命を落す上はこの後永く留切に杭を打事なかれと云捨て水口に仰向に伏し胸先へ杭を打せ苦し気もなく神あかれりとなん云々、（津軽のしるべ）

その方法概ねかくのごときものにして、その他においても大同小異に帰す、要するに方法に他働的と自働的との二種あるごとく見ゆ、すなわち便宜左に図示せん、

㈠　自働的｛㈠　名誉を遺さんとして人柱を希望するもの、
㈡　他人の為水利を計らんとして身を沈むる者、

㈡　他働的｛㈠　突然拿捕せられ強制を以て人柱とせらるる者、
㈡　止を得ず涙を呑んで埋めらるるもの、

即ち各々目的に依り方法を異にするものの如し、あの近今大阪四天王寺に対する狂女の行為は、自働的の㈠における好適例なるべし、

第三　人柱の材料、これは無論人を以て充てられたり、しかして男女何れを採りしや、諸国における実例を以て見るに、男女何れとも限られざりし者の如し、ある時は男を用い、ある時は女を用い、臨機処置せられたりと思考す、又材料に併せられたる人の年齢は、多くは老年にして、少年に少なかりし者なるべし、しかれども国家有用の人物並に他の有為の人物、及び富者等にありては、材料に供せらるる事なくして、貪者ことに老人、行者巫

女等は最も恰当の材料たりしならん、しかしある場合においては必ずしもしからざりしなるべし、すなわち志願に依りその材料となる者これなり、

第四　人柱の起原、この問題に対してはすこぶる困難にして、容易に探究を遂ぐるあたわずとす、しかりといえども悉く神託、夢告、もしくは他の迷信より生ずる所の現象に外ならず、畢竟一言にしてこれを断ずれば、皆迷信界の現象というべき者なり、寺島良安（和漢三才図会の編者）は仁徳帝の御宇に武蔵の人強頸か難波茨田堤の人柱となりたるを以て、人柱の始となせるが、あるいはしからん乎、しかして前項の数例中㈠は弘仁三年、㈡は慶長八年、㈢㈣は不詳、㈤は慶長十四年の事実に係り、明治以前において既にこれらの陋習を断たるものと見ゆ、ここに人柱の終始及びその行われし時代等につき、詳知するの資料を得ざるははなはだ憾なしとせざるなり。

第五　人柱の行われし範囲、摂津国における人柱の件は、古来最も広く世間に伝唱せられし処にして、かつその年代即ち起原においてもおそらくは最始のものたらん、しかして非常にしかも難波今の摂津就中大阪における人柱の云々たるや、実に他に冠絶（少しく異なる感あるも）して唱導せらるるは、いかにも遠因否因縁の存するものなる哉の思を起さざるを得ず、これ他なし大阪地方における人柱のすこぶる他に先んじて起りしゆえんなり、かつ吾人の知る所によれば、人柱はたとい引例せざるも、日本国中全体に及ぼして行われし者たる事、争うべからざる習慣たりしならんと信ず、

第六　人柱と宗教との関係、あの大阪四天王寺五重塔における人柱等は、最も宗教上の関係として証明すべき適例の一にして、その他河伯へ生贄となす如き考ありしゆえんの者は、皆宗教に関係をもつ所の者たり、人身御供の遺風はあたかもこの人柱の事に似て非なる者なれども、ほとんど密接なる関係ある者と見る外なきものなり、何れも宗教界よりして胚胎したる現象というも大差なかるべし、これを要するに、

宗教上の迷信｛仏教＝依頼心―身を埋没す
　　　　　　　神道＝恐怖心―身を生贄す

というを得べし、しかしあるいは多少例外なる事実あるべきも畢竟未開の現象に帰す、かつ現今において往々に見る所の堰神、巫女社等と称する中には人柱となりて死せる者を祭りおくものあり、果して崇敬するに足るや否やは論ずるに及ばざるも、とにかく宗教に関係を有する大なるものとせざるべからず。（了）

また本書収録の「西行法師閉口歌」の執筆動機となったのは「郷土研究」一巻一号に山口笑が投稿した「西行法師の閉口せし山賤の歌」の一文である。参考にその全文を掲げる。

「甲斐国南巨摩郡西行峠は、駿河路より富士川に沿うて甲斐へ至る通路なり、このところを西行峠ということに就て伝説あり、むかし西行法師歌修行のために諸国を旅行し、すこぶるおのれの詠歌を慢《ホコ》り、何人もわが相手に立つ者なからんと思いつつこの山道にかかり、

一人の山賤《ヤマシツア》に遇い、甲州に歌よむ人ありやと問うたり、山賤答えて、御坊は歌よまるるや、私が一首やりたり、聞かしゃれとて

いきッちなつぼみし花がきッちなに

ぶッぴらいたる桶とじの花

西行この歌を解せず、大に驚き、甲州にては山賤さえかくの如き歌詠あれば、国中に入らば如何なる目に逢うや知れず、修行して後に甲州に入るべしとて、峠より引返したるより西行峠というとぞ、右の方言歌は、往きに蕾《ツボミ》なりし花が帰りの時に咲き、桶とじの花とは桜の花のことにて、桜の皮は曲物《マゲモノ》をしめ綴るゆえにかく云えるなり、これと同一の伝説安芸国広島ヨシツ地方にもあり、この地にて西行が閉口せし歌というは、

いきさまになにかと見しはもどろさまに

なにかと見ればしやくとじかつのきの花

羽前国鶴岡辺にても同一の伝説あり、歌は、

えきさまにつぼみし花がかへりちやまにさくもさいたりわっぱとぢの花

上野国新田郷地方に伝えいるも、大同小異にて

をこッこゆきみたがんだそまそこに

ふらきそめたりたぶくりげの花

この歌の意は、おやおや雪を見る如く、それそこに開きそめたる煙草入の樹の花にて、

桜の皮にて煙草入を作るより、かくは云うなり、西行法師閉口歌の伝説は、なおこのほかにも諸処にあらん、開きたし」

高木敏雄小伝

高木敏雄の略伝は僅かに大正十一年に大阪外国語学校ドイツ語部に所属する井狩英太郎が同校の校友会雑誌「咲耶」第二号に「高木先生を憶う」の小文にしるしているのみである。井狩の文章には明治九年五月、熊本県阿蘇郡久木野村に生るとあるが、事実は同年四月十一日熊本県菊池郡西寺村に生れている。井狩は高木の入籍をした五月十六日の説を採ったものである。父は旧士族の高木慎之、母はマサといって菊池郡雪野村士族有働宗竜の次女として嘉永六年三月三日に生れ、慎之の許に嫁したのは明治八年四月十五日である。敏雄の妻女アヤは菊池郡竜門村有働宗信の二女として、明治十二年一月二十四日に生れ、敏雄に嫁したのは明治三十一年六月二十九日である。

高木自筆の履歴書を引用する。

明治十三年四月ヨリ明治二十年八月マデ原籍地ニ於テ明治二十年九月ヨリ熊本県熊本市ニ於テ小学校ノ程度ノ学科ヲ修メ明治二十二年三月小学校卒業、明治二十三年九月第五高等中学校予科補充一級ニ入学、明治二十九年七月第五高等学校文科卒業、明治三十三年七月独逸文学科卒業、明治三十三年八月十四日第五高等学校教授ニ任セラレ高等官七等ニ叙セラレ十級俸ヲ下賜セラル、明治三十三年十二月廿五日従七位ニ叙セラル、明治三十四年五月二日九級俸ヲ下賜セラル、明治三十五年二月二十日高等官六等ニ陞叙セラル、明治三十五年五月二十日正七位ニ叙セラル、明治三十五年六月七日八級俸ヲ下賜セラル、明治三十七年十二月廿七日高等官五等ニ陞叙セラル、明治三十八年二月二十日従六位ニ叙セラル、明治三十八年四月七日七級俸ヲ下賜セラル、明治四十年一月二十四日文官分限令第十一条第一項第四号ニ依リ休職ヲ命セラル

これは熊本の第五高等学校を休職し、東京高等師範学校独逸語講師に転ずるためである。ちなみに当時の同師範の校長は嘉納治五郎である。履歴書の引用を続ける。明治四十一年八月三十一日東京高等師範学校ニ於テ独逸語科ヲ嘱託セラル報酬一箇年金四百円贈与セラル、明治四十二年二月一日休職満期ノ処在官八年以上ニ付年俸月額四ケ月分下賜セラル、明治四十四年五月二日ヨリ東京高等師範学校ニ於テ報酬一箇年金六百円贈与セラル、明治四十五年一月十七日東京高等師範学校教授ニ任セラレ高等官五等ニ叙セラレ年俸金六百円下賜セラル。

高木はこの前後から比較神話学者として知られ、柳田國男と親交を結ぶことになる。さらに柳田と共同編集として大正二年小雑誌「郷土研究」を発行する。本稿の冒頭に掲げたように高木との往来は激しくなる。本書収録の大部分のエッセイはこの一年二カ月に発表されたものである。しかしそれ以後高木は柳田と袂を分つことになる。理由は様々あろう

が、高木は高等師範独逸語の教師として制約があったのかも知れぬ。柳田は当時を回想していう。「高木君の新し過ぎた学問は、恰も新し過ぎた葡萄酒の如くに、舶来品歓迎者にすらも、尚賞玩せられなかった。その学問が年を経て正に大いに熟し、友を会し盃を挙げて、陶然として酔うてもよい時になると、もう高木君は遠く辞し去って、この智識の饗宴に参与することを得ないのである。ほんの僅かの年代の喰い違いが、此の如き不遇の原因と為り、言うにも足らざる平凡なる妨害が、常に人間の事業を完成せしめまいとして居るのは、真に悲しむべき世の習であって云々」

高木の履歴書に戻る。大正三年二月二日高等官四等ニ陞叙セラル、大正三年三月三十日正六位ニ叙セラル、大正五年十月二十日高等官三等ニ陞叙セラル、大正五年十月二十七日願ニ依リ本官ヲ免セラル、大正五年十月二十七日在官四年以上ニテ退官ニ付年俸月額二箇月分下賜セラル、大正五年十一月十日特旨ヲ以テ位一級ヲ進メラレ従五位ニ叙セラル

高木の履歴はその大正十一年松山高等学校に赴任するまで空白のままとなっている。これを高木敏雄の三男勇氏（熊本在）に問合せると、こうである。「五年から十一年まで職についてはおりません。六年から十年頃まで最も生活の苦しかった時期で、父は陸軍教授（陸士か陸大か？）で文学士の柴田孫太郎氏の紹介で、独逸の軍事雑誌や軍関係の出版書の翻訳をやっておりました。兄の思い出によると、夜一時ごろまで翻訳に精魂をつくしていた様です」

松山高等学校に赴任したのは東大教授春山作樹の紹介であったらしい。その間の事情については、前記書簡には「明治四十五年高師教授のとき年俸六百円であるが、大正十一年に松山高校の講師になったときの年手当ては三千四百円であるから、第一次大戦のあとのものすごいインフレが、父をして松山に都落ちさせたとも想像されます」としるしてある。話を履歴書に戻す。大正十一年一月七日松山高等学校ニ於テ独逸語科ノ講師ヲ嘱託セラレ手当トシテ一箇年金三千四百円ヲ給セラル、大正十一年三月十日任大阪外国語学校教授叙高等官三等、四級俸下賜、大正十一年六月十六日独逸語及語学教授法研究ノ為メ満一年間独逸国へ在留ヲ命ス、在外中家族手当年額千百九拾円ヲ給ス大正十一年六月二十七日在外研究中俸給百分ノ三十ヲ支給ス、十二月十七日職務勉励付金二百七十円給与、十二月十八日二級俸下賜、同死亡とある。

高木はドイツに渡ることなく死亡したが、私はその送別会の宴で倒れたときいたが、前出勇氏の書簡に依るとこうである。

「大阪市南区生玉前町法泉寺という寺におりましたが、腸チフスにて発病、母の話によると、腸チフスのために寺に置いてくれず、また外語教授であることを秘して、伝染病の避病院である桃山病院に入院しました。病院に送られる自動車に揺られて腸出血したのが死因になったようです。看病した兄に対して、臨終のときに、〈自分の学問が完成されなかったのは残念だったが、自分の仕事は社会奉仕だったと思っている〉と話したようです」

大阪外国語学校教授時代について、これも前出の井狩英太郎の追憶文を抄録する。

「大正十一年三月我大阪外国語学校開設せらるるや松山高等学校より転じて、本校独逸語部主任教授に任ぜらる。教務課長として、中目校長の股肱となり、大いに草創の業に尽瘁せられたり」

大阪外国語学校の創設されたのは大正十年十二月九日である。高木は専門の独逸語教師としていろいろな仕事を夢想して同校に赴任したのであろう。中目校長とは仙台出身の中目覚のことで、この人もまた言語による日本史の解明を趣味とされていたものである。中目は十数年前まで仙台に生存されておられたが、私は高木について聞かぬままにおわったことが惜しまれる。

さらに井狩の回想文を引用する。「先生聡敏の資は夙く高等学校時代に巍然として頭角を顕し、しばしば、その片鱗を示して周囲の人を驚嘆せしむ。当時発表せられし、論文中、漢高祖伝は高祖の事蹟を読みて、眼光紙背に徹し、肥後方言私見は言語学上の見地よりするも甚大の価値を担うものなり。大学に入るに及び、学識愈進み、明治三十二年「帝国文学」誌上に文学博士姉崎嘲風（正治）氏と相対し、日本神話を以て堂々の論陣を張り、弁難駁撃数回に及ぶ。けだし日本神話学史上の偉観たり。爾来先生の神話学に関する該博燃犀の筆はしばしば「帝国文学」誌上に現れたり。明治三十七年十月比較神話学の一著を公にす」

この「比較神話学」に拠って神話学者としての高木の名が学界に知られるようになる。由来「これ実に先生の大学在学当時より稿を起せしものにして本邦神話学者の嚆矢とす。由来日本神話学はある種の理由により学者が、研究に着手するを憚りたるものなるが、先生の学に忠なる態度はよく万難を排して前人未踏の著を成すに至れり。その巻頭に思懐を述べて曰く、〈爾《ナンジ》の責任は重く爾の前途は遠し。爾の先に未だ爾の行く可き道を行きし者あらず。焉ぞか疾く、爾の後に、爾に続く者あるを知らんや、爾の途はいと荒れたり。風あらん、波も又あらん〉と。先生の意気と抱負は大概斯の如く、該著を繙く者をして思わず襟を正さしむ。この著を以て遍く神話学の権威を鮮明し、和漢洋に亘りて神話の大局を通暁せしむ」

高木はこのあとも「日本神話物語」(明治四十四年四月刊)、「日本建国神話」(四十五年三月刊)の著作を仕遂げている。くしくも出版元は高木の「日本伝説集」とともに本書を手がけた宝文館出版である。

私は「日本伝説集」解説にもしるしたが、高木の著作を座右の書としてきているが、前書とともにこの出版に際し、掌中の珠が奪われる思いもしている。

井狩の回想文のむすびにいう。

「ひるがえって、先生の一生を通観しその功業を顧みるに、学者としての面目躍如たるものあり。その博識宏方と絶倫なる精力とはよく数多くの名著を出し、神話学の先駆者たるの名を辱めず、世或は目して神話狂となす。以て先生の斯学に対する態度を知る可し。人ぞ師表としての先生は、資性玲瓏として玉の如く、我等学生を誘掖指導し給いしこと慈父の愛児に接するが如くしかも秋霜の如きその人格は厳としてよく人を圧するの概ありき。先生既に逝きて一歳、今や親しく声咳に接するを得ず、我等はその遺巻を抱きて、徒に在天の先生を、思慕するの情に堪えざるものあるのみ」

高木敏雄の死没後五十余年になる。私はむろん声咳に接することはなかったが、思いは井狩の文章につきる。

高木とアヤとの間に三男三女がいる。長男九一郎、次男又二郎、長女ミツ、次女ヨシ、三男勇（イサム）、三女ムツと一・二・三・四・五・六の数字が頭《カシラ》となっている。「日本伝説集」のシゲ子はシズ子の間違いで、九一郎の妻女でフミはその後妻である。勇氏からご教示を得たので訂正しおわびする。

編集協力者として宮崎英二氏を得たことと、大阪の桝井寿郎氏に高木の遺族の調査を願ったことを附記し謝意を表する。

文庫版解説　ささげられる人体

山田仁史

ここ十年ほど、高木敏雄がふたたび注目されている。二度目のルネサンスと言っていい。彼が先に脚光をあびたのは一九七〇年代である。そのころ日本民俗学は、高度経済成長期に文化や社会が大きく変貌したことをふまえて、新たな方向を模索し始めていた。また折から神話や民話が一つのブームとなってもいた。そんな中、没後五十年・生誕百年という節目とも重なったためか、先駆者たる高木の著作が、続々と復刊されたのである。つまり『日本神話伝説の研究』（岡書院、一九二五年）が大林太良により増訂されて平凡社の東洋文庫に入り（全二巻、一九七三・七四年）、『童話の研究』（婦人文庫刊行会、一九一六年）は関敬吾の校閲をへて講談社学術文庫に入った（一九七七年）。そして『日本伝説集』（郷土研究社、一九一三年）を復刻した山田野理夫は、高木の主要論文をあつめて新たに『人身御供論』と題し、世に送った（ともに宝文館出版、一九七三年）。

それから半世紀近くがすぎた。すでに『日本伝説集』がちくま学芸文庫に入ったが（二〇一〇年）、今また本書が続こうとしている。のみならず、日本民俗学・神話学の草創期において彼の果たした役割が、見直されているのである。

まず飯倉照平編「南方熊楠・高木敏雄往復書簡」（『熊楠研究』五、二〇〇三年）を皮切りに、増尾《ますお》伸一郎「説話の伝播と仏教経典　高木敏雄と南方熊楠の方法をめぐって」（『中国学研究』二五、二〇〇七年）、鈴木寛之「一九一〇年代の伝説研究と高木敏雄」（『史境』六三、二〇一一年）、金廣植《キム・クァンシク》「一九二〇年代前後における日韓比較説話学の展開　高木敏雄、清水兵三、孫晋泰を中心に」（『比較民俗研究』二八、二〇一三年）、杉山和也「南方熊楠と高木敏雄の説話学　その特徴と可能性」（『熊楠研究』一一、二〇一七年）といった論著が出たことで、高木の人物像がだいぶ塗りかえられた感がある。以下の記述は、これらによるところが大きい。

高木敏雄は一八七六年（明治九）四月一一日に生まれ、一九二二年（大正一一）一二月一八日に亡くなった。四六年の生涯において、研究活動に情熱をもやした時期は、二つに分けられる。まず東京帝国大学文科大学に在学中の一八九九年（明治三二）、高山樗牛《ちょぎゅう》や姉崎正治（嘲風《ちょうふう》）らと、日本神話について画期的な論戦をおこない、ここに東アジアの神話学は幕をあけた。卒業後には熊本の第五高等学校でドイツ語を教えつつ、第一期の総決算とも言うべき『比較神話学』（博文館、一九〇四年）を出版している。本書に収められた論文中、「日本古代の山岳説話」、「羽衣伝説の研究」、「浦島伝説の研究」の三編は、この期間に書かれたものだ。残りの十編は、これから述べる第二期の所産である（本書巻末の初出一覧を参照されたい）。

五年にわたる研究上のブランク中に高木は上京し、東京高等師範学校ドイツ語科講師に就いた。そして一九一〇年（明治四三）一一月から『読売新聞』に東西の比較説話論を連載し、文壇にもどったのである。一年後、決定的な出会いが訪れる。

一九一一年（明治四四）一一月二七日に開かれた神道談話会の席上のこと、出会いの相手は柳田国男であった。前年（明治四三）六月に『遠野物語』を出版し、学問の組織化をもくろんでいた柳田はこのとき三六歳で内閣法制局参事官の職にあった。対する高木は三五歳である。東京帝大を同期で卒業していた二人は意気投合し、この会の帰途、本郷から小石川へ走る電車の釣革にぶら下がりつつ、雑誌創刊の計画を語りあったという。

追い風が吹いていた。同年一二月七・八日の『東京朝日新聞』朝刊に高木は、「民間伝説及童話募集」と題した広告を掲載し、一大プロジェクトを始める。翌一二年（明治四五）夏までに各地から寄せられた報告を分類・編集して刊行されたのが、『日本伝説集』（一九一三年八月刊）である。

このころ高木にとって、もう一人重要な学問上の同志が現れた。柳田から紹介をうけ、紀州田辺に住んでいた在野の学者、南方熊楠とも文通を始めたのである。一九一二年一月から一四年（大正三）初頭までの二年あまりに、九歳年上の南方との間で、非常に密度の濃いやり取りが交わされる。

興味深いのは、両者の議論の争点のひとつが、動物供犠《くぎ》の問題だったことだ。すなわち『古語拾遺』にみえる白猪・白馬・白鶏の供犠について、日本にもとからあった習俗ではなく、「外来」の要素だと高木は考えた。しかし南方は論駁し、白色動物を犠牲に供することは世界的に広く見られる、と主張した。そして二人の対立はとうとう解消されなかった。本書を読めば気づかれるように、この問題は「人身御供論」その二（一九一三年一〇月初出）で大きく採り上げられている。高木の諸論考の背後には、こうした情報交換のネットワークが存在したのである。

さて柳田と高木は、雑誌発刊の計画を具体化させていく。一九一三年（大正二）一月頃には『郷土研究』という題名を決め、三月一〇日付で第一巻第一号を郷土研究社から発行。編輯所は高木の住所となっている。裏表紙にはドイツ語で、

KIODO-KENKIU
ZEITSCHRIFT
FÜR
JAPANISCHE VOLKS= UND HEIMATKUNDE.
Herausgegeben von
Regierungsrat K. Yanagita, Professor T. Takaki.

と記される。つまり『日本民俗学・郷土学雑誌』と題されていることと、高木の姓が清音

で「たかき」と表記されているのは、興味深い。

いずれにせよ日本で初めて、民俗研究の本格的な月刊誌がここに誕生した。高木は柳田と協力しつつ編集の実務にあたるとともに、多彩な論考を掲載した。その中には本名ではなく、「赤峯（または赤峰）太郎」のペンネームを用いた記事もふくまれている。

ところが柳田との共同作業は、長くつづかない。翌一九一四年（大正三）五月に出た『郷土研究』第二巻第三号の巻末に「本誌の編輯事務を担当致され候高木敏雄氏今般公私の用務多忙の為め編輯の任を辞され候」と、「社告」が出されて以後、高木が同誌にかかわることは絶えてなかった。

高木と柳田の突然の訣別は、なぜ起きたのか。いろいろな推測がなされている。すぐれた天分と強烈な個性をもつ二人の学者の共同作業はそもそも困難であるとか、アカデミックな雑誌をめざした高木と地方知識人層への啓蒙をのぞんだ柳田の編集方針の違いであるとか、四人の子供をかかえた高木の生活難、といった理由が挙げられてきた。

しかしほぼ同時期に、高木と南方との交渉も途絶えたことが関わっているかもしれない。これは故・増尾氏の推理であるが、南方からの書簡や投稿を通じて、その圧倒的な学識を前にした高木は、研究に対する自信がゆらぐとともに、編集者としての努力も否定されたように感じたのではないか。そして結局は、自らの研究活動に終止符を打つことになったのではないか、というのである。

また高木の日本神話研究は記紀に科学のメスを入れるものであり、当時の国家体制下にあっては、まだその機が熟していなかったのかもしれない（布村一夫『日本神話学・神がみの結婚』むぎ書房、一九七三年など）。

ともあれ本書の著者は、この出来事ののち家庭や子供むけの童話集を出すことに専念するようになり、ドイツ留学を目前に、不幸にも早世してしまった。本書に収められた論考の大半は、彼が柳田や南方との知遇をえて、新たな学問の構築のために身を捧げつつ、中途でその志から離れてしまうまでの、奇跡的なタイミングで書かれたのである。

なおここで、山田野理夫にもふれておく必要があるだろう。一九七三年（昭和四八）に『人身御供論』を編集し、九〇年（平成二）に新装版（ともに宝文館出版）を出した人物である。知られている限りでは、同氏は高木敏雄の没年にあたる一九二二年（大正一一）七月一六日に宮城県仙台市で生まれ、東北帝国大学で農業史を学んだ後、農林省統計局調査員、宮城県史編纂委員などをへて作家となった。一九六二年（昭和三七）、『南部牛追唄』により農民文学賞を受賞している。そして二〇一二年（平成二四）一月二四日に八九歳で逝去した。

どんな人だったのか、詳らかでない。私自身たまたま同郷・同姓だが、関わりはない。だがおそらく、独特な感性の持ち主だったらしい。水木しげるらとの鼎談で「怪談の流行ることは人間の不安な時代なのです」と言い、京極夏彦との対談では、ホラーと違って怪談には感動や衝撃がある、一種の詩である、という趣旨のことを語ったという（山田野理夫『東北怪談全集』荒蝦夷、二〇一〇年の巻末、東雅夫の解説による）。

高木敏雄に相当な思い入れを抱いていたのは間違いない。もう一人、山田翁が敬愛していたらしいのは、ユニークな歴史学者であった喜田貞吉《きたさだきち》である。喜田の編集した雑誌記事をあつめ『憑物』（一九七五年）および『福神』（一九七六年）として出版しただけでなく、『歴史家 喜田貞吉』（一九七六年、以上の三冊は宝文館出版刊）さらに『古代史の先駆者 喜田貞吉』（農山漁村文化協会、一九八一年）も著している。

愛着の深さは、本書からも充分に伝わってくる。とりわけ野村耀昌《ようしょう》の協力をえて、引用された漢文に訳註をつけているのは、徹底して読み解きたいという意欲の表れであろう。今回の文庫化にあたっては、明らかな誤りは正したが、山田氏や野村氏の独自の解釈が加わっていると見なされる部分については、両氏の意志を尊重し、そのまま残した。その意味で本書は、高木敏雄と山田野理夫という二人の個性をふまえて、読まれるべきものである。

ただし、山田も断っているように所収論文のうち「魔除の酒」「西行法師閉口歌」「住居研究の三方面」以外は、すでに『日本神話伝説の研究』旧版に収められていたし、「魔除の酒」も一九七四年の同書増訂版第二巻に入った。よって本書はまた、山田野理夫の好みが強く反映されたセレクションでもある。

さてここからは、書名にもなっている論文「人身御供論」にしぼって解説を試みたい。一九一三年（大正二）、『郷土研究』第一巻第六号から第一〇号にかけ五回に分けて連載され、年が明けた一四年一月の第一一号には、続編として「早太郎童話論考」が載った。高木がここで論じたのは、何か。

ことの発端は、日本に人身御供があったか否かをめぐる論争である。問題を提起したのは、東京帝国大学で神道講座を担当していた宗教学者の加藤玄智。『仏教史学』第一編第二号（一九一一年五月）所載の「宗教学と仏教史」において加藤は、次のように論じた。世界における宗教の発達という点から見ると、「自然的宗教」がしだいに道徳化し、その過程で生殖器崇拝や人身供犠のような「陋習」が改められてきた場合が多い。日本も例外ではなく、もとは「卑猥な宗教、劣等の自然的宗教」が存していた。とくに人身供犠の証拠は種々の神話や伝説に見られるが、次第に仏教の倫理思想に感化され、廃されてきた。

この所説に反論したのが、加藤より二歳年少の柳田国男だった。柳田は同じ『仏教史学』誌の第一編第八号（一九一一年一一月）に論文「掛神の信仰に就て」を発表し、たしかに各地には人や鳥獣を神に供えた伝承や儀式が残っているが、上古に人を屠って神に饗した余風と断定はできない、と述べている。加藤はこれに再反論したが（「本邦供犠思想の発達に及ぼせる仏教の影響を論じて柳田君に質す」『仏教史学』第一編第九号・第一〇号、一九一一年一二月・一二年一月)、柳田はしばし沈黙を守っていた(以上の諸論文は礫川《こいしかわ》全次編『生贄と人柱の民俗学』批評社、一九九八年に集成されている)。

先に見たように、高木は南方との文通などを通して、論争の打開策を練っていたのであろう。『郷土研究』誌の発刊にともない、この問題が浮上したのは自然な成りゆきであった。

したがって、「人身御供論」は徹頭徹尾、加藤玄智説への反論である。高木の主張は明確であり、「伝説」は歴史的事実の証拠《エビデンス》とはならない、ということに尽きる。彼によれば、歴史的事実を確定する際に、直接の典拠がない場合、証拠となる可能性があるのは(一)神話や伝説もふくむ文書記録、(二)文字化されずに語られてきた伝説などの口碑伝承、(三)考古学的な遺物、そして(四)民俗学的に観察可能な慣習、の四つである。しかし(一)と(二)はいずれも言語に基礎を置いており、根拠としては弱い。もし史実を証明するのであれば、(三)の考古学的徴証や(四)の実物的材料といった、より有力な証拠に目を向けるべきである。

これはもっともな言い分である。しかし仔細に読むなら、人身御供が史実として存在した可能性には、高木は正面から反対していない。むしろ、その史実を証拠だてる方法自体に問題がある、と言っているのだ。

たとえば「その一」の冒頭では、

人身御供ということは人類の宗教風俗史上の大事実であり、かつ実際行われた。なお行われつつある現象である以上は、日本民族の歴史においても、この現象があったかも知れない。

と、可能性を認めている。また「その二」の後半でも

最狭義の人身供犠は、人類史上の一異例である。古代のメキシコで行われていたことは、今日残っている絵画などで証明される。南米の「ヒプカ」族もこれと似たことを行った。

と述べ、人類史における事実としては受け入れている（なおここの「ヒプカ」族というのは、コロンビアに居住していたチブチャ族 Chibcha のこと）。そして高木がたどり着いた結論は、「早太郎童話論考」冒頭にみえる。

要するに人身供犠の忌むべき風習の存在はその可能性を信ずべき理由を多く有してい

るにもかかわらず、日本においては有史以前の時代はむろんのこと、その以後においても肯定論の証拠となり得べき確実なものは、いまだにただの一つも発見されていないのであるから、気の毒ながら肯定論者の議論に賛成することができないということ、および信仰上思想上の問題としてはあくまでその可能を認めながらも、文化史上の事実としては今のところ否定とまでは行かずともすこぶる疑ってかからねばならぬということ、それが自分の結論である。

つまり、日本にかつて人身御供が存在した可能性は認めるが、証拠不充分なので直ちに賛成はできない、というものであった。高木のように、語学の才を活かしてヨーロッパの神話諸理論を導入したほどの学者であっても、この「忌むべき風習」が日本に存したとは信じたくないという、明治人特有の強烈な愛国心から、逃れられなかったのであろうか。あるいは、そうしたポーズをとらざるを得ない立場にあったのか。

これで解説を終えてしまうと、消化不良の読者が増えてしまいそうだ。いったい日本に人身御供はあったのか。伝説ではない、事実としての人身供犠は存在したのか。そういう疑問が残るだろう。

おそらく、それはあった。六車《むぐるま》由実『神、人を喰う　人身御供の民俗学』（新曜社、二〇〇三年)や、三浦佑之《すけゆき》「人間鉄骨論」(中村生雄ほか編『狩猟と供犠の文化誌』森話社、二〇〇七年)などが示すように、人柱として捧げられたとおぼしき人骨は、いくつかの場所から発見されている。つまりその後、高木が求めていた物的証拠が見つかっているわけだ。

そもそも人身供犠という現象は、人類史上ではある程度階層化の進んだ農耕社会、あるいは農牧社会に顕著である(山田仁史「人身供犠は供犠なのか?」『ビオストーリー』二三、二〇一五年)。日本もその例外ではなかったと考えてよい。

ひるがえって現代の日本では、高木が「忌むべき」と嘆いた風習はとっくに過去のものとなっている。だが、本当にそうだろうか。人体がささげられる場面は、形を変えて生き残ってはいないだろうか。

「臓器移植って、現代のカニバリズムですよね」とつぶやいた学生がいた。これも身を捧げ、献げる行為のひとつではないか。献血もふくむドナーという行為は、人体の一部をささげることで成り立っている。いや、残業に身をささげて死に追いこまれる人も、いるではないか。

二〇一〇年代の日本のマンガ界では、「喰う/喰われる」が一つのテーマになっているという。一見平和な社会においても、「他者を喰わねば、自分が生き残れない」という、ある種絶望的な気分が若者の間に広がっていることが背景にある、とも分析されている

（『読売新聞』二〇一八年八月二一日付）。そうだとすれば、ささげられる人体というトピックは、今日きわめてリアルな問いかけを秘めているのかもしれない。

初出一覧

人身御供論

序章　『郷土研究』第一巻第六号（一九一三年八月）三三〇―三三八頁、

その一　同誌同巻第七号（同年九月）三八五―三九四頁、

その二　同誌同巻第八号（同年一〇月）四五九―四六八頁、

その三　同誌同巻第九号（同年一一月）五二三―五三二頁、

終章　同誌同巻第一〇号（同年一二月）五八八―五九六頁。

早太郎童話論考

『郷土研究』第一巻第一一号（一九一四年一月）六五一―六五八頁。

魔除の酒

『郷土研究』第一巻第八号（一九一三年一〇月）四七三―四七四頁。

人狼伝説の痕跡
『郷土研究』第一巻第一二号（一九一四年二月）七〇五—七一五頁。
牛の神話伝説
『日本及日本人』第五九七号（一九一三年一月）二二一—二二八頁。
牛の神話伝説補遺
『郷土研究』第一巻第一号（一九一三年三月）二九—三二頁。
日本古代の山岳説話
『龍南会雑誌』第八九号（一九〇二年一二月）一—一八頁。
西行法師閉口歌
『郷土研究』第一巻第三号（一九一三年五月）一六〇—一六二頁。
住居研究の三方面
『郷土研究』第一巻第五号（一九一三年七月）二七一—二七二頁。
日本童話考
『郷土研究』第一巻第二号（一九一三年四月）七一—七六頁。

羽衣伝説の研究
『帝国文学』第六巻第三号（一九〇〇年三月）二六一―二七一頁。
浦島伝説の研究
『帝国文学』第六巻第六号（一九〇〇年六月）五五九―五九三頁。
英雄伝説桃太郎新論
『郷土研究』第一巻第三号（一九一三年五月）一三八―一四六頁、同誌同巻第四号（同年六月）一九三―二〇四頁。

この作品は一九七三年九月、宝文館出版より刊行されたものを元に、山田仁史氏の協力をえて初出、原典等と極力照合し、明らかな誤りを述したものである。

ちくま学芸文庫

人身《ひとみ》御《ご》供論《くうろん》

二〇一八年十一月十日　第一刷発行

著　者　高木敏雄（たかぎ・としお）
発行者　喜入冬子
発行所　株式会社　筑摩書房
東京都台東区蔵前二―五―三　〒一一一―八七五五
電話番号　〇三―五六八七―二六〇一（代表）
装幀者　安野光雅
印刷所　株式会社精興社
製本所　株式会社積信堂

ISBN978-4-480-09896-2 C0139